기쁨나라 보는 경
(觀無量壽經)

기쁨나라 보는 경

1판 1쇄 펴낸날 2025년 2월 1일

옮긴이 서길수
펴낸이 이은금
펴낸곳 맑은나라
출판등록 2014년 4월 28일 (105-91-93194)
주소 서울시 마포구 신촌로2안길 47
전화 02-337-1661
전자우편 kori-koguri@naver.com

책값: 18,000원

편집/제작처 (주)북랩 www.book.co.kr

ISBN 979-11-87305-52-1 03220 (종이책) 979-11-87305-54-5 05220 (전자책)

이 책은 (주)북랩이 보유한 리코 장비로 인쇄되었습니다.

새로 옮긴 관무량수경 佛說觀無量壽佛經

기쁨나라 곁뿌리 4경 1론을 함께 풀이한

기쁨나라 보는 경

서길수 옮김

불교의 유토피아 기쁨나라(極樂)

어떤 곳이고, 어떻게 갈 수 있나?

맑은나라
2025

머리말

1. 왜 '새로 옮긴' 『기쁨나라 보는 경』인가?

『기쁨나라 보는 경』은 『아미따경』·『기쁨나라경(無量壽經)』과 함께 『정토삼부경』이란 이름으로 10가지 넘게 출판되었다.[1] 옮긴이가 새삼 새로운 번역을 한 것은 한문을 잘 모르는 세대에 알맞은 번역본을 만들기 위해서다. 이 『기쁨나라 보는 경』은 다음과 같은 새로운 마음가짐으로 옮겨 보았다.

1) 한문식 산스크리트 낱말을 본디 소리로 바로잡았다

① 불(佛): Buddha → 佛陀 / 佛로 옮긴 것을 우리식으로 '부텨'라고 읽다가 부처가 되었다. 본디 소리에 따라 'Buddha=붇

1) 한국어 번역본: (1) 법정 역, 『淨土 三部經』, 해인사 염불원, 1971. (2) 청화 옮김, 『淨土 三部經』, 한진출판사, 1980. / 청화 옮김, 『淨土 三部經』, 광륜출판사, 2007. (3) 효란 스님, 『정토삼부경 역본』, 반야회, 1985년. (4) 경전연구모임 편, 『아미타경·『무량수경』·『관무량수경』, 불교시대사, 알기 쉬운 경전 시리즈(5), 1991. (5) 안경우 편역, 『한글 彌陀淨土 三部經』, 이화문화출판사, 1994. (6) 李冲湛 편역, 『念佛 淨土 三部經』, 한국불교출판사, 1996. (7) 김영미 역, 『아미타경·무량수경·관무량수경』, 시공사, 2000. (8) 한보광, 『정토삼부경』, 여래장, 2000. (9) 平井俊映 저, 李太元 역, 『彌陀淨土 三部經 概說』, 운주사, 1995. (10) 군맹서진, 『정토삼부경역본』 2000. (11) 이태원, 『정토삼부경 역해』, 연지해회, 2016. (12) 하련거 뽑아 모음, 무량수여래회 옮김, 『불설무량수경(불설대승무량수장엄청정평등각경)』, 비움과소통, 2017. (13) 김현준, 『무량수경』, 효림, 2021. 무량수여래회 편역, 『정토오경일론』, 비움과소통, 2016(초판), 2024(개정 4쇄).

다'라고 옮긴다. 영어·불어·스페인어·독일어 사전에도 모두 buddha이므로 앞으로 새로운 세대가 국제적인 활동할 때도 쓸모가 있다.

② 빅슈(比丘): 산스크리트 빅슈(bhikṣu), 빨리어 빅쿠(bhikkhū)를 옮긴 것으로, '비구' 대신 본디 소리인 '빅슈'로 옮긴다. 영어 사전에는 빅슈(bhikshu)와 빅쿠(bhikku)가 다 나온다. 따라서 '빅슈'라고 옮기면 자연스럽게 산스크리트 원문도 알게 되고, 빅슈(比丘)의 원문도 알게 된다.

③ 석가모니(釋迦牟尼): 원문은 사꺄무니(Śākya-muni, Ⓟ Sakya-muni)다. 원문 그대로 '사꺄무니'라고 옮긴다.

불경을 가장 많이 옮긴 현장(玄奘)은 '5가지 번역하지 않은 것(五種不飜)'이라고 해서 다음 5가지는 뜻으로 옮기지(意譯) 않고 소리 나는 대로 옮겼다(音譯).

① 다라니(dhāraṇī, 摠持) 같은 주문, ② 바가반(Bhagavān, 婆伽梵, 世尊) 같은 홀이름씨(고유 명사), ③ 잠부(jambu, 閻浮)같이 인두에만 있는 나무, ④ 아눋따라-싸먁-쌈보디(anuttara-samyak-saṁbodhi, 阿耨多羅三藐三菩提) 같은 가장 높은 깨달음을 표현한 용어, ⑤ 쁘랒냐(prajñā, 빨리어 = Ⓟ 빤냐 pañña, 般若)처럼 불교만 가지고 있는 독특한 용어 같은 5가지다.

이 책에서 홀이름씨(固有名詞)를 옮기는 데 다음과 같은 2가지 원칙을 세웠다.

첫째, 소리 나는 대로 옮긴 것(音譯)은 모두 산스크리트 본디 소리를 찾아 그대로 살린다. 보기를 들면 삼매(三昧)는 싸마디, 사문(沙門)은 스라마나, 유순(由旬)은 요자나, 찰나는 끄사나 같은 식이다.

보기: 싸마디(samādhi [P] 같음, 三昧)

스라마나(śramaṇa, [P] samaṇa, 沙門)

요자나(yojana, 由旬)

끄사나(kṣaṇa, [P] khaṇa, 刹那)

- [P]는 빨리어를 말한다.

처음 경전을 한문으로 옮길 때 한자는 소리글자(表音文字)가 아니고 뜻글자(表意文字)이기 때문에 소리 나는 대로 적는다는 것이 매우 어려웠다. 인두(印度)·유럽 계통의 소리글자인 산스크리트는 자음이 여러 개 겹치는 경우가 많고, 한자음으로는 도저히 나타낼 수 없는 낱말이 많았는데, 그 경우 '몇 글자 합해 한소리 내기(二合, 三合)', '첫 낱소리(音素)와 뒤 낱소리를 합해 한소리 내기(半切)' 같은 어려운 방법을 통해 간신히 해결하였다. 그러나 시대가 바뀌면서 이런 법칙들이 지켜지지 않게 되었고, 나라와 왕권이 여러 번 바뀌어 수도가 옮겨지면서 표준어가 달라지고, 나라가 넓어서 지역에 따라 전혀 다른 소리로 읽히면서 본디 소리와 전혀 다른 소리를 내게 되었다. 특히 현재의 표준어라고 할 수 있는 북경어 위주의 보통화(普通話)는 역경을 할 당시의 읽는 법과 완전히 달라 마치 다른 나라 말과 같은 경우가 많다. 그런데 한국은 여기서 한 발 더 나아가 한국식 한문으로 읽어 버려 본디 산스크리트와는 완전히 다른 소리를 내게 된 것이다.

보기를 들면, 현재 중국에서 Los Angeles를 '낙삼기(洛杉磯)'라고 쓴다. 이 소리를 한어(漢語) 표준어인 보통화로 읽으면 '루어샨지(luo-shan-ji)'라고 읽어 비슷한 소리가 난다는 것을 알 수 있다. 그런데 만일 한국 사람들이 Los Angeles를 한국식으로 '낙삼기(洛杉磯)'라고 읽는다면 우스운 일이 아닐 수 없다. 요즈음은 신문을 비롯해서 모든 출판물이 케네디(Kennedy)를 긍니적(肯尼迪, Kennidi, 켄니디), 마르틴 루터(Martin Luther)를 마정 로덕(馬丁·路德, Mading Lude 마띵 루더)으로 적는 일은 없고, 영문을 찾아서 소리글인 한글로 정확하게 쓴다. 나이를 먹으신 분들은 일제 강점기와 해방 바로 뒤 구락부(俱樂部)라는 말을 많이 썼던 것을 기억할 것이다. 이 낱말은 바로 영어의 club을 한어(漢語)로 쓴 것이다. 예수(Jesus)교를 야소교(耶蘇, yésū)라고 옮기고, 크리스트(Christ)를 기리사독(基利斯督)이라고 옮기고 줄여서 기독(基督)이라고 한 것도 마찬가지다.

일본어의 영향을 받은 것은 더 많다. 컵(cup) = 고뿌, 드라이버(driver) = 도라이바, 드럼통(drum통) = 도라무통, 핸들(handle) = 한도루, 택시(taxi) = 다꾸시, 트럭(truck) = 도락꾸 같은 단어들은 나이 든 사람에게 아직도 낯설지 않은 낱말들이지만, 젊은 사람들은 공식적으로 누구도 쓰지 않는 낱말이 되어 버렸다.

이처럼 시대가 많이 변하고 한문 번역의 원전인 산스크리트와 빨리어에 대한 연구가 많이 진행되었지만, 불교계에서 쓰고 있는 고유 명사는 1,000년이 훨씬 넘은 옛날에 한자로 옮긴 것을 그대로 한국식으로 읽고 있다. 『무량수경』에 나온 것만 보기를 들어도 마하-마욷갈랴나(maudgalyāna)를 목건련(目健連)이라고 읽고, 까샤빠(kāśyapa)를 가섭(迦葉)이라고 읽고, 깝피나(kapphina)을 겁빈나(劫賓那)라고 읽고 있는 실정이다. 이 책에서는 바로 이런 현상을 극복하기 위해 산스크리트에서 한문으로 옮긴 고유명사를 본디 산스크리트의 소리 나는 대로 정확하게 옮기는 것이 첫째 목표이다. 오랫동안 습관이 된 용어들이라 처음에는 어색하게 느껴지더라도 습관이 되면 더 친근감을 느낄 것이며, 특히 유럽 말을 배운 새로운 세대에게는 틀린 한자음보다 더 쉬울 것이고, 불교를 국제화하는 데도 크게 도움이 되리라고 본다.

둘째, 이 책에서는 산스크리트를 뜻에 따라 한자로 옮긴 것도 토만 달지 않고 될 수 있는 대로 정확한 한글로 옮기는 것을 원칙으로 한다.

보기: 두루 어진 보디쌑바(Samantabhadra bodhisattva, 普賢菩薩).
좋은 뿌리(kuśala-mūla, Ⓟ kusala-ūla, 善根).
훌륭한 지킴이(賢護, Bhadrapāla).

이 『기쁨나라경』에 나오는 붇다 제자들의 이름 가운데 요본제(了本際), 견복(堅伏), 이승(異乘) 같은 이름들은 한국의 어떤 사전에도 나오지 않는 말이고, 치나(支那, China) 사람들도 제대로 뜻을 알기 어려운 단어들이다. 그런데 현재 한국의 불교계에서는 그 소리만 한국식으로 따서 읽고 있는 실정이다. 그래서 그런 한문식 이름들을 모두 한국어 사전에 나오는 말로 알기 쉽게 바꾸는 것이 두 번째 원칙이다. 그렇게 되면 '요본제(了本際) = 진리 깨침', '견복(堅伏) = 단단히 살핌', '이승(異乘) = 뛰어난 방편'처럼 아주 쉬운 한글로 누구나 그 뜻을 알 수 있고, 읽기도 편하게 될 것이라고 본다.

산스크리트 표기법은 전재성, 『빠알리-한글사전』(한국빠알리성전협회, 2005) 「문법편」 음성론에 나온 것을 표준으로 하였으며, 소리마디 구성은 한글 맞춤법에 따랐다.

2) 현대에 이해할 수 없는 용어나 잘못 옮겼던 낱말들을 과감하게 바로잡았다

① 겁(劫): 불교에서 끝없는 숫자를 말할 때 많이 쓰이는 단위이다. 산스크리트의 깔빠(kalpa)를 한자로 겁파(劫簸)라고 옮겼는데, 줄여서 겁(劫)이라고 쓴다. 원문 소리대로 '깔빠'라고 옮긴다.

② 성문(聲聞): 산스크리트 스라바까(śrāvaka)를 옮긴 것인데, ① 들음(hearing), 귀여겨들음(listening to), ② 제자(a pupil, disciple) 같은 뜻이 있는데, 한문 경전에서는 '소리 들음(聲聞)'이라고 했다. 산-영 사전에 '붇다 제자(a disciple of the buddha)'라는 보기가 있어, 성문(聲聞) 대신 '제자'로 옮겼다.

③ 삼천대천세계(三千大千世界): 고대 인두의 우주관에서 많이 쓴

개념인데, 삼천을 세 가지 하늘(三天)로 대천을 큰 하늘(大天)이라고 오해하는 사람이 많다. 그래서 3천(개) 큰 천세계(tri-sāhasra-mahā-sāhasra-loka-dhāteu)라고 띄어 쓰고 주에서 자세히 설명하였다.

3) 될 수 있으면 쉬운 우리말로 옮겨 중학교 학생 정도면 이해할 수 있도록 하였다

① 팔공덕수(八功德水) → 여덟 가지 공덕의 물.
② 아귀(preta, Ⓟ peta, 餓鬼) → 배고픈 귀신.
③ 천안통(divya-cakṣur-jñāna-sākṣātkriyābhiiñā, 天眼通) → 하늘눈으로 보는 힘.
④ 독각(pratyeka-buddha, 獨覺) → 홀로 깨달은 분.
⑤ 보리심(bodhi-citta, 菩提心) → 보디마음, 깨닫겠다는 마음(보리는 잘못 읽은 것임).
⑥ 무량(無量) 무변(無邊) 무수(無數) → 끝없고 가없고 셀 수 없는.
⑦ 전륜성왕(cakra-varti-rājan,轉輪聖王) → 바퀴 굴리는 임금.

4) 아름다운 우리말을 찾아 썼다

① 공양(供養) → **'이바지'**. "힘들여 음식 같은 것을 보내어 줌, 물

건을 갖추어 뒷바라지함, 이바지는 도움이 되도록 힘을 씀"
같은 뜻이 있으므로 공양과 가장 가까운 낱말이다.

② 삼십이상(三十二相) → 32가지 '**생김새**'. 요즈음 학생이나 젊은 이들은 상(相)이 무슨 뜻인지 무엇인지 모른다. 상이란 바로 얼굴 생김새를 말하므로 쉽게 '생김새'라고 옮겼다.

③ 타화자재천(他化自在天) → '**남의 기쁨을 내 것으로 여기는**' 하늘.

④ 월광마니(月光摩尼, candra-kānta-maṇi) → '**달빛 구슬**'.

2. 『기쁨나라 보는 경(觀無量壽經)』과 곁뿌리 경전을 옮기게 된 인연

2009~2012년 3년간 강원도 망경대산 만경사에 입산해서 정토선(염불선)을 수행할 때 바램을 세워 기쁨나라(極樂) 관련 3경을 우리말로 옮겼다. 수행의 틀로 삼은 염불이 무엇이고, 염하는 아미따바 붇다는 어떤 붇다이고, 가려는 기쁨나라(極樂)는 어떤 곳인가를 알면서 닦아야 하기 때문이다. 『기쁨나라경(無量壽經)』이 아미따바 붇다의 48가지 바램을 통해 완성한 기쁨나라는 어떤 곳이고, 어떻게 해야 갈 수 있는지를 보는 교과서라면, 『아미따경』은 『기쁨나라경』의 고갱이를 간추린 다이제스트 판이었다. 갖가지 기쁨나라 모습을 보는 『기쁨나라 보는 경(觀無量壽經)』은 당장 수행에 쓸 책이 아니라서 애벌 번역만 해 놓고 깊이 들어가지는 않았다.

2012년 하산하여 정토선 관련 책을 집필하면서 내 연구 노트를 정리하여 『아미따경』을 전자책(e-book)으로 냈다. 경전을 옮긴다는 것은 큰 책임이 뒤따르는 작업이므로 우선 내가 연구한 노트를 도반들과 공유하여 고쳐 나가기 위해서다. 2014년 6월 17일 U-paper라는 책 유통회사에 글쓴이가 낸 책 5권을 올리면서 『아미따경』과 『만화로 보는 아미따경』도 올렸다(모두 무료).

이곳에 들어와 책을 찾는 사람들은 모두 젊은 사람들이므로 쉽게 손전화로 접할 수 있도록 특별히 모바일용으로 편집하였다. 그리고 지금까지 한문을 풀이하는 방식의 해설을 산스크리트 원문과 대조하여 영어로 해설하는 방식을 취하였다. 과연 젊은 사람들이 얼마나 관심을 가졌을까? 그동안 조회한 횟수가 1,669회이고, 183명이 다운로드를 받아 갔다. 꽤 고무적인 결과였다. 2004년 『아미따경』을 낸 뒤, 이어서 정토에 관련된 책을 몇 권 더 냈다.

① 『정토와 선』, 맑은나라, 2014. 05. 30.
② 『극락과 정토선』, 맑은나라, 2015. 09. 30.
③ 『극락 가는 사람들』, 맑은나라, 2015. 12. 25.
④ 『만화로 읽는 아미따경』(번역), 맑은나라, 2015. 09. 30.
⑤ 『아미따불 48대원』(공역), 비움과 소통, 2015.
⑥ 『아름다운 이별 행복한 죽음』(공역), 비움과 소통, 2015.
⑦ 『조념염불법』(공역), 비움과 소통, 2016.
⑧ 『극락과 염불』, 맑은나라, 2016. 04. 08.

그리고 2023년 그동안 자료를 수집했던 『극락 간 사람들(韓國往生傳)』을 마무리하면서 그 바탕이 되는 『아미따경』 수정판을 냈다.

⑨ 『극락 간 사람들』 상(삼국·고리·조선편), 맑은나라, 2023.
⑩ 『극락 간 사람들』 하(근·현대편), 맑은나라, 2023.
⑪ 『모든 붇다가 보살피는 아미따경』, 맑은나라, 2023.

기쁨나라 3경 가운데 1권만 내고 나머지 2권을 마무리해야 한다는 부담이 늘 마음 한구석에 남아 있었다. 2024년 6월, 만 80살을 기리는 '출판기념회와 살아서 하는 장례식'을 마치고 바로 오대산 북대 미륵암으로 들어와 6개월쯤 기간을 잡고 『기쁨나라경(無量壽經)』과 『기쁨나라 보는 경(觀無量壽經)』을 옮기기 시작하였다. 『아미따경』에 비해 분량도 많고 참고할 서적도 많아 간단히 우리 부부 힘만으로 이 불사를 원만이 회향하기 어렵다고 생각해 다음과 같은 불사 참여 팀을 만들었다.

(1) 역경실 인원

① 역경실 총감독: 굉행 스님 (미륵암 주지)
② 3경 번역: 보정 거사 (맑은나라 불교연구소 이사장)
③ 1차 교정: 불모화 보살 (맑은나라 출판사 대표)

(2) 읽어내기 및 교정 불사 참여팀

④ 공원 스님 (대승사)
⑤ 등인 스님 (정토선원)
⑥ 등정 스님 (서방사)
⑦ 만성 스님 (곤지정사)
⑧ 월호 스님 (행불선원)
⑨ 혜명 스님 (자운사)
⑩ 하원 스님 (망경산사)

(3) 읽어내기 및 교정 불사 참여 2팀(아-난다동아리)

⑪ 남규호 ⑫ 신태수 ⑬ 임상철 ⑭ 서상휼 ⑮ 박교순

⑯ 최진선 ⑰ 채규상

번역은 다음 3단계로 진행되었다.

1) 곁뿌리경전(傍依經典) 4경 1론 옮기기

기쁨나라 3경이 기쁨나라 가기 위한 뿌리경전(所依經典)이 된 것은 이미 오래되었다. 한편 다른 경전에도 기쁨나라에 관한 대목이 많이 나오는데, 이런 경전을 곁뿌리경전(傍依經典)이라고 했다. 곁뿌리경전은 4경 1강론을 필요한 부분만 뽑아서 옮겼다.

(1) 곁뿌리 4경

① 『바로 붇다 보는 싸마디 경(般舟三昧經)』

② 『대불정수능엄경』 5권

③ 『크넓은 꽃으로 꾸민 붇다 경(大方廣佛華嚴經)』

④ 참법 연꽃 경(妙法蓮華經)과 아미따바 붇다 (3품)

(2) 곁뿌리 1론

① 『기쁨나라경 강론(無量壽經講論)과 기쁨나라 가기 바라는 게송(願生偈)』

곁뿌리 경전은 추려서 옮기는 것이라 내용이 많지 않아 6월 8일부터 7월 7일까지 한 달 걸려 번역을 마쳤다. 곁뿌리 경전은 번역해 가면서, 그 내용을 9번으로 나누어 단톡방에 올려 불사 참여팀과 교정 팀이 틀린 곳을 고쳤으며, 한 달에 한 번씩은 아-난다동아리가 미륵암에 와서 함께 돌려 읽기를 하면서 다시 교정을 보았다.

2) 뿌리경전(所依經典)

(1) 『기쁨나라경(無量壽經)』 옮기기

7월 8일부터 집필을 시작한 『기쁨나라 경』은 9월 6일 2달 만에 번역을 마치고, 28일까지 22일간 밀어 놓았던 각주도 더 달고, 한문을 다시 검토하고, 옮기기 위해 띄어 놓았던 문단들을 다시 복원하였고, 마지막으로 28일, 이 머리말을 마친다.

2011년 망경산사에서 했던 애벌 옮김은 2011년 7월 30일부터 2012년 8월 10일까지 새벽에 2시간씩 1년이 걸렸는데, 이번에는 2달 만에 마친 것이다. 좋은 환경, 좋은 건강 상태에서 얼마나 집중했는지 알 수 있다. 한편 12년 전에 비해 하드웨어가 많이 풍부해졌다. 국내에서 태원 스님 『정토삼부경 역해』와 보광 스님 『정토삼부경』이 한문 원전에 충실하게 번역해 놓아 크게 도움이 되었다. 옮긴이 스스로가 그동안 산스크리트에 대한 실력이 많이 늘어난 데다가 Sanskrit-English Dictionary가 온라인으로 제공된 것도 시간을 아끼는 데 결정적인 도움이 되었다. 무엇보다도 지난 12년 동안 맑은나라(淨土)에 대한 책을 10권쯤 내면서 맑은나라(淨土)와 기쁨나라(極樂)에 대한 공부가 소프트웨어가 되어 몇 배 더 좋은 결과를 낼 수 있었다.

옮기면서 12년 전에 했던 애벌 번역을 큰 폭으로 고치고, 90% 주석을 새로 달면서 12년 전에 책으로 내지 않은 것이 얼마나 잘한 일이었는지 여러 번 되새긴다.

(2) 『기쁨나라 보는 경(觀無量壽經)』 옮기기

『기쁨나라 보는 경』은 생각보다 양이 많지 않았다. 그런 데다 대부분 풀이 글(註釋)이 이미 마친 『아미따경』이나 『기쁨나라경』과 겹치기 때문에 본문을 옮기는 데만 집중할 수가 있었다. 2012년에 애벌로 옮긴 것은 크게 도움이 되지 않을 정도로 새로운 눈으로 새롭게 옮길 수가 있었다. 10월 19일과 20일 아-난다동아리가 와서 교정을 마친 뒤, 한문을 다시 정리하고, 차례를 다시 검토하고 나니 10월 말이 되었다.

지금까지 3경을 옮기면서 용어를 풀이하는 데는 『불광사전』이 크게 도움이 되었다는 것을 밝혀 둔다. 마침 한국에서 그 사전을 아래한글 버전으로 만든 것이 있어 한글과 한문 모두 검색이 가능하고, 각 용어에 대한 산스크리트와 빨리어 낱말이 덧붙여 있어 아주 편리하였다.

끝으로 처음부터 끝까지 번역한 것을 읽고 교정을 보고 의견을 주신 스님 팀과 아-난다동아리 여러분께 감사드리고, 미륵암 은다향 원주보살과 자질구레한 일을 도와준 거사님들, 공양을 뒷받침해 주신 보살님들에게 감사드린다.

2024년 10월 28일
오대산 북대 미륵암 역경실에서
보정 서길수

차례

머리말 · 4

『기쁨나라 보는 경(觀無量壽經)』과 곁뿌리 4경 1론에 관한 풀이 · 23

1편 『기쁨나라 보는 경(觀無量壽經)』

Ⅰ. 마가다 나라 왕궁의 슬픈 이야기와 기쁨나라(極樂)

1. 붇다 모임에 참석한 제자와 보디쌑바들 · 73
2. 가르침 인연 : 아버지 임금과 어머니를 가둔 왕 · 81
3. 괴로움을 벗어나는 길, 기쁨나라(極樂) · 92

Ⅱ. 생각하여 보아(想觀) 기쁨나라(極樂) 가는 길

1. 기쁨나라 해를 생각하고 본다(日想觀) · 106
2. 기쁨나라 물을 생각하고 본다(水想觀) · 107
3. 기쁨나라 땅을 생각하고 본다(地想觀) · 111
4. 기쁨나라 나무를 생각하고 본다(樹想觀) · 112
5. 기쁨나라 연못을 생각하고 본다(池想觀) · 117
6. 기쁨나라 다락집을 생각하고 본다(樓想觀) · 123

7. 기쁨나라 꽃자리를 생각하고 본다(花座想觀) · 124
8. 기쁨나라 붇다의 모습을 생각하고 본다(佛像想觀) · 132
9. 기쁨나라 아미따바 붇다를 생각하고 본다(無量壽佛想觀) · 147
10. 기쁨나라 소리 보는 보디쌑바 모습을 본다(觀世音菩薩相觀) · 152
11. 기쁨나라 큰 힘 이룬 보디쌑바 모습을 본다(大勢至菩薩相觀) · 156
12. 기쁨나라에 스스로 나는 것을 생각하고 본다(普想觀) · 161
13. 기쁨나라 아미따바 붇다와 두 보디쌑바를 함께 생각하고 본다(雜想觀) · 167

Ⅲ. 기쁨나라(極樂) 9가지 품에 가는 길

1. 상품 상(上品上)에서 나는 사람 · 170
2. 상품 중(上品中)에서 나는 사람 · 175
3. 상품 하(上品下)에서 나는 사람 · 181
4. 중품 상(中品上)에서 나는 사람 · 183
5. 중품 중(中品中)에서 나는 사람 · 193
6. 중품 하(中品下)에서 나는 사람 · 195
7. 하품 상(下品上)에서 나는 사람 · 200
8. 하품 중(下品中)에서 나는 사람 · 203
9. 하품 하(下品下)에서 나는 사람 · 204

Ⅳ. 마무리

2편　겉뿌리 4경 1론

Ⅰ.『바로 붇다 보는 싸마디 경(般舟三昧經)』

1.「묻는 품(問事品)」· 212

2.「닦는 품(修行品)」· 229

Ⅱ.『대불정수능엄경』5권

「큰 힘 이룬 보디쌋바(大勢至菩薩)의 염불로 깨달음(念佛圓通)」

Ⅲ.『크넓은 꽃으로 꾸민 붇다 경(大方廣佛華嚴經)』

「두루 어진 보디쌋바의 10가지 바램 품(普賢行願品)」· 272

Ⅳ.『참법 연꽃 경(妙法蓮華經)』과 아미따바 붇다(3품)

1. 3권 7장「화성에 비유하는 품(化城譬喩品)」· 290

2. 6권 23장「약임금 보디쌋바 이야기 품(藥王菩薩本事品)」· 299

3. 7권 25장「소리 보는 보디쌋바 너른 문 품(觀世音菩薩普門品)」· 301

Ⅴ. 겉뿌리 1론

『기쁨나라경 강론(無量壽經講論)과 기쁨나라 가기 바라는 게송(願生偈)』

1. 게송(偈頌) · 308

2. 강론(講論) · 318

『기쁨나라 보는 경(觀無量壽經)』과 곁뿌리 4경 1론에 관한 풀이

Ⅰ. 이 경전의 구성

1. 뿌리경전(正依經)과 곁뿌리경전(傍依經)

경전은 크게 2편으로 되어 있다. 1편은 뿌리경전 『기쁨나라 보는 경(觀無量壽經)』이고, 2편은 곁뿌리경전(傍依經典) 4경과 1강론이다. 그렇다면 기쁨나라(極樂)에 관계되는 뿌리 경전과 곁뿌리 경전은 어떤 것을 말하는 것인가?

인두에서 들어온 아미따바 붇다 신앙이 치나(支那)에 퍼지면서 특히 『아미따경』, 『기쁨나라경(無量壽經)』, 『기쁨나라 보는 경(觀無量壽經)』이 아미따바 신앙의 뿌리 경전으로 받들어졌다. 지론종(地論宗)의 정영사(淨影寺) 혜원(慧遠, 521~592), 삼론종(三論宗)의 가상사(嘉祥寺) 길장(吉藏, 549~623)은 3경에 대한 해설서를 내고, 이 경을 보살장(菩薩藏) 돈교(頓敎)에 넣어야 한다고 높이 평가하였다. 또 담란(曇鸞), 도작(道綽), 선도(善導), 가재(迦才) 같은 정토 선현들이 오로지 이 3경을 바탕으로 기쁨나라(極樂)에 가서 태어나도록 적극 권하였다(坪井俊映, 『정토삼부경 개설』 15~15쪽).

아미따바 붇다 신앙이 당나라 때 크게 번성했지만, 정토종이 성립되지는 않았으나 일본에서 법연(法然, 1133~1212)이 정토종을 세우고, 3경과 천친(天親)의 『기쁨나라경(無量壽經) 강론』을 정토종 뿌리 경론으로 삼으면서 『정토삼부경(淨土三部經)』이란 이름을 붙였다. 그는 66살(1198)에 지은 『선택본원염불집(選擇本願念佛集)』에서 『정토삼부경』이란 이름을 붙인 까닭을 이렇게 대답한다.

"첫째 법화(法華) 3부는 『무량의경(無量義經)』·『법화경』·『보현관경(普賢觀經)』이고, 둘째 대일(大日) 3부는 『대일경(大日經)』·『금강정경(金剛頂經)』·『소실지경(蘇悉地經)』이고, 셋째 진호국가(鎭護國家) 3부는 『법화경』·『인왕경(仁王經)』·『금광명경(金光明經)』이고, 넷째 미륵 3부는 『상생경』·『하생경』·『성불경』이다. 그래서 (위 3경은) 이제 (아)미타 3부가 되며 『정토삼부경』이라 이름한다. (아)미타 3부란 이 정토의 뿌리(正依)가 되는 경이다. (藤田宏達, 『정토삼부경 연구』 11쪽)."

법연이 뿌리경전(正依經)이라고 하는 것은 어느 종단이 바탕으로 하는 소의경전(所依經典) 가운데 뿌리가 되는(正依) 경전을 말한다. 한편 위의 뿌리경전 밖에도 기쁨나라(極樂) 가서 나는 것을 기록한 『법화경』, 『화엄경』 같은 경은 곁뿌리 경(傍依經)이라 하고, 『기쁨나라경(無量壽經) 강론』, 『십주비바사론(十住毘婆沙論)』, 『섭대승론(攝大乘論)』 같은 논서를 곁뿌리론(傍依論)이라고 했다.

2. 『기쁨나라 보는 경』과 「곁뿌리 4경 1론」

이상을 정리하면 다음과 같다.

1) 기쁨나라(極樂) 뿌리경전(正依經典) 3경

(1)『모든 붇다가 보살피는 아미따경(阿彌陀經)』

(2)『기쁨나라경(無量壽經)』

(3)『기쁨나라 보는 경(觀無量壽經)』

2) 기쁨나라(極樂) 곁뿌리(傍依) 4경 1론

(1) 곁뿌리 4경

①『바로 붇다 보는 싸마디 경(般舟三昧經)』,「묻는 품(問事品)」과「닦는 품(修行品)」

②『대불정수능엄경』5권,「큰 힘 이룬 보디쌑바(大勢至菩薩)의 염불로 깨달음(念佛圓通)」

③『크넓은 꽃으로 꾸민 붇다 경(大方廣佛華嚴經)』,「두루 어진 보디쌑바의 10가지 바램 품(普賢行願品)」

④ 참법 연꽃 경(妙法蓮華經)과 아미따바 붇다(3품)

㉮ 3권 7장「화성에 비유하는 품(化城譬喩品)」

㉯ 6권 23장「약임금 보디쌑바 이야기 품(藥王菩薩本事品)」

㉰ 7권 25장「소리 보는 보디쌑바 너른 문 품(觀世音菩薩普門品)」

(2) 곁뿌리 1론

①『기쁨나라경 강론(無量壽經講論)과 기쁨나라 가기 바라는 게송(願生偈)』

이 경전은 뿌리 3경 가운데 『기쁨나라 보는 경(觀無量壽經)』이 1편이고, 곁뿌리 4경 1론이 2편이다. 뿌리경전 『모든 붇다가 보살피는 아미따경(阿彌陀經)』은 2022년 이미 출판되었고, 『기쁨나라경(無量壽經)』은 이 경과 함께 따로 한 권의 경으로 출판된다.

Ⅱ. 1편, 기쁨나라 보는 경(觀無量壽經)

1. 왜 『기쁨나라 보는 경(觀無量壽經)』인가?

『관무량수경(觀無量壽經)』 또는 『관무량수불경(觀無量壽佛經)』, 이렇게 옮기면 편하다. 그러나 그것은 한문으로 옮긴 이름을 우리식 한문으로 읽은 것이지 우리말로 옮긴 것이 아니므로 제대로 옮겨 보면 『끝없는 목숨(의) 붇다를 보는 경』이 된다.

이번 기쁨나라 3경을 옮기면서 3경의 이름을 한문으로 옮길 때 지은 그대로 쓰는 것보다 경전 안에 붇다가 이미 지어 주신 이름을 존중하고, 산스크리트 원문이 있는 것은 산스크리트 경 이름도 종합적으로 반영하여 알맞은 경 이름을 지어야 한다고 생각했다. 그래서 『아미따경』은 경 안에 이미 있는 『모든 붇다가 보살피는 경(一切諸佛所護念經)』을 반영해 『모든 붇다가 보살피는 아미따경』이라 했고, 『무량수경』은 산스크리트 본을 바탕으로 『기쁨나라 경(Sukhā-vati vyūha sūtras)』이라고 옮겼다. 이어서 이 경도 경전 안에서 붇다가 일러 주신 이름을 살렸다.

이 경 맨 마지막에 나와 있는 이 경 이름은 『관·극락국토·무량수불·관세음보살·대세지보살(觀·極樂國土·無量壽佛·觀世音菩薩·大勢至菩薩)』이라는 긴 이름이다. 이 한문 이름을 우리말로 옮겨 보면 『기쁨나라(極樂國土)·그지없은 목숨 붇다(無量壽佛)·소리 보는 보디쌑바(觀世音菩薩)·큰 힘 이룬 보디쌑바(大勢至菩薩)를 보는(觀)』 경이다. 이 경은 산스크리트 원본이 발견되지 않기 때문에 본문에 있는 이 긴 이름을 바탕으로 이 경의 이름을 지어야 한다.

2 '관한다(觀)'는 것은 무엇인가?

이 경이 다른 기쁨나라 경과 차이 나는 중요한 내용은 '관한다(觀)'는 것으로, 이 경 이름을 그냥 『보는 경(觀經)』이라고 부르기도 한다.

관(觀)이란 무슨 뜻인가? 『관무량수불경』은 『기쁨나라경(無量壽經)』이나 『모든 붇다가 보살피는 아미따경(阿彌陀經)』과 달리 산스크리트 본이나 티베트 번역본이 없고, 현재 전해 오는 것은 한문으로 옮긴 한 권밖에 없다. 위구르 말로 된 조각이 발견되었으나 한문에서 옮겼다는 연구 결과가 나왔기 때문에 큰 도움이 되지 않는다. 그러므로 이 경을 옮길 때는 주요 한문 낱말을 산스크리트로 되옮겨 보는 일이 필요했다.

그렇다면 '관(觀)하다'의 산스크리트 본디 말은 무엇일까? 대부분 번역본이나 해설서가 관(觀)이란 산스크리트 비빠사나(vipaśyanā, 觀)라고 하지만, 이 경전의 내용을 바탕으로 댜나(dhyāna, 禪)라는 설[2]이 있고, 아누쓰리띠(anusmṛti, 念)라는 설[3]이 있어 결정하기 어

---

2) J, Takakusu(tr.), "The Amitāyur-dhyāna-sūtra," SBE. Vol. 49, Pt. II, p.159. H. Nakamura, Indian Buddhism(Hirakata, 1980), p. 203. "Amitāyur-nidhyāna-Sūtra"(Tōyo no Shisō, No 1, Waseda University, 1984).

3) P. Demiéville, H. durt, A, Seidel, "Amitāyur-buddhānusmṛti-Sūtra", Répertoire du

렵다.[4] 먼저 3가지 낱말에 대해 자세히 보기로 한다.

1) 비빠샤나(vipaśyanā, Ⓟ= 빨리어 Vipassanā, 毘鉢舍那)

비(vi-)는 영어의 to처럼 쓰이고 빠샤나(paśyana)는 보다(See)는 뜻이므로 우리말로는 '보다(to see)'이다. 산스크리트에서 비빠샤나(vipaśyana)는 중성이고 비빠샤나-(vipaśyanā)는 여성으로 모두 '본다(觀)'는 뜻이다. 한문 경전에서는 소리 나는 대로 비발사나(毘鉢舍那)라 했고, 뜻으로 봄(觀), 슬기(慧), 신묘한 봄(妙觀), 바로 봄(正見)이라고 옮겼다. 불교의 일반 실천 법문으로 '관(觀)'이나 '관법(觀法)'이라 한다. 산-영 사전에서는 vipaśyana는 바른 지식(right knowledge)이라고 했다.

산스크리트를 한문으로 옮긴 번역가들은 전통적 불교 수행법인 사마타-비빠샤나(śamatha-vipaśyanā)를 지관(止觀)으로 옮겼기 때문에 관(觀)을 비빠샤나(vipaśyanā)로 되옮기는 것은 아주 자연스러운 것이다. 사마타(śamatha, Ⓟ samatha, 止)는 모든 헛된 생각을 그치게 하여(止), 정(定) 또는 선정(禪定)에 들게 하며, 그런 상태에서 지혜를 바로 보는 것(vipaśyanā, 觀)이기 때문에 관(觀)을 비빠샤나(vipaśyanā)로 되옮긴 것이다.

여기서 보듯이 지관법(止觀法)의 관을 나타내는 비빠샤나(vipaśyanā)는 선정을 바탕으로 가르침을 관(觀)하여 지혜를 얻는

Canon bouddhique sino-japonais, Fascicule annexe du Hōbōgirin, (Paris et Tokyo, 1978), p.46.

4) 藤田宏達, 『浄土三部経の研究』, 岩波書店, 2007, 72쪽.

마지막 단계이다. 다시 말해 지관(止觀)의 '관하다(觀)'는 수행의 마지막 단계인 선정 속에서 지혜를 보는 것이므로 8가지 괴로움을 없애는 길(八正道)에서 말하는 '바로 보다(正見)'라고 할 수 있다. 이에 반하여 이 경의 관(觀)은 갖가지 상(相)을 관하여 기쁨나라(極樂)에 가는 것이 첫 목적이므로 쉽게 '보다'라고 옮길 수 있다.

2) 댜나(dhyāna, Ⓟ jhāna, 禪)

산-영 사전에는 명상·묵상(meditation), 사색(thought), 숙고(reflection), 특히 깊고 집약적인 종교적 명상(especially profound and abstract religious meditation)이라고 했다. 한문 경전에서는 소리로 선나(禪那)·타연나(馱衍那)·지아나(持阿那)라고 옮기고, 뜻으로는 고요히 생각함(靜慮: 상을 멈추고 염을 이어 가 하나의 경계에만 집중하게 하는 것), 곰곰이 생각함 익히기(思惟修習), 나쁜 것 버리기(棄惡: 욕계의 5가지 장애 같은 모든 나쁜 것을 다 버리는 것), 공덕 숲(功德叢林: 선이 씨가 되어 슬기·신통·4가지 무량심 같은 공덕이 생긴다)이라고 했다.

선(dhyāna, 禪)은 명상을 포함한 여러 가지 수행을 아우르는 일반적인 개념이고 넓은 개념임을 알 수 있다. 물론 치나(支那)에서 달마 이후 선종(禪宗)이 일어나 발전하면서 아주 특별한 수행법으로 자리 잡았지만, 이런 선입견이 없이 선(dhyāna, 禪那)이란 개념을 적용한다면, 이 경 가운데 1관에서 13관까지를 선(dhyāna, 禪)이라고 보는 것은 큰 무리가 없다고 본다.

산스크리트 댜나(禪那)를 선(禪)이라고 읽는 것은 본디 소리와 너무 거리가 멀어 소리 나는 대로 '다냐'라고 옮기고, 뜻으로는 '곰곰이·찬찬히 생각하다'라고 옮길 수 있다. 이경에서는 생각하다(想)와 관(觀)을 거의 같은 뜻으로 쓴 경우가 많으므로 쉽게 '생각하다'라고 옮길 수 있다.

3) 아누-씀리띠(anusmṛti, 念)

염불의 염(念)을 뜻하는 것으로, 염불은 산스크리트로 붇다-아누-씀리띠(buddhānusmṛti, 念佛)다. 붇다아누(buddhānu)에서 [ā]는 붇다(buddha)의 a와 아누(anu)의 a가 이어져 겹쳐지는 이은소리(連音)가 되면서 긴소리(長音) ā가 된 것이다. 아누(anu)는 영어의 with나 after 같은 다양한 뜻을 가진 앞가지(接頭語)이고 씀리띠(smṛti)는 기억(remembrance, 記憶)이라는 뜻이다. 산스크리트 사전에는 아누(anu)+씀리띠(smṛti)가 '(지난 일을) 생각해 내다(to remember)', '불러일으킨다(recollect)'라는 뜻으로 쓰인다고 했다. 여기서는 붇다를 생각하는 것이지만 '이미 생각하고 있던 것을 잊지 않고 계속 생각해 낸다는 뜻(憶念, 마음에 떠올리다, 마음에 불러일으키다, 생각해 내다)'이 강하다. 빨리어로는 싸띠(sati)인데, 『빠알리-한글사전』(전재성)에 기억, 새김, 챙김, 주시, 주의를 기울임, 인식, 염(念), 억념(憶念) 같은 갖가지 뜻을 들고 있다. 붇다가 가장 중요하게 강조한 수행법인 '4가지 새기는 것(四念處)'도 슴리띠-우빠타나(smṛty-upasthāna, Ⓟ sati-paṭṭhāna)라고 해서 씀리띠(smṛti, Ⓟ sati)를 쓴다. 우리말로는 '새기다'라고 옮기는 것이 가장 가깝다고 본다.

이 경의 14관에서 16관에 이르는 마지막 3관의 관(觀)은 그 이전의 13관 내용에 비해 크게 다르므로 이 부분을 아누쓰리띠(anusmṛti, 念)라고 보는 것은 마땅하다고 본다. 마지막 3관 가운데 특히 염불인들이 중요하게 본 16관에서는 아누쓰리띠(anusmṛti, 念)를 아주 강조하고 있기 때문이다.

그렇다면, 마지막으로 관(觀)을 우리말로는 어떻게 옮길 것인가? 앞에서 본 '① 보다, ② 생각하다, ③ 새기다 가운데 『무량수불을 보는 경(觀無量壽佛經)』이란 이름에 가장 가깝다'고 보고, 쉬운 말로 '보다(觀)'라고 옮긴다.

3. 무엇을 보는가(觀)?

그렇다면 무엇을 보는가? 이 경에는 '16가지를 보는 경'이지만, 붇다가 지어 준 경 이름은 『관·극락국토·무량수불·관세음보살·대세지보살(觀·極樂國土·無量壽佛·觀世音菩薩·大勢至菩薩』이라는 4가지로 줄여서 나온다. 곧 ① 기쁨나라(極樂國土) ② 그지없는 목숨 붇다(無量壽佛) ③ 소리 보는 보디쌑바(觀世音菩薩) ④ 큰 힘 이룬 보디쌑바(大勢至菩薩) 같은 4가지다. 물론 4가지로 보지 않고, '① 기쁨나라'가 기본 바탕이고, 그 속의 ②, ③, ④가 주인공이라고 볼 수도 있다.

경 이름에 위의 4가지를 다 하면 너무 길어 두 보디쌑바를 줄이면, 『기쁨나라 끝없는 목숨 붇다를 보는 경(觀極樂國土無量壽佛經)』이라고 옮길 수 있다. 그러나 이것도 길다는 생각이 들어 위의 4가지 이름을 모두 한꺼번에 아우르는 『기쁨나라 보는 경(觀極樂經)』으로 줄였다. 이는 앞으로 『기쁨나라(極樂)』 뿌리경전(所依經典)인 3가지 경을 모아서 낼 때 이름이 서로 어울리도록 하는 목적도 있다. 『끝없는 목숨 붇다 경(無量壽經)』을 『기쁨나라 경(極樂經)』으로 옮긴 것과 같은 뜻에서 『끝없는 목숨 붇다 보는 경(觀無量壽佛經)』을 『기쁨나라 보는 경(觀極樂經)』으로 옮긴 것이다.

4. '붇다가 말씀하셨다(佛說)'를 옮기지 않은 까닭

『기쁨나라 보는 경(觀極樂經)』으로 이름을 바꾸면서 이미 오래 쓴 경 이름에 대해 몇 가지 보고 가기로 한다. 고리(高麗= 나라 이름은 '고리'라고 읽는다)대장경에 실린 이 경의 이름은 『붇다가 말씀하신(佛說) 끝없는 목숨 붇다(無量壽佛)를 보는 경(佛說·無量壽佛·觀經)』이다. 여기서 '붇다가 말씀하셨다(佛說)'와 '끝없는 목숨 붇다(無量壽佛)'를 나누어 본다.

먼저 '붇다가 말씀하셨다(佛說)'는 옮기지 않는다. 모든 경은 다 붇다가 말씀하신 것인데, 굳이 이 말을 붙일 까닭이 없기 때문이다. 초기 경전에는 이런 이름이 들어가지 않았으나 1세기부터 편찬된 큰 탈것(大乘) 경전에서는 이 말을 붙여 권위를 나타내려 하였다. 그러나 이 경이 붇다가 말씀하셨다는 말은 다른 경 가운데 붇다가 말씀하지 않았다는 상대 개념이 들어 있어, 다른 경전과 차별화하려는 것 자체가 붇다의 사상과 동떨어진 제목이라고 보아 옮기지 않았다.

5. 무량수(無量壽)인가 무량수불(無量壽佛)인가?

다음은 '끝없는 목숨 붇다(無量壽佛)'에 대해서 보기로 한다. 우리가 흔히 부르고 있는 『관무량수경』은 비슷하지만 여러 가지로 부르고 있었다.

① 불설관무량수불경(佛說觀無量壽佛經) - 고리대장경

② 관무량수불경(觀無量壽佛經) - 일반적으로 부르는 이름.

③ 관무량수경(觀無量壽經) - 실역잡경록(失譯雜經錄)

④ 무량수관경(無量壽觀經) - 수나라 때 『법경록(法經錄)』

⑤ 관경(觀經) - 줄여서 부르는 이름

끝없는 목숨 붇다(無量壽佛)는 산스크리트 아미따윷(Amitāyus) 붇다(Buddha)를 한문으로 옮긴 것이다. 아미따윷(Amitāyus)은 아미따(amita)는 잴 수 없는·끝없는(unmeasured, boundless, infinite)이란 뜻인데, 한문으로는 '헤아릴 수 없이 많음(無量)'이라고 옮겼다. 아윷(āyus)은 삶(life), 목숨(duration of life), 오래 삶(long life)이란 뜻인데, 한문으로 목숨(壽)이란 뜻이다. 그러므로 우리말로 옮기면 '끝없는 목숨(無量壽)'이라고 옮길 수 있다.

『아미따경』을 우리말로 옮기면 『끝없는 경(無量經)』, 『헤아릴 수 없이 많은 경』이 되므로 반드시 『끝없는 빛(의) 붇다(無量光佛) 경』

이나 『끝없는 목숨(의) 붇다(無量壽佛) 경』이라고 해 주어야 하듯이, 『그냥 끝없는 목숨 경(無量壽經)』보다는 고리대장경처럼 『끝없는 목숨(의) 붇다 경(無量壽佛經)』으로 불러야 한다.

6. '끝없는 목숨 붇다(無量壽佛)'인가 '끝없는 빛 붇다(無量光佛)'인가?

아미따붇다(阿彌陀佛)는 '끝없는 목숨 붇다(無量壽佛)'와 '끝없는 빛 붇다(無量光佛)'의 공통분모를 따서 만든 이름이란 것은 잘 알려진 사실이다. 여기서 '목숨(壽)은 아윳(āyus)', '빛(光)은 아바(ābha)'를 옮긴 것이다. 그런데 『무량수경(無量壽經)』이나 『관무량수경(觀無量壽經)』이나 모두 경 이름이나 내용에 '끝없는 빛 붇다(無量光佛)'를 주된 이름으로 쓰지 않고, '끝없는 목숨 붇다(無量壽佛)'를 쓰고 있다. 『무량수경(無量壽經)』 한문 원문을 검색해 보면 '무량수불' 29번, '무량수' 53번이 나오지만, '무량광불'은 여러 가지 이름에 섞여 딱 한 번밖에 나오지 않는다.

그러므로 아미따바 붇다를 끝없는 빛(의) 붇다(無量光佛)·가없는 빛의 붇다(無邊光佛)·걸림 없는 빛의 붇다(無碍光佛)·겨룰 수 없는 빛의 붇다(無對光佛)·가장 아름다운 빛의 붇다(炎王光佛)·맑고 깨끗한 빛의 붇다(淸淨光佛)·즐겁고 기쁜 빛의 붇다(歡喜光佛)·슬기로운 빛의 붇다(智慧光佛)·끊임없는 빛의 붇다(不斷光佛)·헤아리기 어려운 빛의 붇다(難思光佛)·무게를 달 수 없는 빛의 붇다(無稱光佛)·해달을 뛰어넘은 빛의 붇다(超日月光佛)라 일컫는다.

그러나 산스크리트 본 『기쁨나라 경(Sukhā-vati vyūha sūtras)』을 검색해 보면 아미따바(amitābha, 無量光)가 36번, 아미따윳(amitāyus, 無量壽)이 13번으로 아미따바(amitābha, 無量光)가 아미따윳(amitāyus, 無量壽)보다 무려 3배 가까이 많다는 것을 알 수 있다. 이런 결과를 통해서 산스크리트에서 한문으로 옮길 때 경전을 옮기는 사람들이 아미따바(amitābha, 無量光)를 모두 아미따윳(amitāyus, 無量壽)으로 바꾸어 옮겼다는 것을 알 수 있다. 다시 말해, 적어도 36번에 걸쳐 아미따바(amitābha, 無量光)를 무량수(無量壽)로 옮긴 것이고, 이것을 되옮겨 보면 무량수보다 무량광이 3배나 많다는 것을 알 수 있다.

그렇다면 왜 초기 번역가들은 아미따바(amitābha, 無量光)를 모두 아미따윳(amitāyus, 無量壽)으로 바꾸어 옮겼을까? 그것은 격의불교의 영향이 컸다. 격의란, 도가나 유교의 원리를 가지고 불교의 도리를 해석하는 것을 말한다. 불교가 처음 동쪽으로 전해 졌을 때 지식인들은 늘 노장사상과 비슷하다고 하여 받아들였다. 또 위·진 시대(3~4세기)에는 노장사상으로 반야의 공 이치를 설명하였다. 이러한 과도기 학풍을 격의(格義)라고 한다. 그리고 당시는 끝없는 빛을 뜻하는 아미따바(amitābha, 無量光)보다 끝없는 목숨을 뜻하는 아미따윳(amitāyus, 無量壽)이 도가(道家)나 도교적인 신선(神仙) 이야기를 좋아하고 오래 살고 죽지 않는 것(長生不死)을 찾는 치나(支那) 사람들 사상에 걸맞은 낱말이라고 생각했기 때문이다.

이처럼 『무량수경』 산스크리트 본은 제목이 '무량수'가 아니고 '기쁨으로 가득 찬(Sukhāvatī, full of joy)'이고, 주인공도 아미따윳(無量壽)이 아니고 아미따바(無量光)라는 것은 일본 학자들이 이미 많이 연구하였다. 나까무라(中村元)가 "당나라 이전의 번역은 치나(支那) 색깔이 강하여 불교에다 유학이나 노장사상을 조금 더한 것에 불과하다"(『東西文化 交流』, 1965)라고 한 것에 이어서 후지다(藤田宏達, 『원시정토사상 연구 196쪽』)가 잘 설명하고 있다.

① 『무량수경』이 치나에 들어온 처음부터, 곧 『대아미따경』을 번역할 때 이미 치나화(支那化) 되었다.

② 후한에서 동진에 걸쳐 옮겨진 『대아미따경』, 『평등각경』, 『무량수경』 3권은 유학사상이나 도교사상으로 고치어 바꾼 것이 대단히 많다.

③ 일본에서 중요하게 본 것은 (수·당 이전) 초기에 한문으로 옮긴 『무량수경』이다. 그러므로 일본인에게 들어온 정토교란 것은 실은 '정토교에 유학이나 노장사상을 조금 더한 것에 지나지 않는다'라고 할 수 있다.

후지다의 이런 관점은 한국 정토계에도 유효하다고 본다. 후지다는 구체적으로 『무량수경』에서 '적선하는 (집에는 반드시) 자손이 누리는 경사가 있다(積善餘慶)'라는 문구는 『역경』에서 나오는 낱말이고, '자연', '허무'. '무극(無極)' 같은 낱말은 『노자』, 『장자』, 『회남자』에서 나온 도가사상의 중요한 낱말이라고 강조하였다.

이와 같은 역경사를 바탕으로 『기쁨나라경(無量壽經)』과 이 경 『기쁨나라 보는 경(觀無量壽經)』을 새로 옮기면서 기쁨나라(極樂) 붇다 이름을 모두 '아미따바 붇다(無量光佛)'로 옮겼다. 이처럼 기쁨나라 붇다의 이름을 '아미따바 붇다(amitābha buddha, 無量光佛)'라고 한 것은 현실적인 문제도 있다. 우선 우리말로 아미따바가 아미따윳과 견주어 소리 내기 쉽다는 이로운 점이 있기 때문이다. 많은 사람이 우리식으로 아미따윳(amitāyus)을 '아미따유스'라고 5개 소리마디로 읽는다. 우리글 홀소리에서 'ㅡ'가 한 소리마디를 이루기 때문이다. 그런 경우 '나모-아미따바'에 비해 '나모-아미따유스'는 한 소리마디가 더 있어 염불할 때나 일반적으로 쓸 때도 운이 맞지 않는다. 한편 음성학적으로 'yus'은 두 소리마디가 아니고, 하나이므로 '아미따윳'이라고 옮겨야 하고, 그럴 때 마지막 소리가 닫음소리(閉鎖音)이므로 다른 낱말과 이어서 쓸 때 자연스럽지 못하다.

7. 『기쁨나라 보는 경』에 대한 논의

1) 『붇다가 말씀하신 기쁨나라 보는 경(佛說觀無量壽佛經)』

앞에서 본 바와 같이 『모든 붇다가 보살피는 아미따경』이나 『기쁨나라경』과 달리 산스크리트 본이 발견되지 않았고, 티베트 본도 없다. 따라서 이 경은 한문으로 옮겨진 『붇다가 말씀하신 기쁨나라 보는 경(佛說無量壽佛經)』과 위구르어로 옮겨진 것이 전부다. 이 책에서는 고리대장경에 실린 『붇다가 말씀하신 기쁨나라 보는 경

(佛說觀無量壽佛經)』을 바탕으로 하였다. 고리대장경에 실린 한문본을 바탕으로 송·원·명대장경 및 일본에 남아 있는 보급본을 비교해서 주를 단 대정신수대장경을 참고하였으며, 이를 디지털화한 CBETA 원문과 고리대장경을 견주어 자세하게 주를 달았다.

위구르 역은 오타니(大谷) 탐험대원이었던 다치바나 즈이쵸(橘瑞超, 1890~1968)가 투르판에서 발견한 경전 조각을 1912년 발표하면서 처음 알려졌다. 이 조각의 내용이 『기쁨나라 보는 경(觀無量壽佛經)』 가운데 11번째 관인 '소리 보는 보디쌑바(觀音菩薩)를 보는 법'의 한 부분이었다. 1975년 쿠다라 코기(百濟康義)가 다치바나가 발표한 자료를 깊이 연구하여 이 위구르 번역본은 산스크리트에서 옮긴 것이 아니고, 한문으로 옮긴 것을 위구르어로 다시 옮긴 것이라는 것을 밝혔다. 그러므로 위구르 역은 한문 번역본의 산스크리트 원본을 추정하는 데 도움이 되지 않는다.

1982년 베를린국립도서관에서 간직하고 있는 투르판문서 가운데 위구르 역 2조각을 찾아 발표하였다. 이 위구르 역도 한문 번역본을 위구르 역으로 옮긴 것이었다.

2) 옮긴이에 대한 논의

고리대장경에는 이 경을 깔라야샷(Kālayaśas, 畺良耶舍, 383~442)이 한문으로 옮긴 것으로 되어 있다. 깔라야샷에 대해서는 『고승전』에 나온 내용을 간추려 보면 다음과 같다.

강양야사(畺良耶舍)는 '시간을 일컫는다(時稱)'라고 했는데, 산스크리트 깔라야(Kālaya)가 '시간을 알려 주다(to show or announce the time)'라는 뜻이 있어 깔라야삿(Kālayaśas)으로 이름을 되살린 것으로 보인다. 성품이 꼿꼿하고 곧으며, 경·율·론 모두에 밝았지만, 특히 선(禪)을 깊이 닦아 한 번 싸마디에 들어가면 7일 동안 일어나지 않는 적도 있었다고 한다. 송나라 원가(元嘉, 424~453) 초에 멀리 타클라마칸 사막(沙河)을 무릅쓰고 당시 송나라 서울이었던 건강(建康, 오늘날의 남경)에 이르자 태조 문황(文皇)이 감탄하여 도림정사에 머물게 하였다. 그때 스라마나(沙門) 승함(僧含)이 청하여 『약왕·약상을 보는 경(藥王藥上觀)』, 『무량수를 보는 경(無量壽觀)』을 옮겼는데, 승함이 받아썼다. 이 두 경은 걸림을 없애는 비술이고 맑은나라 가는 큰 씨앗(弘因)이므로 많은 사람이 닦아 송나라에 퍼졌다. 나중에 강릉(江陵, 오늘날 荊州)으로 가서 쉬었다. 원가 19년(442)년 민촉(岷蜀, 오늘날 四川)에 가서 노닐며 곳곳에서 널리 도를 펴니 선(禪)이 크게 퍼졌다. 그 뒤 강릉으로 돌아와 세상을 뜨니 60살이었다.

양나라 승우(僧祐)가 지은 『삼장에 관한 기록(出三藏記集)』(권 4), 「새로 모아 이어 펴낸 옮긴이를 모르는 여러 경 기록(新集續撰失譯雜經錄)」에 『무량수를 보는 경(觀無量壽經)』이 들어 있어 번역자에 대해 의혹이 있었지만, 앞에서 본 『고승전』에 깔라야삿의 『무량수를 보는 경』이 뚜렷이 나오기 때문에 깔라야삿이 옮겼다는 기록이 확실해 보인다.

송나라(宋, 420~479)는 남북조 시대 강남 지방에서 유유(劉裕)가 세운 남조 첫 번째 왕조다. 당나라가 망한 뒤 조광윤(趙匡胤)이 세운 송나라(宋, 960년~1279년)와 구별하기 위해 나라를 세운 유유(劉

裕) 성씨를 따라 유송(劉宋)이라 부르기도 한다. 깔라야샷이 이 나라에 왔을 때는 문제가 자리에 오른 원가(元嘉) 1년이다. 문제는 왕홍(王弘), 왕화(王華), 은중심(殷仲甚) 같은 귀족을 존중하고 문치를 내세워 30년간 잘 다스렸기 때문에 이 시기를 "원가(元嘉)의 치세"라 불렀다. 짧은 기간(34년)이지만 장안(현재 서안)에 도읍하였다.

3) 인두(印度는 인두로 읽는다) 성립론에 대한 의문

이 경이 산스크리트본이나 티베트역이 없는 점, 한문 번역도 깔라야샷이 옮긴 것 하나밖에 없는 점, 위구르어 번역본도 한문에서 옮겼다는 점들 때문에 꽤 오래전부터 이 경이 인두에서 나온 것이 아니라는 논의가 계속되었다. 실제 이 경을 읽다 보면 전체적인 흐름이 어색한 곳이 있으므로 이러한 논의를 간단히 간추려 이해를 돕고자 한다.

이 경이 인두에서 나온 것을 부정하는 견해는, 이 경이 중앙아시아에서 나왔다는 설과 치나(支那)에서 만들었다는 두 가지 설이 있다. 그리고 이러한 설들을 절충하는 설도 있다. (藤田宏達, 『정토삼부경 연구』 171~204).

(1) 중앙아시아에서 만들었다는 설

① 이 경을 한문으로 옮긴 사람이 서녘(西域)에서 왔다.

② 붇다와 보디쌑바를 크게 그린 것이 중앙아시아의 불상과 연관이 있다.

③ 아자따사뜨루(Ajātaśatru, 阿闍世) 설화가 중앙아시아 포도 주산지를 배경으로 한 것이다.

④ 투르판 토욕(Toyok) 석굴에서 아미따바 붇다 맑은나라(淨土) 그림이 발견되었는데, 이 경과 내용이 같아 여기서 수행하던 내용일 가능성이 있다.

⑤ 토욕 20굴에 있는 '맑은나라를 보는 그림에 있는 유리 땅(琉璃地)'이 『기쁨나라 보는 경』, 「물을 생각하는 관」과 같다.

⑥ 타클라마칸 남쪽 도시 코탄에서 발행된 경전에서 이 경과 비슷한 것이 있다.

(2) 치나(支那)에서 만들었다는 설

① 당시 이미 존재한 『무량수경』, 『아미따경』, 5가지 『관경』, 『관불삼매해경』, 『반주삼매경』 같은 한문 경전을 이용한 흔적이 뚜렷하여 산스크리트 원본을 가지고 옮겼다고 보기 어렵다.

② 마니수(摩尼水), 야마천의 염부단금색, 장육팔척(丈六八尺)처럼 산스크리트 원전에서 옮겼다고 보기 어려운 번역어와 용어가 많다. 머리말에서는 아미따불, 앞의 13관에서는 무량수불, 뒤의 3관에서는 아미따불, 마무리 부분에서는 무량수불을 쓰는 편향성이 있다.

③ 아미따바 붇다와 두 보디쌑바의 키와 후광(圓光), 그리고 미간의 너비와 화관 같은 크기가 구체적으로 생각하기 어려울 정도로 균형이 맞지 않는다.

④ 치나의 한자문화권 용법이 많다. '큰 탈것(大乘) 12부 경 머리

제목 이름을 찬탄한다'라고 했는데, 산스크리트에서는 경 이름이 가장 마지막에 오고, 큰 탈것 12경도 12가지 내용 분류(十二分教)나 큰 탈것(大乘) 경전을 모두 아울러 이름하는 것이지 12가지 경 이름을 가리키는 것이 아니다. 그밖에 '부모에게 효도하고 스승을 받든다.' 같은 유교적 표현들이 드러난다.

⑤ 『기쁨나라경』의 위 무리(上輩)·가운데 무리(中輩)·아래 무리(下輩)를 받아들여 9가지 품으로 나눈 것이 진(秦)나라 때 역사 인물을 나누는 법이나 조조 위나라 때 '관인을 9품으로 나누는 법(九品官人之法)이 배경이 되었다.

(3) 절충설과 혼합설

① 머리말 부분 아자따사뜨루 설화는 인두에서 건너온 여러 설화를 이 경에 맞게 다시 구성하였다.

② 앞의 13관법은 중앙아시아, 특히 투루판을 중심으로 이루어졌다.

③ 뒤의 9가지 품으로 나눈 것은 치나(支那)에서 이루어졌다.

이 경전에 대한 위와 같은 여러 가지 의문을 정리한 것은 옮긴이가 이 경을 옮기면서도 실제 느꼈던 문제이기 때문에 이 경을 읽는 여러분도 미리 이 점을 알고, 경을 읽다가 부딪히는 부분이 있으면 『아미따경』이나 『기쁨나라경』과 견주어 보는 것이 좋다고 보기 때문이다. 『기쁨나라경』에서도 치나(支那) 격의불교 때문에 유교나 도교의 용어를 많이 사용했다는 점을 밝힌 것과 같은 뜻이다. 그렇게 내용을 철저하게 보므로 해서 붇다가 우리에게 전하려고 했던 말씀의 고갱이를 파악해 제대로 닦아 나갈 수 있기 때문이다.

Ⅲ. 2편, 기쁨나라(極樂) 곁뿌리(傍依) 4경과 1론

1. 『바로 붇다 보는 싸마디 경(般舟三昧經)』

1) 반주(般舟)가 무슨 뜻인가?

산스크리트 원문 가운데 붇다(buddha, 佛陀), 싸마디(samādhi, 三昧), 쑤뜨라(Sūtra, 經) 같은 낱말은 우리가 익히 알고 있으므로 나머지 세 낱말만 보기로 한다.

(1) 쁘라띠 욷빤나(Praty-utpanna): 현재 순간에 존재하는(existing at the present moment), 현재(present), 바로(prompt), 준비된(ready)이란 뜻이고, 〈漢文〉으로는 현재(現), 바로 눈앞(現前), 지금 이때(現在時), 지금 세상(現世), 이제(今)라고 옮겼다.

(2) 쌈무카(sam-mukha): 얼굴을 마주 대하는(facing), 마주하는(fronting), 만나는(confronting, 얼굴을 대하다(being face to face), 앞에(in front of), 마주보다(opposite to), 오늘날의(present), 눈앞에(before the eyes)라는 뜻이고, 〈漢文〉으로는 앞(前), 현재 보는(現見), 현재 눈앞(現在前)으로 옮겼다.

(3) 아바-스띠따(ava-sthita, 과거 수동 분사): ① 가까이 선(standing near), 이어지는(continuing to do anything), ② 약속된(engaged in), 해낸(prosecuting), 다음의(following), ③ 따르는(obeying or following)이라는 뜻이고, '漢文'으로는 있다(在), 자리하다(位);

자다(宿), 머무르다(住), 편안히 살다(安住)라고 옮겼다.

위의 산스크리트 원문 제목을 그대로 옮기면 '지금 바로 붇다가 눈앞에 가까이 서는(나타나는) 싸마디'라는 긴 풀이가 나온다. 길이를 줄여 '바로 붇다 보는 싸마디'라고 옮길 수 있다. 문제는 한문 경전에서 반주(般舟)가 무슨 뜻이냐? 하는 것이다. 솔직히 옮긴이는 처음 이 경 이름 '반주(般舟)'를 봤을 때 사전에도 없는 낱말이라 막연하게 '배(舟)'에 관계되는 뜻일 것이라고만 생각했다. 그러나 산스크리트로 옮겨 보니 배와는 아무 상관이 없고, 결국 쁘라띠-웃빤나(Praty-utpanna)를 소리 나는 내로 옮기는 것과 관련 있다고 볼 수밖에 없었다.

2) 이 경에 대한 풀이

이 경은 후한(後漢) 시대 로까끄세마(Lokakṣema, 支婁迦讖)가 179년에 낙양(洛陽)에서 번역한 최초의 큰 탈것(大乘) 경전 가운데 하나다. 『큰 반주 싸마디 경(大般舟三昧經)』·『시방 현재불이 모두 눈앞에 나타나는 싸마디 경(十方現在佛悉在前立定經)』이라고도 한다. 아미따바 붇다 기쁨나라(極樂) 정토에 관해 설한 경전 가운데 가장 이른 것이다.

「바로 붇다 보는 싸마디(般舟三昧)」는 실제 이 싸마디를 얻어 붇다를 본 흐름이 있었으며, 여산(廬山) 혜원(慧遠)이 그 대표적인 본

보기다. 그 뒤 지의(智顗)·선도(善導)·혜일(慧日)·승원(承遠)·법조(法照) 같은 대덕들이 이어서 이 싸마디 수행을 일으켰다. 만일 기쁨나라 (정토) 4경을 구성할 때는 가장 먼저 이 경이 들어가야 할 만큼 「아미따바 기쁨나라 (정토) 경전」에서 중요하다.

이 경은 모두 16품으로 이루어져 있으며, 『바로 붇다 보는 싸마디(般舟三昧)』와 그것을 얻기 위한 수행법, 그 공덕에 대해 설한다. 여기서는 기쁨나라(極樂) 정토와 직접 관계가 있는 상권(上卷) 묻는 품(問事品)과 닦는 품(行品)을 위주로 가려서 옮기려 한다.

상권은 왜 이 싸마디를 닦아야 하는가 하는 목적과 싸마디를 얻기 위해 무엇을 갖추어야 하는지를 설하고 있다.

「묻는 품(問事品)」은 이 경전의 머리말이면서, 전체 주제인 바로 붇다 보는 싸마디(般舟三昧)를 제시하고 있다. 바드라 빨(Bhadra-pāl, 颰陀和)[5] 보디쌑바가 붇다에게, 보디쌑바들이 바다처럼 넓고 깊은

5) 바드라 빨(Bhadra-pāl, 颰陀和): 바드라(bhadra)는 ① 축복받은(blessed), 상서로운(auspicious), 행운의(fortunate), 번창한(prosperous), 행복한(happy), ② 훌륭한(good), 정중한(gracious), 친절한(kind), ③ 뛰어난(excellent), 올바른(fair), 아름다운(beautiful), 멋진(lovely), 즐거운(pleasant), 귀여운(dear) ④ 교묘한(skillful in, locative case), ⑤ 심오한(great) 같은 뜻이 있는데, 「불경」에서는 어진(賢), 어질고 착한(賢善), 어질고 덕행 있는(仁賢), 착한(善), 묘한(妙), 미묘한(微妙), 뛰어난(勝), 총명한(聰明), 어진 분(仁者)이라고 옮겼다. 빨(pāl)은 지켜보다(to watch), 경계하다(guard), 지키다(protect), 막다(defend), 지배하다(rule), 다스리다(govern)이고, 이름씨 꼴인 빨라(pāla), 파수꾼(a guard), 지킴이(protector), 관리인(keeper)을 뜻한다. 그러므로 뜻으로는 '뛰어난 지킴이'라고 옮길 수 있다.
한문 경전에서는 소리로 발라라파라(跋捺羅波羅), 발타파라(颰陀婆羅), 발타파라(跋陀波羅), 발파(拔陂), 발타화(跋陀和), 발날라파라(髮捺羅播邏), 뜻으로는 어진 지킴이(賢護), 좋은 지킴이(善守), 어진 지킴이(賢守)라고 옮겨 아주 다양하게 옮겼고, 호칭은 출가하지 않고 집에서 닦는

지혜를 얻기 위해서는 어떻게 해야 하는지를 묻자, 붇다는 '바로 붇다 보는 싸마디(般舟三昧)'를 닦아야 한다고 대답한다.

「닦는 품(行品)」은 '바로 붇다 보는 싸마디(般舟三昧)를 구체적으로 실천하는 법을 설한다. 만약 보디 바가 시방의 붇다를 염하여 뜻을 오롯이 한다면 바로 붇다 보는 싸마디(般舟三昧)를 얻게 된다. 이와같이 빅슈들이 계를 완전히 갖추고 홀로 고요한 곳에서 서녘 아미따바 붇다를 염(念)하여 7일이 지나면 꿈에 아미따바 붇다를 보게 된다. 붇다는 오는 바 없고, 나도 가는 바도 없으니, 내가 염(念)하는 바를 곧 보게 되는 것이다.

한문 번역본은 CBETA, 한글 번역본은 '불교기록문화유산 아카이브, 한보광 역, 『반주삼매경』[6]', 영어 번역본은 Buddha Sutras Mantras Sanskrit[7]를 참고하였다.

(在家) 보디쌑바이므로 어른·어르신(長者)이라고 쓰기도 했다. 소리 나는 대로 '바드라 빨', 뜻으로 '뛰어난 지킴이'라고 옮길 수 있다. 한문 경전에 여러 가지로 옮긴 것은 바드라 빨이 집에서 닦는(在家) 보디쌑바이지만, 이 경전 밖에도 『마하반야바라밀경』, 『무량수경』 같은 다른 경전에도 많이 나오고, 경전마다 다르게 옮겼기 때문이다.

6) https://kabc.dongguk.edu/content/view?itemId=ABC_IT&cate=bookName&depth=3&upPath=F&dataId=ABC_IT_K0067_T_001

7) https://www.sutrasmantras.info/sutra22.html

2. 『대불정수능엄경』 5권

「큰 힘 이룬 보디쌑바(大勢至菩薩)의 염불로 깨달음(念佛圓通)」

이 경의 본디 이름은 『대불정여래 밀인수증요의 제보살만행 수능엄경(大佛頂如來 密因修證了義 諸菩薩萬行 首楞嚴經)』이다. 줄여서 『대불정수능엄경(大佛頂首楞嚴經)』, 『대불정경(大佛頂經)』, 『수능엄경(首楞嚴經)』이라고도 부른다. 당나라에 온 중천축 사문 쁘라미띠(Pramiti, 般剌蜜帝)[8]가 옮긴 것으로 되어 있으며, 제목에 나오는 수능엄(首楞嚴)은 붇다가 얻은 싸마디(三昧) 이름이며, 모든 보디쌑바들이 이 싸마디를 얻기 위해 수행하는(諸菩薩萬行) 것이다.

『능엄경(楞嚴經)』은 불교의 이치와 수행법을 구체적으로 제시한 불교 경전이자 불교 입문 교재이다. 한국 불교 근본 경전 가운데 하나로 모두 10권으로 이루어져 있다. 『금강경』·『원각경』·『대승기신론』과 함께 불교 전문 강원에서 가르치는 네 교과목 가운데 하나였다. 작은 화엄경이라 불리면서 널리 읽혔던 이 경은 각 권에 수록된 내용들이 모두 한국 불교의 신앙과 보살행에 큰 영향을 끼쳤다.

이 경에서 가장 유명한 것은 권 5에 나오는 25가지 원통 법문이

---

8) 쁘라미띠 (Pramiti, 般剌蜜帝): 뜻으로 '가장 많은 양(極量)'이라고 옮겼다. 중인두(中印度: 印度 산스크리트 원음은 '인두'이다) 사람으로 당나라 중종 때인 705년에 광주(廣州)에서 『수능엄경』 10권을 옮겼다고 한다.

다. 붇다가 여는 모임에 들어간 25명 보디쌑바(菩薩)들이 어떻게 원통을 이루었는지 원통을 얻는 방법을 설명하는데, 6가지 티끌(六塵)·6가지 감각 기관(六根)·6가지 식(識)·(땅·물·불·바람·공·봄·식 같은) 7가지 본성(本性=大)을 통해 얻은 방법이 모두 다르다.

그 가운데 24번째 원통을 이루는 법이 '큰 힘 이룬 보디쌑바(大勢至菩薩)'가 염불을 통해 얻는 원통이다. 이 '큰 힘 이룬 보디쌑바(大勢至菩薩)'의 염불원통을 보면 원통이란 갖가지 수행을 통해 싸마디를 이룬 것을 말한다. 그런데 이 싸마디를 이루는 25가지 방법 가운데 큰 힘 이룬 보디쌑바(大勢至菩薩)는 염불을 통해서 싸마디를 이루었다고 했기 때문에 정토종이나 염불하는 사람들은 특별히 이 품을 소중하게 여겨 많이 참고하고 있다. 『능엄경』은 정토종이나 염불인들이 바탕으로 하는 뿌리경전(所依經典)은 아니지만 염불을 통해 싸마디를 얻는 데 중요한 내용이기 때문에 『극락정토 3경』의 「곁뿌리 경전」 가운데 하나로 번역하였다.

흔히 『능엄경』 「대세지보살 원통장(圓通章)」이라고 해서 장(章)으로 분류했으나, 『능엄경』에서 「대세지보살 원통」은 5권 수도분(修道分)- 2) 입원진요(入圓眞要)- (4) 7대 오입(七大悟入) ④ 근대(根大)에 들어가 장(章) 아래 절(節) 그리고 그 아래 단원이기 때문에 단원 이름은 빼고 그냥 이름만 썼다.

3. 『크넓은 꽃으로 꾸민 붇다 경(大方廣佛華嚴經)』
「두루 어진 보디쌑바의 10가지 바램 품(普賢行願品)」

『크넓은 꽃으로 꾸민 붇다 경(大方廣佛華嚴經)』9) 권 40에 나오는 긴 품 이름 「말할 수 없는 해탈[10] 경계로 들어가는 두루 어진(普賢) 보디쌑바의 10가지 바램 품(入不思議解脫境界普賢行願品)」을 옮긴 것이다.

• 이 경에 대한 풀이

『화엄경』은 『대방광불화엄경(大方廣佛華嚴經, Buddhāvataṃsaka-mahāvaipulya-sūtra)』을 줄인 것이다. 대방광(大方廣)은 마하-바이뿔야(mahā-vaipulya)를 옮긴 것으로, 마하는 크다는 뜻이고, 바이뿔야는 큼(largeness), 넓음(spaciousness)이란 뜻이 있어 '가없이 크고 넓다'라는 뜻이다. 불화엄(佛華嚴)은 붇다바탕싸까(Buddhāvataṃsaka)[11]를 옮긴 것으로, 아바탕싸까(avataṃsaka)는 본디 투구를 깃으로 꾸민다(crest)는 뜻인데, '꽃으로 꾸민 붇다(佛華嚴)'라는 뜻으로 쓰였다. 이 경을 우리말로 옮겨 보면 『크넓은 꽃으

---

9) 이미 잘 알려진 경전 이름을 우리말로 옮겨 보는 것은 경전을 한문에서 옮긴다고 생각하지 않고, 붇다의 고장 인두(印度)에서 쓰인 언어인 산스크리트에서 직접 옮긴다면 분명히 『화엄경』이라 하지 않고, 『꽃으로 꾸민 붇다 경』이라고 했을 것이기 때문이다. 그리고 한문 세대가 지나가고 인두·유럽 언어에 길든 현재와 미래 세대에게는 순수 우리말로 옮긴 것이 더 쉽게 와닿을 것이기 때문이다.

10) 해탈(解脫): 산스크리트 비묵따(vimukta)를 옮긴 것으로, '벗어나다'의 과거분사 수동인 '벗어난(liberated)'이란 뜻이다. 한문 경전은 벗어남(解脫)이라고 옮긴 것인데, 인두(印度) 사상에서는 윤회를 벗어난 것을 뜻하며, 불교에서는 번뇌를 벗어난 니르바나(nirvana, 涅槃)와 같은 경지로 본다.

11) 산스크리트에서 겹씨를 만들 때 Buddha + avataṃsaka = Buddhāvataṃsaka가 된다. 〈a+a=ā〉

로 꾸민 붇다 경(大方廣+佛華嚴+經)』이고, 줄이면『꽃 꾸민 붇다 경』이라고 할 수 있다.

한문으로 옮겨진『화엄경』은 다음 3가지다.

(1) 동진(東晉, 317~419), 붇다바드라(Buddhabhadra, 佛馱跋陀羅, 359~429) 옮김,『60권 화엄경』:『옛 화엄경(舊華嚴)』,『진나라 때 옮긴 화엄경(晉經)』이라고도 하는데, 내용은 7곳(七處) 8번 모임(八會)에서 설한 34품(三十四品)이 9권(九册)으로 묶어져 있다.

(2) 당, 측천무후 때(695~699), 식사난다(Śikṣānanda, 實叉難陀, 652~710) 옮김,『80권 화엄경』:『새 화엄경(新華嚴),『당나라 때 옮긴 화엄경(唐經)』이라고도 하는데, 내용은 7곳(七處) 9번 모임(九會)에서 설한 39품(三十四品)이 9권(九册)으로 묶어져 있다.

(3) 당, 정원(貞元, 786~805), 쁘랒냐(prajñā, 般若, 734~?) 옮김,『40권 화엄경』:『대방광불화엄경(大方廣佛華嚴經)』이지만 전체가「말할 수 없는 해탈 경계로 들어가는 두루 어진(普賢) 보디쌑바의 10가지 바램 품(入不思議解脫境界普賢行願品)」으로 한 품으로 된 경이다.『보현행원품』,『정원 연간에 옮긴 화엄경(經)』이라고도 하는데, 내용은 '뛰어난 부자 아이(善財童子)'[12)]

12) 뛰어난 부자 아이(Sudhana-śreṣṭhi-dāraka, 善財童子): 쑤다나(Sudhana)는 큰 부자(very rich)라는 뜻으로, 남자 이름으로 많이 쓰이는 낱말이다. 스레스티(śreṣṭhi)는 śreṣṭhin을 다른 낱

가 53명의 선지식[13]을 찾아 공부하고 마침내 두루 어진 보디쌑바(普賢)의 10가지 바램(行願)을 이루는 내용이다.

꽃으로 꾸민 붇다 경(華嚴經) 내용은 '믿음(信) + 깨달음(解) + 행함(行) = 열매(證)'로 구성되어 있는데, 이 품은 믿고(信) 깨달은(解) '두루 어진(普賢) 보디쌑바'가 그 깨달음을 실천(行)하는 10가지 크게 바라는 것(大願)이다.

말과 겹씨(합성어)를 만들 때 쓰는 형태다. śreṣṭhin은 ① 가장 좋은(best), 우두머리(chief) ② 뛰어난 사람(a distinguished man), 높은 자리에 있는 사람·권위자(a person of rank or authority) ③ 뛰어난 공장이(an eminent artisan, 職人), 조합 우두머리(the head or chief of an association following the same trade or industry), 길드 우두머리(the president or foreman of a guild)라는 뜻인데, 한문 경전에서는 어른(長者)이라고 옮겼다. 다라까(dāraka)는 ① 사내아이와 계집아이(a boy and girl), ② 아들(son), 아이·어린이(child)를 말한다. Sudhana-śreṣṭhi-dāraka는 '뛰어난 부자 아이'라고 옮긴다.

13) 좋은 동무(善知識): 착한 동무(kalyāṇamitra, Ⓟ kalyāṇa-mitta, 善知識). 깔야나(kalyāṇa)는 빠빠(pāpa)의 반대말로 착한 행실(good conduct), 덕·덕행(virtue)이란 뜻이므로 벗(a friend), 동무·함께하는 사람(companion)·동료(associate, 同僚)와 겹씨를 만들면, 착한 동무가 된다. 한문 경전에서는 가라밀(迦羅蜜)·가리야낭밀담라(迦里也曩蜜怛羅)라고 옮겼고, 뜻으로는 지식(知識)·착한 벗(善友)·친한 벗(親友)·뛰어난 벗(勝友)·착하고 친한 벗(善親友)이라고 옮겼다.

※ 경전에 선지식(善知識)이라는 말이 많이 나오는데, 수행자를 좋은 길로 이끌어 주는 뛰어난 스승이란 개념으로 쓰였다. 그런데 산스크리트 미뜨라(mitra)에는 스승이나 뛰어난 고승이란 뜻이 없고, 벗(a friend), 동무·함께하는 사람(companion)·동료(associate, 同僚)라는 뜻이다. 실제 한문 경전에도 지식(知識)·착한 벗(善友)·친한 벗(親友)·뛰어난 벗(勝友)·착하고 친한 벗(善親友)이라고 옮겼고, 스승이란 뜻이 없다. 『한어대사전』에도 지식(知識)은 스승보다는 '서로 아는 사람(相識的人)'이나 '벗(朋人)'이라고 되어 있지 스승이란 뜻이 없다. 그러나 『우리말 큰사전』에는 "사람을 불도로 교화, 선도하는 중. 부처님의 가르침을 믿게 전도하는 중"이라고 해서 스님이라고 했고, 『한국민족문화대백과사전』에도 "선지식은 성품이 바르고 덕행을 갖추어 수행자를 바른길로 이끌어 주는 불교 지도자"라고 했다. 그러므로 산스크리트 뜻대로 '뛰어난 동무', '덕 있는 동무'로 옮겼을 때 '동무'라는 낱말의 뜻이 지금 쓰이고 있는 뜻과 맞지 않아 어려움이 있다. 동무는 ① 벗이란 뜻 말고도 ② 어떤 일을 하는 데 서로 짝이 되거나 함께하는 사람이란 뜻이 있어 '뛰어난 동무'로 옮기고 싶었다. 그러나 착한 동무라는 낱말이 '나쁜 동무(pāpa-mitra, 惡知識)'의 반대말이므로 '뛰어난'을 쓸 수 없어 착한 동무로 옮겼다. 동아시아와 달리 인두(印度)에서는 수행을 이끌어 주는 분을 쉽게 벗이나 동무로 불렀기 때문이라고 본다. 초기 경전에 보면 붇다도 상대를 '벗이여'라고 부르는 경우가 많다.

두루 어진(普賢) 보디쌑바의 10가지 크게 바라는 것(大願)을 간추려 보면 다음과 같다.

① 믿음을 가지고 모든 붇다께 예배하고 공경하는 것.
② 붇다의 공덕이 계속 온 법계에 미치도록 기리는 것.
③ 갖가지 방법으로 널리 이바지(供養)하는 것.[14)]
④ 지은 업장을 깊이 뉘우치고(懺悔) 다시는 짓지 않는 것.
⑤ 모든 중생의 공덕과 보살의 선근을 함께 기뻐하는 것.
⑥ 모든 붇다가 갖가지 방편으로 가르쳐 주시길 청하는 것.
⑦ 모든 선지식에게 계속 중생을 이롭게 해달라고 청하는 것.
⑧ 비로자나 붇다가 했던 모든 보디쌑바의 행을 따라 배우는 것.
⑨ 모든 중생을 스승이나 여래와 다름없이 모시는 것.
⑩ 스스로 지은 모든 공덕을 중생에게 두루 나누는(回向) 것.

---

14) 이바지(abhyavakīrya, 供養): 산스크리트 아비-아바-크리(abhy-ava-kṝ)의 미래수동분사이다. 아비아바크리(abhy-ava-kṝ)는 쏟다, 뿌리다, 충실하게 지키다, 덮다(cover) 같은 뜻인데, 한문 경전 번역에서는 뿌리다(散), 받들어 뿌리다(奉散), 이바지로 뿌리다(供散), 이바지로 기르다(供養) 같은 뜻으로 쓰였다. 직역하면 약간 어려움이 있으나 『아미따경』에는 꽃잎을 바칠 때 뿌려서 바치고, 사꺄무니가 전생에 연등불에게 꽃을 올릴 때 5송이는 허공에, 2송이는 두 귓가에 머물렀다고 한 것을 보면 꽃을 뿌려서 바쳤다는 데서 비롯되었다고 볼 수 있다. 어찌 되었든 붇다에게 바치는 것이기 때문에 이바지(供養)라는 낱말로 옮겼다. 한글학회 『우리말큰사전』에서 이바지는 ① 힘들이어 먹을 것 같은 것을 보내어 줌, 또는 그 물건. ② 물건을 갖추어 바라지함. ③ 도움이 되도록 힘을 씀(供獻)이라는 뜻이니 경전의 내용과 딱 들어맞는다. 이 「두루 어진 보디쌑바가 바라는 10가지(普賢行願品)」를 보면 이바지란 단순히 먹는 것을 올리는 것이 아니라는 것을 알 수 있다. "(이바지 가운데서) 붇다의 가르침을 이바지하는 것(法供養)이 으뜸이니, 이른바 붇다 말씀대로 닦는 이바지, 중생을 이롭게 하는 이바지, 중생을 거두어 주는 이바지, 중생의 고통을 대신하는 이바지, 좋은 업을 닦는 이바지, 보살이 해야 할 일을 저버리지 않는 이바지, 깨닫겠다는 마음(菩提心)을 여의지 않는 이바지가 그것이다."

이 내용은 불자들이 믿음을 어떻게 실천해야 하는지를 구체적이고도 쉽게 밝히고 있다. 화엄종이 크게 교세를 떨쳤던 우리나라에서는 특히 이 책의 실천을 중요시하였고, 고리(高麗)15)의 균여(均如)는 이 책을 바탕으로 「두루 어진 보디쌑바의 10가지 극락 가는 바램 노래(普賢十種願往歌)」를 지어 펼쳤다.

화엄경의 내용이 <① 믿음(信) + ② 깨달음(解) + ③ 행함(行)= ④ 열매(證)>로 구성되어 있는데, 두루 어진(普賢) 보디쌑바가 행한 10가지는 ①+②+③에 해당하고, 이 3가지를 잘 실천하면 ④라는 증(證), 곧 그 열매가 열리는데, 그것이 '기쁨만 있는 나라(極樂)에 가는 것'이 「두루 어진(普賢) 보디쌑바의 10가지 바램 품(普賢行願品)」의 고갱이다.

4. 『참법 연꽃 경(妙法蓮華經)』과 아미따바 붇다 (3품)

『묘법연화경(妙法蓮華經)』은 줄여서 『법화경(法華經)』이라고도 하는데, 산스크리트 원문은 싿다르마-뿐다리까-쑤뜨라(Saddharma-puṇḍarīka sūtra)이다. 싿-다르마(Sad-dharma)는 훌륭한 법(the good law), 참된 정의(true justice)라는 뜻으로 불교나 자이나교에서 교리를 부르는 이름(designation of the Buddhist or jaina- doctrines)이다.

---

15) 【麗】는 화려하다 할 때는 '려', 나라 이름은 '리'로 소리 나므로 '高麗=고리'라고 읽어야 한다. 자세한 것은 서길수, 『고구려의 본디 이름 고구리(高句麗)』 (여유당, 2019)를 볼 것.

한문 경전에서는 법(法), 법보(法寶), 바른 법(正法), 뛰어난 법(妙法), 불경 가르침(經法), 붇다 가르침(佛法), 훌륭한 바른 법(妙正法), 뛰어나고 훌륭한 법(勝妙法), 훌륭한 바른 법(微妙正法)이라고 옮겼다. 뿐다리까(puṇḍarīka)는 연꽃(a lotus-flower)인데 특히 흰 연꽃(especially a white lotus)이란 뜻이다. 이 경을 순수 우리말로 옮겨 보면 『참법 연꽃(妙法蓮華) 경』이다.

이 경은 여섯 번 한문으로 옮겼는데, 현재는 3가지만 남아 있다. 다르마락사(Dharmarakśa, 竺法護)가 옮긴 『정법화경(正法華經)』 11권 27품(286년), 꾸마라지바(鳩摩羅什)가 옮긴 『묘법연화경(妙法蓮華經) 8권(406년), 즈냐나굽따(Jñānagupta, 闍那崛多)와 다르마굽따(Dharmagupta, 達磨笈多)가 옮긴 『첨품묘법연화경(添品妙法蓮華經)』 7권 27품(601)이 남아있는데, 현재 한국에서는 꾸마라지바가 옮긴 『묘법연화경』이 가장 많이 읽히고 있다.

이 경은 산스크리트 원문(Saddharma-puṇḍarīka sūtra)이 발견되었고, 영어로 Sūtra on the White Lotus of the True Dharma 또는 줄여서 Lotus Sutra라는 이름으로 번역되었다.

『참법 연꽃 경(妙法蓮華經)』에는 다음과 같은 3가지 품에 아미따바 붇다와 극락에 대하여 나온다.

1) 3권 7장 「화성으로 비유하는 품(化城譬喩品)」

「화성비유품(化城譬喩品)」이란 「화성(化城)으로 비유하는 품」이란 뜻이다. 화성(化城)이란 방편으로 만든 도시라는 뜻인데, 한문에서 성(城)의 원문인 나가라(nagara)는 마을(town), 도시(city)라는 뜻이다.

화성비유품(化城譬喩品)에 따르면 사꺄무니 붇다보다 오랜 이전에 대통지승(大通智勝)여래가 있었는데, 출가 전 아들이 16명 있었다. 대통지승 붇다가 깨달음을 얻자 16명 아들이 모두 그 붇다에게 출가하여 사미(沙彌)[16]가 된다. 이 사미에게 붇다가 설한 경이 『참법 연꽃 경(妙法蓮華經)』임은 물론이다. 이 16명 사미가 보살이 되어 다시 『참법 연꽃 경(妙法蓮華經)』을 설하였고, 마침내 위없고 바른 깨달음을 얻는다. 그런데 바로 그 16명 사미 가운데 한 아들이 아미따윳(無量壽) 붇다가 된다.

먼저 꾸마라지바가 옮긴 한문 『참법 연꽃 경(妙法蓮華經)』에 나온 한문 번역본을 옮겨 본다.

---

16) 사미(沙彌): 스라마케라까(śrāmaṇeraka) 또는 스라마네라(śrāmaṇera, Ⓟ sāmaṇera)는 풋내기 수도승(a novice of a monk)을 뜻하는데, 소리로 실라마라락가(室羅摩拏洛迦), 실라말니라(室羅末尼羅), 실라나라(室羅那拏)로, 뜻으로 고요를 물음(求寂)·법을 드러냄(法公)·숨이 나쁘다(息惡)·숨사랑(息慈)·부지런한 채찍질(勤策)·힘쓰는 젊은이(勞之少者)라고 옮겼다. 불교 쌍가(僧伽)에서 10계를 받고 아직 구족계를 받지 않는 7살 이상 20살 미만의 출가 남자를 가리킨다. 여자는 사미니(śrāmaṇerikā Ⓟ sāmaṇerī)라고 한다. 꾸차 말로 싸미르(samir)인데, 한문으로 옮기면서 사미(沙彌)가 되었다는 설이 있다.

2) 6권 23장 「약임금 보디쌑바 이야기 품(藥王菩薩本事品)」

약왕 보디쌑바는 이 『참법 연꽃 경(妙法法華經)』 「묘장엄왕본사품」에도 나오고, 『관약왕약상이보살경(觀藥王藥上二菩薩經)』에도 나오는데, 좋은 약으로 중생을 구하기 때문에 약왕 보디쌑바라고 한다.

이 품의 마지막에서 만일 이 『참법 연화 경(妙法法華經)』대로 수행하면 마침내 기쁨나라(極樂)에 갈 수 있다고 했다. 법회에서 수왕화 보디쌑바가 약왕 보디쌑바(Bhaiṣajya-rāja)에 대해 묻자, 그에 대해 대답한 내용이다. 약왕 보디쌑바는 일월정명여래 때부터 수행하여 '현일체신색싸마디(現一切身色三昧)'를 얻고 여러 생을 수행하다가 현생에 다시 태어난 보다쌑바다.

이 품에서 만일 후대에 어떤 사람이 이 경전을 읽고 붇다가 말씀하신 대로 수행하면 목숨이 다할 때 바로 기쁨나라(安樂=極樂)에 (태어)나 아미따바 붇다(阿彌陀佛)를 뵙고 '나고 죽음을 여읜 경계(無生法忍)'를 얻는다고 했다.

『참법 연꽃경(묘법연화경)』을 바탕으로 수행한 결과 그 공덕으로 기쁨나라에 가서 나, '나고 죽음을 여읜 경계(無生法忍)'를 얻고 시방의 모든 여래를 찾아뵙는다는 이 품의 내용은 법화행자들에게도 아주 중요하다. 그래서 법화행자들 가운데 염불수행하여 극락 간 보기들이 많다.

이 경에서는 꾸마라지바는 쑤카바띠(Sukhāvatī)를 '편안하고 즐거운 나라(安樂)'라고 옮겼는데, 똑같은 낱말을 『아미따경』에서는 기쁨나라(極樂)라고 옮겼다. 앞에서 보았듯이 쑤카바띠(Sukhāvatī)는 '기쁨(樂)으로 가득 찬'이란 뜻인데, 가득 찬(full)을 극락(極樂)이라고 옮겨, 기쁨이 극에 달함을 강조하였고, 안락(安樂)에서는 그 기쁨을 편안히 즐기는 것을 강조한 번역이다.

꾸마라지바의 한문 번역은 여기서도 아미따불(阿彌陀佛)이라고만 옮겼는데, 산스크리트 원문에 따라 '아미따윳(amitāyuś, 無量壽)'이라고 부르는 여래(tathāgato, 如來)·아르한(arhan, 阿羅漢·應供), 바르게 깨달은 분(samyaksaṃbuddha, 正等覺者)이라고 옮겼다.

yaḥ kaścinnakṣatrarājasaṃkusumitābhijña imaṃ bhaiṣajyarājapūrvayogaparivartaṃ paścimāyāṃ pañcāśatyāṃ śrutvā mātṛgrāmaḥ pratipatsyate sa khalv ataścyutaḥ sukhāvatyāṃ lokadhātāvupapatsyate yasyāṃ sa bhagavān amitāyus tathāgato 'rhan samyaksaṃbuddho bodhisattva-gaṇaparivṛtastiṣṭhati dhriyate yāpayati.

출처: 오슬로대학 인문학부 The THESAURUS LITERATURAE BUDDHICAE (TLB)〉

3) 7권 25장 「소리 보는 보디쌑바 너른 문 품(觀世音菩薩普門品)」

한문 번역 『참법 연꽃 경(妙法蓮華經)』에 없는 「소리 보는 보디쌑바 너른 문 품」[17] 가타(gāthā, 偈頌)이다.

---

17) 너른 문 품(samanta mukhaparivartaḥ, 普門品):
   1) 싸만따(samanta): ① 인접한(contiguous), 이웃의(neighbouring) ② 시방에 존재하는(being on every side), 우주적인(universal), 모든(whole), 전체의(entire), 온(all) 〈漢〉 널리(普), 두루(周), 고루 미치다(遍), 널리 미치다(徧), 널리 미침(普遍), 두루 미침(周徧)

소리 보는 보디쌑바(觀音菩薩) 신앙에서 가장 많이 쓰이고 있는 경전의 품으로 소리 보는 경 너른 문 품(觀音經普門品)·세상 소리 보는 경(觀世音經)·소리 보는 경(觀音經)·너른 문 품 경(普門品經)·너른 문 품(普門品)이라고도 부른다. 『참법 연꽃경』 권 7에 나오는 한 품(品)이지만 『소리 보는 경(觀音經)』처럼 경(經)이라는 이름이 붙을 정도로 유명하다. 내용은 소리 보는 보디쌑바가 모든 것에 두루 나타나는 놀라운 효과를 이야기하고 있다.

(1) 한문 번역 『참법 연꽃 경(妙法蓮華經)』과 「소리 보는 보디쌑바 너른 문 품」

현재 남아 있는 3가지 『참법 연꽃 경(妙法蓮華經)』 가운데 『정법화경』 23품에 「광세음보살품(光世音菩薩品)」이 있지만 가타(偈頌)가 없고, 꾸마라지바가 옮긴 『참법 연꽃 경(妙法蓮華經)』 「소리 보는 보디쌑바 보문품」에도 게송이 없었는데 수나라 때 옮긴 『품을 더한 참법 연꽃경(添品妙法蓮華經)』에서 게송을 옮겼다. 『참법 연꽃 경(妙法蓮華經)』은 나중에 추가했으므로 게송이 『품을 더한 참법 연꽃경』 것과 같다.

그런데 산스크리트 본 「소리 보는 보디쌑바 널리 묻는 품」에는 위 한문 번역본에는 없는 가타가 더 있고, 이 부분에 아미따바 붇다가 극락정토를 이룩한 이야기가 꽤 자세하게 나온다.

---

2) 무카(mukha): ① 입(the mouth), 얼굴(face), 생김새(countenance) ② 부리(the beak of a bird), 주둥이(snout or muzzle of an animal) ③ 드나드는 문(entrance into or egress out of) 〈漢〉 口, 面, 門

3) parivarta: 장·품(a chapter), 단편(section), 권·편(book)

(2) 산스크리트『참법 연꽃 경(妙法蓮華經)』「소리 보는 보디쌑바 너른 문 품」

지금까지 남아 있는 산스크리트『참법 연꽃 경(妙法蓮華經)』은 발견된 지역에 따라 ① 네팔 본, ② 길기트 본, ③ 중앙아시아 본으로 나뉜다.

① 네팔 본(카슈미르 본 계통): 모두 20본이 넘는 산스크리트『참법 연꽃 경(妙法蓮華經)』이 전해지고 있으며, 케임브리지대, 파리, 콜카타, 동경대학 같은 곳에서 간직하고 있다. 이미 책으로 나와 활발하게 연구되고 있다.
② 길기트(Gilgit) 본 (카슈미르 본 계통): 옛날 간다라 지역(현재 파키스탄 서북부) 길기트에서 나온 산스크리트 본이다. 완전하지 못하고 4분의 3쯤 남은 것이라고 한다.
③ 중앙아시아 본: 이른바 실크로드 서역에서 발견된 산스크리트『참법 연꽃 경(妙法蓮華經)』이다.

모두 완전하지 않지만 가장 좋은 것은 타클라마칸 사막 남쪽 길에 있는 호탄(和田)에서 나온 페트롭스키 본이다. 네팔 본과 약간 차이가 있는데, 한문으로 가장 먼저 번역된『정법화경』이 이 지역과 관계가 있다. 그밖에 Farhad Beg 본, Mannerheim 본, Trinkler 본, 투루판 본, 오타니 본 같은 것들이 있다.

현재 우리나라에서 읽히고 있는 꾸마라지바 옮김『참법 연꽃

경(妙法蓮華經)』「소리 보는 보디쌑바 너른 문 품」에는 이 가타 부분이 들어 있지 않고, 법화정사에 펴낸 『법화경』에는 들어 있다. 산스크리트 원문은 「오슬로대학 인문학부 The THESAURUS LITERATURAE BUDDHICAE (TLB)」에서 디지털화한 것을 사용하였으며, 법화정사 『법화경』을 참조하였고, 범명원(梵明院)[18]에서 황보생(黃寶生)이 산스크리트 원문, 꾸마라지바 한문 역, H. Kern(1884)의 영어 번역본을 대조하여 새로 옮긴 것을 대조하여 정리했다.

5. 『기쁨나라경 강론(無量壽經講論)과 기쁨나라 가기 바라는 게송(願生偈)』

바스반두(婆藪槃豆) 보디쌑바 지음

원위(元魏) 천축삼장(天竺三藏) 보디루찌(菩提流支) 옮김

1) 우빠데사(優波提舍)와 원생게(願生偈)

이 논서는 인두에서 지어 치나(支那)로 넘어온 하나밖에 없는 기쁨나라(極樂) 정토 계통 해설서이기 때문에 일찍이 일본 정토종에서는 『정토 3경 1론』이라고 했고, 대만 정종학회에서는 『정토 5경 1론』이라고 자리매김할 만큼 중요시하였다.

18) 범명원(梵明院, Brahmavidyāvihāra) https://www.brhvid.com/%E6%99%AE%E9%97%A8%E5%93%81

『무량수경 우빠데사(Sukhāvatīvyūhopadeśa)』는 『무량수경 우빠데사 원생경(無量壽經優婆提舍願生偈)』이라는 긴 이름을 가졌다. 솔직하게 옮긴이도 우빠데사(upadeśa)를 옮기면서 산스크리트 사전을 찾아보고야 그 뜻을 알았다. 어떤 번역본에도 이 낱말의 뜻을 옮겨 놓지 않았기 때문에 뜻도 모르고 그냥 긴 이름을 외우느라 애를 먹었다. 여기서 우빠데사(upadeśa, 優波提舍) 뜻을 뚜렷하게 보고자 한다.

붇다의 가르침을 모은 경장은 3장으로 이루어져 있다. ① 경전을 모은 경장(sūtrānta-piṭaka, Ⓟ sutta-piṭaka), ② 쌍가(僧伽)의 생활 규칙을 모은 율장(vinaya-piṭaka, Ⓟ 같음), ③ 경전에 대한 논의를 모은 논장(abhidharma-piṭaka, Ⓟ abhidhamma-piṭaka)이다. 세 번째 논의 모음(piṭaka)은 후대의 뛰어난 논사들이 체계화시킨 논의와 해석을 말하는데, 마뜨리까(mātṛkā, Ⓟ mātikā)나 우빠데사(upadeśa, Ⓟ upadesa)들을 말한다. 마뜨리까(mātṛkā)는 어머니(a mother)란 뜻인데, 근본(source, origin) 논의(母論)를 말하고, 우빠데사(upadeśa)는 자세한 설명(specification, 詳述), 설명서(instruction), 강의(teaching), 정보(information), 안내(advice) 같은 뜻으로 「한문 번역」에서는 논의(論議)라고 옮겼다. 『무량수경』 우빠데사는 '『무량수경』 논의(論議)'라고 옮길 수 있으며, 요즈음 말로 더 쉽게 옮기면 '『무량수경』 강의(講議)'나 '강론(講論)'이라고 하면 쉽게 이해할 수 있다. 실제 한문으로 『무량수경론(無量壽經論)』이라고도 옮긴 것도 있고, 『무량수우빠데사경론(無量壽優波提舍經論)』이라고 옮긴 것도 있는데, '무량수론(優波提舍)·경·론)'이라는 우스꽝스러운 번역이다.

(기쁨나라) 가기 바라는 게송(願生偈)은 원본에 없어 치나(支那)에서 덧붙인 것으로 보인다. 『고리(高麗)대장경』에만 이 원생게(願生偈)가 있고, 【元】【明】대장경에는 없는 것으로 보아 산스크리트 원문에는 없었던 것으로 보인다. 후대에 '기쁨나라 가기 바라는 게송'에 중점을 두어 '원생게(願生偈)'라고 덧붙이고, 『맑은나라 론(淨土論)』, 『맑은나라 가서 나는 론(往生淨土論)』 같은 이름이 붙었다. 그러나 이 책은 쉽게 『무량수경 논의』 또는 『무량수경 강론』이고, 더 쉽게 옮기면 『무량수경 해설서』이다.

2) 지은이와 한문으로 옮긴이

이 강론을 지은이는 바수반두(vasubandhu, 316~396년쯤, 婆藪槃豆, 世親)이다. 바수(vasu)는 뛰어난(excellent), 좋은(good), 기특한(beneficent) 반두(bandhu)는 친척(connection), 친족(relation), 친근한 관계(association), 벗(friend), 형제(brother) 같은 뜻이라 '뛰어난 형제(excellent brothers)'라고 옮길 수 있다. 한문 경전에서는 바수반타(婆藪槃陀)·벌소반두(筏蘇槃豆)·바수반타(婆修槃馱)라고 옮기고, 뜻으로는 바수(vasu)는 하늘(天)이나 세상(世), 반두(bandhu)는 친근(親)으로 해석해, 세친(世親)·천친(天親)이라고 옮겼다. 『바수반두 법사 전(婆藪槃豆法師傳)』에 따르면 "북천축 Puruṣapura(富婁沙富羅) 나라 사람이다. Kauśika(憍尸迦)라는 왕의 스승(國師) 브랗마나(婆羅門)가 아들 셋을 두었는데, 세 아들 이름이 모두 바스반두(vasubandhu)였다. 앞에서 보았듯이 바수(vasu)는 하늘(天), 반두(槃豆) 친근(親)이란 뜻으로, 천축에서는 아이 이름을 이런 식으로 지었다. 이름은 같지만 다른 이름을 갖는 경우가 많다. 여기서 보면 3형제의 공통 이름이 바수반두라는 것을 알 수 있다. 형의 이름은 아쌍가(Asaṅga, 無著)이고 동생은 비린지발파(比鄰持跋婆)이며, 둘째 아들이 바스반두라는 이름으로 불리게 되었다. 이렇게 보면 바수반두라는 뜻이 '뛰어난 형제(execllent brothers)'라는 해석이 맞을 수 있다고 본다. 다만 빠라마르타(Paramārtha, 499~569, 眞諦)가 『바수반두 법사 전(婆藪槃豆法師傳)』을 옮긴 5~6세기에는 바수(vasu)가 하늘(天)이나 세상(世)을 뜻하는 낱말로 쓰였을 수도 있다. 3형제는 모두 소승인 '모든 것은 있다고 주장하는 부파(說一切有部)'로 출가하였다. 나중에 형인 아쌍가가 대승으로 옮겨 간 뒤 바수반두도 대승으로 전향하여 아쌍가와 그의 스승 마이트레야의 저서에 주석을 붙여 『유가유식설(瑜伽唯識說)』 완성에 힘썼고, 『유식삼십송(唯識三十頌)』을 펴냈다. 더욱이 반대설을 깨뜨리고 『유식이십론(唯識二十論)』과 유식설 입문서인 『대승백법명문론(大乘百法明門論)』을 지어 대승불교 유가행파의 창시자가 되었다. 『유식삼십송』은 그 뒤 그의 제자들이 여러 주석서를 썼고, 뒷날 현장(玄奬)이 호법(護法)의 주석을 비롯한 10대 논사(十大論師)의 주석을 합쳐서 옮긴 『성유식론(成唯識論)』은 치나(支那) 불교 법상종(法相宗)의 뿌리 경전이 되었다.

이 강론을 한문으로 옮긴 것은 보디루찌(Bodhiruci, 菩提流支)다. 북위 때 스님으로 북천축 사람이다. 한문으로 소리 나는 대로 보디류지(菩提留支)라고도 옮겼는데, 보디(bodhi)는 깨달음이고, 루찌(ruci)는 빛(light), 광채(lustre), 빛남(splendor), 아름다움(beauty)이므로 '깨달음 빛'이라는 뜻이다. 뜻으로는 도희(道希)라고 옮겼는데, 대승유가(大乘瑜伽) 계통의 학자였다. 북위 선무제 영평 원년(508) 낙양에 오자 황제가 크게 대접해 영령사(永寧寺)에 머물도록 해서 경전을 번역하였다. 『십지경론(十地經論)』, 『금강반야경(金剛般若經)』, 『불명경(佛名經)』, 『법집경(法集經)』 『해밀해탈경(深密解脫經)을 비롯하여 『대보적경론(大寶積經論)』, 『법화경론(法華經論)』, 『무량수경론(無量壽經論) 등, 모두 39부 127권을 산스크리트에서 한문으로 옮겼다.

한문 원문에 보면 나라 이름을 원위(元魏)라고 했는데 북위(北魏, 386~534)를 말한다. 치나(支那) 역사에 위(魏)라는 이름을 가진 나라가 몇 개 있으므로 구별하기 위해 삼국시대 조조가 다스린 위는 조위(曹魏)라 하고, 북위를 원위(元魏)라고 한다. 북위는 대흥안령에서 내려온 선비족 탁발씨가 세운 나라로, 효문제 때 서울을 낙양으로 옮기고 성을 탁발에서 원(元)을 바꾸었으므로 원위(元魏) 라고 한 것이다.

보디루찌를 천축삼장(天竺三藏)이라고 했는데, 천축(인두) 출신으로 경·율·론 3장에 능통한 법사인 삼장법사라는 뜻이다.

3) 이 강론의 내용

이 논서의 내용은 아쌍가가 지은 『큰 탈 것을 지키는 논(攝大乘論)』「18가지 정토가 갖추어야 할 것(十八圓淨)」과 일치한다.

이 논서에서 바수반두는 극락에 가려면 ① 절하는 문(禮拜門), ② 찬탄하는 문(讚歎門), ③ 바램을 내는 문(作願門), ④ 살펴보는 문

(觀察門), ⑤ 남에게 돌리는 문(迴向門)을 닦아야 한다고 했다. 이 5가지 염하는 문은 유가행파를 세운 이답게 정토 수행도 철저하게 지관법(止觀法), 곧 선정(śamatha)과 지혜(vipaśyanā)를 닦아 맑고 깨끗한 마음으로 간구해야 한다고 했다.

그 뒤 북위의 담란(曇鸞, 476~542)은 『무량수경우바제사원생게주(無量壽經優婆提舍願生偈註) = 왕생론주(往生論註)』19)에서 바수반두의 5가지 염문에 충실하면서 회향문에서 좀 더 발전시켰다. 세친이나 담란의 '5가지 염(念)하는 문(五念門)'은 선정(사마타)과 지혜(비파사나)라는 전통적 염법(念法)을 수행해서 기쁨나라(극락)로 가는 것이고, 담란의 회향법은 큰 탈것(大乘) 사상을 충실하게 대입한 해석이라고 할 수 있다.

선도는 『일체 중생이 서녘 극락세계 아미따 붇다 나라를 원하여 나도록 권하는 여섯 때 예찬게(勸一切衆生願生西方極樂世界阿彌陀佛國六時禮讚偈) = 왕생예찬』에서 극락 가는 수행으로 바수반두 5념문을 충실하게 소개한다. 그러나 『관무량수경소(觀無量壽經疏)』에서는 5가지 바른 수행(五正行)을 내놓으며 큰 변화가 일어난다. 선도의 바른 수행(正行)은 바수반두나 담란의 5가지 정행과 크게 다르지 않다. 다만 선도는 이 바른 수행을 진짜 바른 수행(正定業)과 돕는 수행(助業)으로 나누면서 새로운 논리가 형성된다. 이 5가지 바른 수행 가운데 칭명, 곧 '나모아미따불'을 부르는 것만 진짜 바른 수행(正定業)이고 나머지 4가지는 모두 그 칭명을 돕고 보조하는 조업

---

19) 曇鸞 註解, 『無量壽經優婆提舍願生偈婆藪槃頭菩薩造(并)註』 卷上(大正藏第 40 册 No. 1819)

(助業)이라고 했다. 여기서 보면 바수반두나 담란이 중시하였던 사마타(止)나 비빠사나(觀) 같은 어려운 수행을 빼고 비교적 쉽게 다시 구성하였다는 것을 알 수 있다. 다시 말해 칭명(稱名)보다 관념(觀念)을 중시하던 바수반두(세친)나 담란과는 달리 칭명(稱名)을 바른 수행(正行)으로 하여 가장 으뜸으로 치고, 관념(觀念)을 도움수행(助業)으로 하였다. 정토수행법을 아주 쉽게 바꾼 것이다.

도움 수행(助業)이 나중에는 잡행(雜行)으로 발전하여 소리 내서 염불하는 칭명만 바른수행(正行)이고 순수하고 바른 수행(純正行)이라고 주장하는 일본 정토진종이나 대만 혜정(慧淨)법사 정토종에서는 잡행(雜行)으로 분류하였다. (자세한 내용은 『극락 가는 사람들』, 맑은나라, 2015, 995~1044쪽을 볼 것).

1편
『기쁨나라 보는 경(觀無量壽經)』

宋 西域三藏 畺良耶舍 譯

송나라 서녘 삼장 깔라야샷(Kālayaśas, 畺良耶舍, 383~442) 옮김

佛說觀無量壽佛[20]經[21]

『기쁨나라 살펴보는 경』

宋[22] 西域[23]三藏 畺良耶舍 譯[24]

송나라 서녘 삼장 깔라야샷(Kālayaśas, 畺良耶舍, 383~442) 옮김

20) 대정신수대장경 주(註): 불(佛)이 [流布本]에는 없다.

21) 이 번역본의 원문은 1242년, 고리(高麗: '麗=리'로 읽는다. 『高句麗 본디 이름 고구리』 참조) 고종 29년, 고리국 대장도감에서 칙령을 받아 새겨 만든 고리대장경(高麗大藏經)을 바탕으로 하였다. 『고리대장경』에는 뜻밖에 속자(俗字)들이 많다. 속자란 세간에서 널리 쓰이는 글자란 뜻으로, 한문 획수를 줄여서 쓴 글자(略字), 글자꼴은 다르지만 같은 글자로 보는 글자(異體字), 곧 다른 글자지만 발음과 뜻이 같은 것들이 있다. 『기쁨나라 경(無量壽經)』에서는 컴퓨터에 없는 글자도 글자를 합쳐서 설명하거나 '다른 글자를 쓴다'라고 주를 달았지만, 이 경에서는 컴퓨터에 있는 글자만 바꾸고 나머지는 표시하지 않았다. 중요한 것을 보면 이(爾→尒), 폐(閉→閇), 위(爲→為), 예(禮→礼), 건(乾→乹), 만(萬→万), 비(備→偹), 호(號→号), 장(壯→壮) 같은 글자들인데, 무(無→无) 자 같은 경우는 두 글자를 다 썼다.
컴퓨터에 없는 글자들은 CBETA에 실린 대정신수대장경(大正新脩大藏經)을 바탕으로 하고, 고리대장경 본과 하나하나 대조하여 다른 것은 고리대장경에 따라 고쳤다. 일본에서 1924년부터 1934년까지 10년간 한국 해인사 고리대장경을 바탕으로 일본에 있는 송나라, 원나라, 명나라 때의 경전과 보급본(流布本)을 모두 대조하여 주를 단 것이 대정신수대장경(大正新脩大藏經)이다. 그러나 주를 단 것은 각 본 사이에 있는 차이를 밝히는 것에 주안점을 둔 것이지 고리대장경에 있는 것은 틀리고 대정신수대장경에 있는 것이 옳다는 것은 아니다. 현재 CBETA에 실린 경에는 CBETA 자체에서 고친 것도 있는데, 모두 반영하였다.

22) 대정신수대장경 주(註): 송(宋)이 [宋][元](대장경)에는 유송(劉宋)으로 되어 있다.

23) 대정신수대장경 주(註): 서역삼장(西域三藏)이 [流布本]에는 원가중(元嘉中)으로 되어 있다.

24) 대정신수대장경 주(註): 삼장(三藏)이 [宋][元][明]에는 삼장법사(三藏法師)로 되어 있다.

Ⅰ. 마가다 나라 왕궁의 슬픈 이야기와 기쁨나라

1. 붇다 모임에 참석한 제자와 보디쌑바들

한문

如是我聞：一時, 佛在王舍城耆闍崛山中, 與大比丘衆千二百五十人俱；菩薩三万二千, 文殊師利法王子而為 위(爲)의 속자(俗子)[25] 上首。

옮긴 글

이렇게 나는 들었다.

한때 붇다[1]께서 마가다 나라 서울[2] 독수리봉[3]에서 큰 빅슈쌍가(大比丘衆)[4] 1,250명, 그리고 보디쌑바 3만 2천 명과 함께 계시었는데, 만주스리 보디쌑바[5]가 으뜸 제자였다.

풀이

(1) 붇다(Buddha, 빨리어 = Ⓟ 같음, 佛): 산스크리트 본에는 바가반(bhagavat, Ⓟ bhagavā·bhagavant, 世尊)이라고 되어 있는데, 꾸마라지바는 '불(佛)'이라고 옮기고, 현장(玄奘)은 '박가범(薄伽梵)'이라고 소리 나는 대로 옮겼다. 그 밖에 이 경에는 따타가따(tathāgata, Ⓟ 같음, 如來)라는 낱말도 많이 나오는데, 현장은 여래(如來)라고 옮기

---

25) 위(爲)의 속자(俗子)

고 꾸마라지바는 이 낱말도 붇다(佛)라고 옮겼다. 바가반(世尊)이나 따타가따(如來)나 모두 붇다의 10가지 이름 가운데 하나이기 때문에 여기서는 꾸마라지바가 옮긴 것처럼 붇다로 통일한다.

꾸마라지바가 옮긴 '불(佛)'이란 불타(佛陀)를 줄여서 쓰는 말인데, 불타(佛陀)는 산스크리트 붇다(Buddha)를 소리 나는 대로 옮긴 것이다. 꾸마라지바를 비롯한 수많은 역경가들이 번역할 당시(6세기 앞뒤)는 '佛陀=budə=부더'로 원음인 붇더(Buddha)와 거의 같은 소리를 냈다. 본디 산스크리트의 [a] 소리는 영어의 썬(sun)을 읽을 때 'u'의 소리인 어[ʌ]이기 때문에 Buddha는 붇더[dʌ]에 가깝다. 그러나 오늘날의 『한어사전(漢語辭典)』에는 '붇다(Buddha)=포투어(fótuó)'라는 완전히 다른 소릿값으로 정착되었다. 이처럼 한문 읽는 법 자체가 1,000년이 지난 뒤 완전히 변해 버린 것이다. 한편, 한 글자에 모든 뜻을 넣어 줄여 쓰기를 좋아하는 치나 사람들이 불타(佛陀)→불(佛)로 줄여서 쓰기 시작하여 fótuó(佛陀)=fó(佛)로 자리 잡게 되자, 오늘날의 작은 한어사전에는 아예 붇다(佛陀)라는 낱말이 사라져 '붇다(Buddha)=포(fó)'라고만 쓰이고 있다.

이 점은 한국에서도 마찬가지다. 붇다(Buddha)는 불타(Bulta, 佛陀)로 바뀌고, 줄여서 불(Bul, 佛)이라는 완전히 다른 낱말로 바뀌어 버렸다. 그런 데다 한국에서는 다시 '부처' 또는 '부처님'이라는 낱말이 생기게 되었다. 그렇다면 이 '부처'라는 낱말은 어디서 비롯된 것인가? 바로 붇다(佛陀)를 우리식으로 읽는 과정에서 생겨난 낱말이다. 훈민정음이 반포된 뒤 얼마 되지 않아 훈민정음으로 옮겨진 『아미따경언해』를 보면 '불타(佛陀)=부텨'라고 쓰고 있다. 그리고 나중에 구개음화 과정을 거쳐 '부텨→부처'로 바뀐 것이다. 그러므로 한국에서는 '붇다(Buddha)=부처(Buchŏ)'가 되어 두 번째 소리마디(音節)가 완전히 바뀌어 버리고, 거기다 높임의 뜻을 나타내는 '-님'을 덧붙여 '붇다(Buddha)=부처님(Buchŏnim)'이 된 것이다.

서양 학자들에 의해 산스크리트와 빨리어로 된 문헌이 발굴되고 연구되면서 비로소 1,500년 전 한자로 옮긴 본디 소리들이 밝혀지기 시작하였다. 그리고 불타·불·부텨·붓다·붇다 같은 갖가지 바뀐 소리들의 본디 소리가 붇다(Buddha)라는 것이 밝혀졌다. 특히 붇다(Buddha)라는 낱말은 이미 영어를 비롯하여 많은 나라들이 사전에 실려 국제적으로 일반화되었기 때문에 앞으로 한국에서도 이런 추세에 따라 본디 소리에 가까운 '붇다'를 쓰는 것이 바람직하다고 생각한다.

최근 한국에서도 '붇다'와 '붓다'라는 두 가지 낱말이 많이 쓰이고 있다. 옮긴이는 그 가운데 본디 소리와 가장 가까운 '붇다'를 쓰기로 하고 읽는 이들에게도 '붇다'를 추천하는데, 그 이유는 다음과 같다. ① Bud-dha는 Bud과 dha라는 두 소리마디(音節)로 되어 있다. 첫 소리마디 Bud을 훈민정음(앞으로는 정음으로 줄여 '바른 소리'라 한다)으로 옮기면 첫소리(初聲) 'b=ㅂ', 가운뎃소리(中聲=홀소리) 'u=우', 끝소리(받침, 終聲) 'd=ㄷ'이기 때문에 'bud=붇'으로 옮겨야만 바른 소리 맞춤법에 맞다. 아울러 그래야만 본디 소리에 가장 가깝고, 아울러 바른 소리로 옮긴 '붇'을 다시 산스크리트로 옮길 때도 정확하게 'bud'라고 되돌릴 수 있기 때문이다. 이 점은 소리문자(表音文字)인 한글이 갖는 빼어난 점으로, 뜻글자(表意文字)인 한어와 음절 글자인 일본어로는 불가능한 일이기 때문에 우리는 자부심을 가지고 한글의 장점을 잘 살려야 할 것이다. ② 많이 쓰이고 있는 '붓다'는 ㅅ이 '부'와 '다'의 '사잇소리'로 잘 못 알고 쓴 사람이 많기 때문이다. 사잇소리란 2개 이상의 이름씨(名詞)를 붙여 만든 겹이름씨(複合名詞) 따위에서 두 말(形態素) 사이에서 덧나는 소리를 말한다. 곧 앞말의 끝소리가 홀소리인 경우는 'ㅅ'을 받치어 적고, 닿소리인 경우는 이를 표시하지 않는다(홀소리 보기: 냇가, 콧날, 잇몸, 촛불 / 닿소리 보기: 손등, 길가, 들것). 그러나 붇다(bud-dha)는 하나의 이름씨이고, 2개의 이름씨를 붙여 만든 겹이름씨가 아니라 사잇소리를 쓸 수가 없기 때문에 '붓다'는 잘 못 옮겨 적은 것이다. ③ 한국말에서 '붓다'보다 '붇다'의 뜻이 더 바람직하다. '붓다'는 '살가죽이 퉁퉁 부어오르다', '액체나 가루 따위를 쏟다'라는 뜻이고, '붇다'는 '물에 젖어 부피가 커지다', '분량이 늘어나다'는 뜻이다.

(2) 서울(Rājagṛha, Ⓟ Rājagaha, 王舍城) : 산스크리트 '라자그리하(Rājagṛha)'를 뜻으로 옮긴 것인데, 라자(Rāja)는 임금이라는 뜻이고, 그리하(gṛha)는 집이라는 뜻으로, 한자로 임금(王)+집(舍)이라고 옮겼다. 수도 서울의 이름인 이 낱말을 한자로 옮기면서 그냥 임금 집(王舍)이라고 하면 궁궐을 뜻하기 때문에 원문에 없는 성(城)이란 말을 덧붙였는데, 여기서 성이란 도성(都城), 곧 수

도 서울을 말한다. 임금이 사는 집이 있는 도시가 바로 도성이고, 이 도성은 우리말로 서울이라고 한다. 그러므로 소리 나는 대로 옮길 때는 '라자그리하'라고 옮기고, 뜻으로 옮길 때는 '서울'이라고 옮긴다. 라자그리하는 '마가다(Magadha)'라는 나라의 서울로, 강가강의 중류에 있는, 지금의 파트나(Patna)시 남쪽 비하르(Bihar) 지방의 라즈기르(Rajgir)가 그 옛터라고 한다. 붇다가 가르침을 펼 때 빔비싸라(Bimbisāra, 頻婆娑羅) 왕과 아들 아자따사뜨루(Ajātaśatru, [P] Ajātasattu, 阿闍世)가 지배했으며, 『관무량수경』에는 빔비싸라 왕의 왕비인 바이대히(Vaidehī, [P] Vedehī, 韋提希) 부인의 이야기가 나온 곳으로도 유명하다. 빔비싸라 왕 때 꾸사그라뿌라(Kuśāgrapura, 矩奢揭羅補羅, 上茅宮城, 또 舊王舍城·山城이라고 부른다)로부터 이곳으로 서울을 옮겼고, 나중에 국력이 커지면서 다시 강가강의 중심 도시 빠딸리뿌뜨라(Pāṭaliputra, [P] Pāṭaliputta, 華氏城, 현재의 Patna)로 옮겼다. 이곳은 붇다가 가르침을 펼친 중심지로, 주변에 불교 유적지가 많다.

(3) 독수리봉(Gṛdhrakūṭa, 耆闍崛山): 산스크리트 '그리드라꾸따(Gṛdhrakūṭa)'에서 그리드라(Gṛdhra)는 독수리(영어의 vulture)를 뜻하고 꾸따(kūṭa)는 산봉우리나 산꼭대기(peak or summit of a mountain)을 나타내므로 독수리봉·수리봉(鷲峰)이라고 옮길 수 있다. 산봉우리가 독수리같이 생겼고, 또는 산에 독수리가 많다고 하여 한자로는 '(독)수리 취(鷲)' 자를 써서 취봉(鷲峰)·취두(鷲頭)·취대(鷲臺)·영취산(靈鷲山)이라고 하는데, 줄여서 영산(靈山)이라

고도 한다. 꾸마라지바가 소리 나는 대로 옮겼기 때문에 그대로 따른다.

(4) 빅슈쌍가(bhikṣu-saṃgha Ⓟ bhikkhū-saṅgha, 比丘僧): 빅슈(bhikṣu Ⓟ bhikkhū, 比丘)는 붇다가 제자들을 부를 때 가장 많이 쓴 낱말이다. 빅슈(bhikṣu, 比丘)는 본디 빌어먹는 사람(begger, 乞食者), 동냥아치(mendicant)를 뜻하는데, 특히 브랗마나들의 4가지 삶 가운데 마지막 단계를 그렇게 불렀다(산-영사전: esp. a Brāhman in the fourth Āśrama or period of his life, when he subsists entirely on alms). 브랗마나들은 4가지 단계의 삶(āśrama, 四住期)을 살아가는데, ① 브랗마 배우는 시기(brahmacārin, 梵行期): 학생 시기(8~20살)라고도 하는데, 아이가 어느 나이에 이르면 집을 떠나 스승으로부터 베다와 제사 의식을 배운다. ② 집에 사는 시기(gṛhastha, 家住期): 가정생활을 하면서 결혼하고 조상의 제사도 지내며, 세속의 일을 한다. ③ 숲에서 닦는 시기(vānaprastha, 林棲期): 나이가 들어 아들딸들이 다 크면 집을 버리고 산속에 숨어 살며 여러 가지 어려운 수행을 하여 몸과 마음을 닦아 영혼 해탈을 준비하는 시기. ④ 떠나는 시기(saṃnyāsin, 遁世期), 모든 재산을 버리고 여기저기 떠돌아다니며 얻어먹으며 살아간다. 이 5가지 계율을 철저하게 지킨다. 그 가운데 마지막 시기의 브랗마나를 빅슈(bhikṣu, 比丘)·스라마나(śramaṇa, 沙門)·떠돌이(parivrājaka, 流行者)라고 불렀다. 불교 경전에서도 이 3가지 낱말을 그대로 쓰고 있는데, 브랗마나(婆羅門)가 아닌 모든 수행자를 스라마나(śramaṇa, 沙門)나 떠

돌이(parivrājaka)라고 부르고, 붇다로부터 구족계를 받은 제자들을 빅슈(bhikṣu, 比丘)라고 불렀다. 산스크리트는 빅슈, 빨리어는 빅쿠고, 한자로 比丘라고 옮겼는데, 한국식으로 비구(比丘)라고 읽은 것이다. 그렇기 때문에 빅슈(比丘)는 한계성이 있는 뜻글자인 한자로 옮긴 것을 한국식으로 읽은 것이기 때문에 소리글자인 바른 소리로 정확히 옮길 필요가 있고, 그것이 바로 '빅슈'다.

쌍가(saṃgha, 僧伽)는 모임·집단(衆)·공동체(any number of people living together for a certain purpose, society, association, community)라는 뜻이다. 한자로 승가(僧伽)라고 옮겼는데, 간단한 것을 좋아하는 치나인(支那人)들이 줄여서 승(僧)이라고 쓰면서 빅슈(比丘)와 같은 뜻으로 잘못 쓰이게 되었다. 원래 빅슈(比丘) 공동체, 또는 더 넓은 뜻에서 신도들을 포함한 4부 대중(빅슈, 빅슈니, 선남, 선녀) 불교 단체 전부를 일컫는 것이었는데 승(僧)=빅슈(比丘)라고 그릇 전해지게 되었다. 만일 '승(僧)=빅슈(比丘)'라고 한다면 빅슈쌍가(bhikṣu-saṃgha)는 '빅슈빅슈(比丘比丘)'로 옮겨야 하는 모순이 생긴다. 그러므로 빅슈쌍가(bhikṣu-saṃgha), 곧 빅슈로 이루어진 쌍가(모임, 동아리, 공동체)라고 옮긴 것이다. 최근 치나에서는 쌍가에 해당하는 것은 승가(僧家), 일본에서는 주로 승단(僧團)이라는 낱말을 많이 쓰고 있다. 그러나 이 경우도 승(僧)=빅슈(比丘)라는 뜻에다 공동체를 뜻하는 가(家)나 단(團)을 덧붙인 것이기 때문에 바른 것이 아니다. 한국에서는 모두 '승=빅슈=중=스님'이라고 그릇되게 부르고 있기 때문에 본디 음에 따라 쌍가(saṃgha)라고 했다. 산스크리트 본 빅슈쌍가(bhikṣu-saṃgha)를 꾸마라지바는 빅슈승(比丘僧)으로, 현장(玄奘)은 필추중(苾芻衆)이라고 옮겼다. 이때 승(僧)이나 중(衆)은 모두 쌍가를 뜻하는 것이지 우리가 흔히 부르는 '스님'을 뜻하는 것이 아니라는 것은 앞에서 본 설명과 같다.

(5) 만주스리(Mańjuśri, 文殊) 보디쌑바(菩薩): 한문 경전에서 소리 나는 대로 문수사리(文殊師利), 만수실리(曼殊室利), 만조실리(滿祖室哩)같이 옮겼는데, 문수사리(文殊師利)를 줄여서 문수(文殊)라고 한 것이다. 문수사리동진(文殊師利童眞), 유동문수보살(孺童文殊菩薩)이라고도 불렀는데, 4명의 큰 보살 가운데 한 분이다. 뜻으로는 묘덕(妙德), 묘길상(妙吉祥), 묘약(妙樂), 법왕자(法王子)라고 옮겼다. 만주(Mańju)는 아름다운(beautiful), 귀여운·멋진(lovely), 매력적인(charming), 즐거운(pleasant), 향기로운(sweet) 같은 뜻인데, 한문 경전에서는 묘(妙)·묘(玅)·미묘(美妙)·미호(美好)·화창(和暢)·화아(和雅)라고 옮겼다. 스리(śri)는 빛·밝음·빛남(light), 광채·영예·명예·영광(lustre)이란 뜻인데, 한문 경전에서는 환희 빛남(光輝), 아름다운(美); 잘됨(繁榮), 좋은 운수(幸運), 넉넉함(富): 높은 지위(高位), 빛나는 영예(榮光), 점잖고 엄숙함(威嚴)으로 폭 넓게 옮겼다. 여기서는 소리 나는 대로 만주스리 보디쌑바라고 옮긴다.

2. 가르침 인연: 아버지 임금과 어머니를 가둔 왕

한문

尒[26]時王舍大城有一太子, 名阿闍世, 隨順調達惡友之教, 收執父王頻婆娑羅, 幽閉置於七重室內, 制諸群臣, 一不得往。國大夫人, 名韋提希, 恭敬大王, 澡浴清淨, 以酥蜜和麨, 用塗其身, 諸瓔珞中盛葡萄[27]漿, 密以上王。尒時大王, 食麨飲漿, 求水漱口；漱口畢已, 合掌恭敬, 向耆闍崛山, 遙礼[28]世尊, 而作是言:「大目乹[29]連[30]是吾親友, 願興慈悲, 授我八戒。」時目乹連[31]如鷹隼飛, 疾至王所；日日如是, 授王八戒。世尊亦遣尊者富[32]樓那, 為王說法。如是時間經三七日, 王食麨蜜得聞法故, 顏色和悅。

時阿闍世問守門人[33]:「父王今者猶存在耶?」時守門者[34]白言:「大王! 國大夫人身塗麨蜜, 瓔珞盛漿, 持用上王；沙門目連及富樓那, 従[35]空而來, 為王說法, 不可禁制。」時阿闍世聞此語已, 怒其母曰:「我母是賊, 與賊為伴；沙門惡人, 幻惑呪術, 令此惡王多日不死。」即

---

26) 이(爾)의 속자

27) 대정신수대장경 주(註): 포도(葡萄)가 [宋][元]에는 포도(蒲桃), [明][流布本]에는 포도(蒲萄)로 되어 있다.

28) 예(禮)의 속자.

29) 건(乾)의 속자.

30) 대정신수대장경 주(註): 목건련(目乹連)이 [宋][元][明][流布本]에는 목건련(目犍連)으로 되어 있다.

31) 대정신수대장경 주(註): 목건련(目乹連)이 [宋][元][明][流布本]에는 목건련(目犍連)으로 되어 있다.

32) 부(富)의 속자

33) 대정신수대장경 주(註): 인(人)이 [宋][元][明][流布本]에는 자(者)로 되어 있다.

34) 대정신수대장경 주(註): 자(者)가 [宋][元][明][流布本]에는 인(人)으로 되어 있다.

35) 종(從)의 속자

執利劍欲害其母。

時有一臣, 名曰月光, 聰明多智, 及與耆婆, 為王作礼。白言:「大王! 臣聞毗陁論經說:『劫初已來, 有諸惡王貪國位故, 煞害其父一万八千。』未曾聞有无道害母。王今為此煞逆之事, 汚刹利種, 臣不忍聞! 是栴陁羅, 我等不宜復住於此[36)]。」時二大臣說此語竟, 以手按劍, 却行而退。時阿闍世驚怖惶懼, 告耆婆言:「汝不為我耶?」耆婆白言:「大王! 慎莫害母。」王聞此語, 懺悔求救, 即便捨劍, 止不害母, 勑語內官:「閉置深宮, 不令復出。」

옮긴 글

이때 서울(王舍城) 임금님 사는 곳에 한 태자가 있었는데 이름이 아자따사뜨루(Ajātaśatru)였다.[1)] 데바닫따(Devadatta)[2)]라는 나쁜 벗의 꼬임에 빠져 아버지 임금 빔비싸라[3)]를 잡아 묶어 일곱 겹 담으로 둘러싼 깊은 방에 가두어 놓고, 모든 신하에게 명령하여 한 사람도 가까이 가지 못하게 하였다.

임금을 공경하는 그 나라 왕비 바이데히(Vaidehī)[4)]는 깨끗하게 몸을 씻고 요구르트에 꿀과 보릿가루를 타서 몸에 바르고, 목걸이 구슬 속에 포도즙을 담아 몰래 임금에게 올렸다. 이때 임금은 보릿가루를 먹고 즙을 마신 뒤 물을 찾아 입을 헹구었다. 입을 헹군 뒤 두 손을 모아 공경하는 마음으로 독수리봉을 향하여 붇다께

---

36) 대정신수대장경 주(註): 아등불의복주어차(我等不宜復住於此)가 [流布本]에는 불의주차(不宜住此)로 되어 있다.

절을 올리며 이렇게 사뢰었다.

"마하-마욷갈랴나(大目乾連)[5]는 저의 벗입니다. 자비를 베푸시어 저에게 8가지 계(八戒)[6]를 주시길 바랍니다."

그때 마욷갈랴나가 마치 매나 새매처럼 날아 바로 임금이 있는 곳에 이르러, 날마다 임금에게 8가지 계를 주었다. 붇다는 또 부루나(富樓那)[7] 존자를 보내 임금을 위해 가르침을 주도록 하였다. 이처럼 시간이 21일이나 지났으나 임금은 보릿가루와 꿀을 먹고 가르침을 들었기 때문에 얼굴빛이 평안하고 기쁨에 차 있었다.

그때 아자따사뚜르는 문지기에게 물었다.

"아버지 임금은 아직 살아 있느냐?"

문지기가 대답했다.

"대왕이시여, 나라의 큰 부인이 몸에 보릿가루와 꿀을 바르고 목걸이 구슬 속에 즙을 채워 와서 임금께 올렸고, 스라마나(沙門) 뿌르나가 공중에서 날아와 임금을 위해 가르침을 주어 막을 수가 없었습니다."

이 말을 들은 아자따사뚜르는 그 어머니에게 화를 내며, "나의 어머니는 적과 한 패거리가 되었으니 원수이고, 스라마나(沙門)는 주술로 남을 홀리게 하여 저 나쁜 임금을 오랫동안 죽지 않게 하였으니 나쁜 사람이다."라고 하면서 곧 칼을 뽑아 그의 어머니를 해치려 하였다.

그때 똑똑하고 슬기로운 달빛(月光)이란 신하가 지바까[8]와 더불어 임금께 절하며 말했다.

"대왕이시여, 신이 베다[9] 경전에 '하늘과 땅이 열린 때부터 오늘날까지 여러 나쁜 임금들이 나라 자리를 빼앗기 위해 아버지를 죽인 이가 1만 8천 명이다.'라고 들었지만, 아직 도리를 어겨 막되게 어머니를 죽였다는 것을 들어 본 적이 없습니다. 임금께서 지금 어머니를 죽이는 일은 끄샤뜨리아[10]를 더럽히는 것으로, 저희는 듣고 나서 참을 수가 없습니다. 이런 것은 짠달라[11]들이나 하는 짓이므로 우리들은 더 이상 이곳에 남아 있을 수 없습니다."

두 대신은 이 말을 마치자, 손을 칼에 대고 뒤로 물러섰다. 그러자 아자따사뚜르는 매우 놀라 두려워하며 지바까에게 말했다.

"그대는 나를 위하지 않는가?"

지바까가 말했다.

"대왕이여, 삼가 어머니를 죽이지 마십시오."

임금이 이 말을 듣고 뉘우치며, 바로 칼을 버리고 도움을 청하면서 어머니 해치는 것을 그만두고 내관에게 명령을 내렸다.

"깊은 궁에 가두어 두고 다시는 나오지 못하게 하여라."

풀이

(1) 아자따사뜨루(Ajātaśatru, Ⓟ Ajātasattu, 阿闍世): 붇다가 가르침을 펼 때 마가다국은 빔비싸라(Bimbisāra, 頻婆娑羅)왕과 아들 아자따사뜨루가 지배했으며, 『기쁨나라 보는 경(觀無量壽經)』에는 빔비싸라 왕의 왕비인 바이데히(Vaidehī, Ⓟ Vedehī, 韋提希) 부인의 이야기가 나온 곳으로도 유명하다. 아자따(Ajāta)는 아직 태어나지 않은(unborn, not yet born)이란 뜻이고, 사뜨루(śatru)는 무너뜨리는 사람(overthrower), 원수(an enemy), 적(foe), 경쟁자(rival), 적군의 왕(a hostile king)이라는 뜻이니 '아직 태어나지 않은 원수'라고 옮길 수 있다. 한문 번역은 태어나지 않은 원수 임금(未生怨王), 도리를 거스린 임금(法逆王)이라고 옮겼고, 소리 나는 대로 아도세임금(阿闍世王)이나 줄여서 도세임금(闍世王)이라 했고, 아도다사투루왕(阿闍多沙兜樓王)·아도세세왕(阿闍貰王)·아도다설돌로왕(阿闍多設咄路王)·아사다설돌로왕(阿社多設咄路王) 처럼 여러 가지로 옮겼다. 『반야경』 따위에 전하는 바에 따르면, 아버지 왕이 왕자가 없어 걱정한 나머지 점쟁이를 찾아다녔는데, 어떤 선인이 머지않아 죽어서 왕자로 태어날 것이라고 예언하였다. 왕은 그 선인의 죽음을 기다리지 못하고 죽이자, 바이데히 부인이 바로 아이를 가졌다. 점쟁이는 언젠가 태어날 왕자, 곧 '아직 태어나지 않은 원수(아자따사뜨루)'가 원수를 갚을 것이라고 했기 때문에 아기가 태어나자 높은 곳에서 떨어뜨렸으나 손가락만 부러지고 죽지 않았다. 그래서 손가락이 부러졌다는 뜻을 가진 발라루찌(Balaruci, 婆羅留支)라고도 부른다. 이것이 아자따사뚜르가 아버지를 죽인 까닭이

라고 한다. 태자가 되어 아버지와 어머니를 가둔 이야기는 이 경에서 자세히 나오니 생략한다. 아버지가 감옥에서 죽은 뒤 임금자리에 오른 아자따사뚜르는 언저리 작은 나라들을 합쳐 그 힘이 사방에 미쳐 인두(印度는 인두로 읽어야 한다) 통일의 바탕을 만들었다. 아버지를 죽인 죄로 온몸에 부스럼이 나서 고생하다가 의사 지바카의 안내로 붇다에게 가서 참회한 뒤 병이 낫자 붇다에 귀의하였다. 붇다가 떠나신 뒤 불교 교단을 크게 뒷받침하였고, 마하까샤빠가 경전을 모을 때 아자따사뚜르가 모든 비용을 댔다고 한다. 붇다가 돌아가시기 8년 전에 임금 자리에 올라 32년간 자리를 지켰다.

(2) 데바닫따(Devadatta, Ⓟ = 빨리어 같음, 調達): 데바(Deva)는 하늘의(heavenly), 신의(divine)라는 뜻이고, 닫따(datta)는 주어진(given), 준(granted), 선물한(presented) 같은 뜻이므로 '하늘이 준'이라고 옮길 수 있다. 한문 경전에는 하늘이 준이란 뜻인 천수(天授)와 천여(天與)라고 했고, 하늘열(天熱)이라고도 옮겼다. 소리 나는 대로 제바달다(提婆達多), 제바달두(提婆達兜), 체바달다(揥婆達多), 지바달다(地婆達多)라고 옮겼고, 줄여서 이 경에서 보는 것처럼 조달(調達)·제자(提婆)·달다(達多) 따위로 썼다. 붇다의 제자였으나 5가지 큰 죄(五逆罪)를 짓고 쌍가(僧團)를 깨며 붇다를 적으로 대한 나쁜 빅슈로 유명하다. 붇다의 작은아버지(斛飯王)의 아들로 아난다와 형제 사이로 알려졌는데, 붇다의 아버지 슈도다나의 동생 암리또다나(Amṛtodana, Ⓟ Amitodana, 甘露飯王) 아들이라는

설, 수끌로다나(Śuklodana, Ⓟ Sukkodana, 白飯王) 아들이라는 설들이 있다. 어렸을 때 붇다와 함께 무예 등을 익혔는데 솜씨가 뛰어나고 늘 붇다와 경쟁하는 상대였다. 붇다가 깨달음을 얻은 뒤 제자가 되어 12년간 열심히 닦았으나, 마지막 깨달음을 얻지 못하자 차츰 나쁜 생각을 갖게 되었다. 신통을 배우려 하였으나 붇다가 허락하지 않자 다사발라 까샤빠(Daśabala-kāśyapa, Ⓟ Dasabala-kassapa, 十力迦葉)에게 신통을 배워 마가다 나라 아자따사뜨루로부터 이바지를 받고 교만해져, 함께 나쁜 짓을 하게 된다. 붇다 대신 쌍가를 이끌고자 하였으나 붇다가 허락하지 않자 500명 무리를 이끌고 쌍가를 떠나 스스로 큰 스승이라고 일컫고, 5가지 법을 만들어 니르바나를 빨리 얻는 길이라고 하며 마침내 쌍가의 화합을 깼다.

(3) 빔비싸라(Bimbisāra, Ⓟ 같음, 頻婆娑羅): 학자들 간에 다른 의견이 있지만 지금까지 연구로 빔비싸라는 BC 544~492년이나 BC 457~405쯤 사이에 임금 자리에 있었던 것으로 보고 있다. 한문 기록에는 빔비싸라왕(頻毘娑羅王), 진두사라왕(頻頭娑羅王), 빈부바왕(頻浮婆王), 민미사라왕(民彌沙囉王), 병사왕(缾沙王), 평사왕(萍沙王), 병사왕(瓶沙王)이라고 불렀고, 뜻으로는 모습이 뛰어난 임금(影勝王), 모습이 튼튼한 임금(影堅王) 따위로 불렀다. 붇다와 같은 시대 마가다 나라 임금이므로 빔비싸라 임금의 임금자리에 있었던 기간은 불교사에서도 중요하다.

빔비싸라 임금과 부인은 모두 붇다께 귀의하여 붇다의 가르침에 깊은 믿음을 가지고 있었다. 붇다가 깨달음을 얻기 전에 깨달음을 얻으면 먼저 마가다 서울에 와서 가르침을 주기로 약속한 대로 붇다는 사슴 동산을 거쳐 바로 마가다 나라 서울로 가서 가르침을 주었다. 왕은 까란다까(kāraṇḍaka, 迦蘭陀)에 대나무숲절(竹林精舍)을 지어 이바지하고 머물게 하였다. 불교를 보호하고 기른 첫 임금이었다.

(4) 바이데히(Vaidehī, Ⓟ Vedehī, 韋提希): 비데하(Videha) 나라의 여인·공주를 뜻하는데, 비데하에서 나는 젖소를 뜻하기도 한다. 한문 경전에서는 소리 나는 대로 비타제(鞞陀提)·비제희(毘提希·폐제신(吠提哂)이라고 옮겼고, 뜻으로는 생각이 뛰어난(思勝)·뛰어나고 묘한 몸(勝妙身)·뛰어난 몸(勝身)처럼 옮겼다. 아자따사뚜르를 낳은 어머니로, 이 경에서는 붇다가 기쁨나라(極樂)와 기쁨나라에 가는 법을 설하는 대상이 된다.

(5) 마하-마운갈랴나(Mahā-maudgalyāna, Ⓟ Moggallāna, 摩訶目乾連): 붇다 10대 제자로 신통 으뜸이다. 마하(Mahā, 摩訶)는 크다(大)는 뜻. 사리뿌뜨라와 함께 싼자야(Sañjaya, 删闍耶)라는 외도의 제자로 있다가 함께 붇다의 제자가 되어 모두 가장 뛰어난 제자가 되었다. 붇다의 제자들 가운데 으뜸가는 제자가 되어 붇다의 교화에 큰 도움을 준다. 붇다가 고향에 갔을 때도 붇다 대신 사꺄족들에게 신통을 보여 붇다의 위신력을 믿게 하였으며, 붇다를 대신해 대중에게 설법을 한 경우도 많다. 마운갈랴나의 자취는

초기경전, 대승경전, 밀교경전에 여러 가지 모습으로 나타난다. 『우란분경(盂蘭盆經)』에 아귀도에 떨어진 어머니를 구하기 위해 7월 15일 하안거 마지막 열린 자자(自恣) 때 대중공양을 하여 나중에 우란분절의 실마리가 된다. 밀교의 대장계(胎藏界) 만트라(曼荼羅)에서는 사꺄무니 오른쪽 맨 위쪽 줄에서 4번째 위치를 차지한다. 말년에 신통 으뜸인 마운갈랴나가 마가다 서울에서 탁발을 하다가 붇다의 쌍가에 대해 샘을 낸 브랗마들이 던진 돌에 맞아 입적한다. 붇다 입멸 이전이기 때문에 붇다는 대나무숲 절(竹林精舍) 문 옆에 탑을 세우고 슬픔을 나타냈다.

(6) 8가지 계(aṣṭāṅga-samanvāgatopavāsa, Ⓟ aṭṭhaṇga-samannāgata uposatha, 八戒): 한문 경전에서 8가지 계(八戒)는 팔관재계(八關齋戒)라고도 하는데, '관(關)'은 끊다, 닫다, 잠그다 같은 뜻이 있다. 깨끗한(齋) 계를 지켜, 몸과 입과 뜻으로 짓는 3가지 업을 끊어, 나쁜 길로 빠지는 것을 막는다는 뜻이다. 집에 있는 제자들이 하루 밤낮 동안 이 8계를 지키며 출가 스라마나와 같은 생활을 하고, 이를 바탕으로 나중에 집을 나와 수행하는 인연을 만드는 것이다. 8가지 계는 5가지 계인 (1) 산 것을 죽이지 않는다, (2) 훔치지 않는다, (3) 삿된 남녀 관계를 하지 않는다, (4) 거짓말하지 않는다, (5) 술 마시지 않는다, 같은 5가지에, (6) 값진 치렛거리로 몸을 꾸미지 않는다, (7) 높고 화려한 자리에 앉거나 침상에 눕지 않는다, (8) 때가 아닌 때 먹지 않는다이다.

(7) 뿌르나-마이뜨라야니뿌뜨라(Pūrṇa-maitrāyaṇīputra, Ⓟ Puṇṇa-mantāni-putta, 富樓那彌多羅尼子): 뿌르나(富樓那)는 붇다의 10대 제자 가운데 한 분으로, 뿌르나-마이뜨라야니뿌뜨라(Pūrṇa-maitrāyaṇīputra)를 줄인 것이다. 이 어른의 이름은 뿌르나(Pūrṇa)라는 이름에 어머니 이름인 마이뜨라야니(maitrāyaṇī)와 아들(putra)을 합친 긴 이름이다. 산스크리트 뿌르나(Pūrṇa)는 찬(filled, 滿), 가득한(full, 充滿), 넉넉한(abundant · rich, 豊富) 모두 갖춘(complete, 具足) 같은 뜻이고, 마이뜨라야니(maitrāyaṇī)는 마이뜨라(maitra)에서 파생된 것으로 벗(friend), 친절한(friendly), 사이가 좋은(amicable), 자비심 많은(benevolent), 사랑에 넘친(affectionate) 같은 뜻이 있는데 한문에서는 자(慈), 자애(慈愛)로 옮겼으며, 뿌뜨라(Putra)는 아들이란 뜻이다. 이름이 너무 길기 때문에 한자로 옮기면서 줄여서 부르나(富樓那, Pūrṇa)나 미다라니자(彌多羅尼子, maitrāyaṇī+子)라고 불렀다. 또는 뿌르나(Pūrṇa)는 한자로 만(滿)이고, 마이뜨라야니(maitrāyaṇī)는 자(慈)이며, 뿌뜨라(putra)는 자(子)이기 때문에 만자자(滿慈子)라고도 부른다.

(8) 지바까(Jīvaka, 耆婆): 지바까는 붇다 시대 유명한 의사로, 그리스 식민지였던 탁사실라(Takṣaśilā, 지금의 파키스탄 탁실라) 나라에서 의술을 배웠다. 빔비싸라와 아자따사뚜르 두 임금의 치료를 맡은 의사였는데, 사람의 목숨을 살릴 수 있다고 해서 이름을 지바까라고 불렀다. 지바까는 '살아 있는(living, alive)'이란 뜻이다. 붇다의 가르침을 깊이 믿는 사람으로 붇다와 제자들의 아픈 곳

을 많이 고쳤다. 아버지를 죽인 아자따사뚜르를 붇다 앞에서 참회하도록 이끌었던 일도 유명하다.

(9) 베다(veda, 吠陀): 브랗만교(婆羅門教)의 근본 성전으로 4가지가 있다. ① 리그 베다(Ṛg-Veda) - 신을 높여 기리는 노래(찬송가), ② 야주르베다(Yajur-Veda) - 제사에 쓰는 축문, ③ 싸마 베다(Sāma-Veda) - 제사 때 부르는 노래, ④ 아타르바베다(Atharva-Veda) - 제사 때 쓰는 주문. 부수된 문헌으로 ① 브랗마나(Brāhmana, 梵書) - 각 베다에 관한 해설서로 찬가나 제사의 의의, 목적, 기원, 신화, 전설이 담겨져 있다. ② 삼림서(Āraṇyaka, 森林書) - 숲속에서 몰래 전하는 비서로 제사에 관한 설명과 철학적 문제. ③ 우빠니사드(Upaniṣad, 奧義書) - 수많은 비설(秘說)을 모은 것이다.

(10) 끄사뜨리야(kṣatriya, 刹帝利): 원문에 찰리종(刹利種)이라고 했는데, 찰제리(刹帝利)라고 번역한 뒤 줄인 것이다. 군사나 다스리는 계급(a member of the military or reigning order)으로 4가지 계급(四姓) 가운데 2번째 계급이다. 그러나 불교 경전에 보면 첫 번째 계급으로 쓰인 곳이 많다. 'ṣa'를 '샤'라고 옮기는 경우가 많은데, 아비샨드(abhiṣyand) 같은 'ṣya'와 구별이 안 된다. 그러므로 'sa=싸', 'ṣa=사', 'ṣya=샤'라고 옮긴다. 또한 'śa=사', 'śya=샤'로 한다. 보기: 사바라(śabara), 비빠샤나(vipaśyanā).

(11) 짠달라(caṇḍāla, 栴陁羅): 고리대장경에서 전타라(栴陁羅)라고 하였는데, 다른 한문 경전에서 전타라(旃陀羅)·전다라(旃荼羅)·전다라(栴荼羅)라고도 옮겼으며, 뜻으로는 매우 성함(嚴熾), 사나운(暴厲), 추함(執惡), 싫고 미운 사람(險惡人), 추하고 미운 사람(執暴惡人), 주인 죽인 사람(主殺人), 개 다루는 사람(治狗人)이라고 옮겼다. 인두 사회에서 마지막 종성인 수드라 계급으로 주로 옥 지킴이, 장사, 백장, 어부 같은 일을 한다. 마노법전에 따르면 수드라 아버지와 브랗마 어머니 사이에 난 트기를 말한다.

3. 괴로움을 벗어나는 길, 기쁨나라(極樂)

한문

時韋提希被幽閉已, 愁憂憔悴；遙向耆闍崛山, 為佛作礼, 而作是言:「如來世尊在昔之時, 恒遣阿難來慰問我；我今愁憂, 世尊威重, 无由得見；願遣目連、尊者阿難, 與我相見。」作是語已, 悲泣雨淚, 遙向佛礼。未舉頭頃, 尒時世尊在耆闍崛山, 知韋提希心之所念, 即勅大目揵連[37]及以阿難, 従空而來。佛従耆闍崛山沒, 於王宮出。

時韋提希礼已舉頭, 見世尊釋迦牟尼佛, 身紫金色坐百寶蓮華。目連侍左, 阿難在[38]右, 釋梵護世諸天在虛空中, 普雨天華, 持用供養。時韋提希見佛世尊, 自絕瓔珞, 舉身投地, 号泣向佛。白言:「世尊! 我

37) 대정신수대장경 주(註): 목건련(目揵連)이 [流布本]에는 목건련(目犍連)으로 되어 있다.

38) 대정신수대장경 주(註): 在가 [宋][元][明]에는 侍로 되어 있다.

宿何罪, 生此惡子? 世尊復有何等因緣, 與提婆達多共為眷屬? 唯願世尊, 為我廣說无憂惱處, 我當往生, 不樂閻浮提濁惡世也。此濁惡處, 地獄、餓鬼[39]、畜生盈滿, 多不善聚。願我未來不聞惡聲, 不見惡人。今向世尊五體投地, 求哀懺悔。唯願佛日教我觀於清淨業處。」

尒時世尊放眉間光, 其光金色, 遍照十方無量世界; 還住佛頂, 化為金臺, 如須弥山。十方諸佛淨妙國土, 皆於中現。或有國土七寶合成; 復有國土純是蓮花; 復有國土如自在天宮; 復有國土如頗梨[40]鏡; 十方國土皆於中現。有如是等无量諸佛國土嚴顯可觀, 令韋提希見。

時韋提希白佛言:「世尊! 是諸佛土, 雖復清淨, 皆有光明; 我今樂生極樂世界阿弥陁佛所。唯願世尊, 教我思惟, 教我正受。」尒時世尊即便微笑, 有五色光, 従佛口出, 一一光照頻婆娑羅王[41]頂。尒時大王雖在幽閇, 心眼无障, 遙見世尊, 頭面作礼; 自然增進, 成阿那含.

尒時世尊告韋提希:「汝今知不? 阿弥陁佛去此不遠; 汝當繫念, 諦觀彼國 淨業成者。我今為汝廣說衆譬, 亦令未來世一切凡夫欲修淨業者, 得生西方極樂國土。欲生彼國者, 當修三福: 一者、孝養父母, 奉事師長, 慈心不煞, 修十善業。二者、受持三歸, 具足衆戒, 不犯威儀。三者、發菩提心, 深信因果, 讀誦大乘, 勸進行者。如此三事名為淨業。」

佛告韋提希:「汝今知不? 此三種業, 乃是[42]過去、未來、現在三世諸佛淨業正因。」

---

39) 대정신수대장경 주(註): 아(餓)가 [明]에는 기(饑)로 되어 있다.

40) 대정신수대장경 주(註): 파리(頗梨)가 [宋][元][明][流布本]에는 파리(玻[玉+李])로 되어 있다.

41) 대정신수대장경 주(註): 왕(王)이 [流布本]에는 없다.

42) 대정신수대장경 주(註): 내시(乃是) [流布本]에는 없다.

佛告阿難及韋提希:「諦聽, 諦聽! 善思念之。如來今者, 為未來世一切衆生為煩惱賊之所害者, 說清淨業。善哉韋提希! 快問此事。阿難! 汝當受持, 廣為多衆宣說佛語。如來今者, 教韋提希及未來世一切衆生觀於西方極樂世界。以佛力故, 當得見彼清淨國土, 如執明鏡自見面像。見彼國土極妙樂事, 心歡喜故, 應時即得无生法忍。」

佛告韋提希:「汝是凡夫, 心想羸劣, 未得天眼, 不能遠觀; 諸佛如來有異方便, 令汝得見。」

時韋提希白佛言:「世尊! 如我今者, 以佛力故見彼國土。若佛滅後, 諸衆生等, 濁惡不善, 五苦所逼, 云何當見阿弥陁佛極樂世界?」

옮긴 글

그때 바이데히(Vaidehī)는 깊은 곳에 갇혀 시름과 근심으로 몹시 힘들고 파리하였다. 멀리 독수리봉을 바라보며 붇다께 절을 올리고 이렇게 말했다.

"붇다께서는 옛날 늘 아난다를 보내 괴로움을 풀어 주셨습니다. 제가 이제 시름과 근심에 빠져 있는데 붇다를 뵐 수조차 없습니다. 마운갈랴나 또는 아난다 존자를 보내 제가 뵐 수 있게 해 주시길 바랍니다."

말을 마치고 슬픔 때문에 비 오듯 눈물을 흘리며 멀리 붇다께 절을 올렸다.

그때 바이데히가 미처 머리를 들기도 전에 당시 독수리봉에 계시던 붇다께서 바이데히가 마음으로 바라는 바를 아시고, 바로 마하-마운갈랴나와 아난다에게 공중으로 날아가게 하고, 붇다께서도 독수리봉에서 사라져 바로 임금님 궁전에 나타나셨다.

그때 바이데히가 절을 마치고 머리를 들자, 사꺄무니[1] 붇다께서 몸에 금빛을 내며 수많은 보석으로 꾸며진 연꽃에 앉아 계신 것이 보였다. 마운갈랴나가 왼쪽에서 아난다가 오른쪽에서 모시고, 서른셋하늘 임금(帝釋天)[2]과 브랗마 임금(梵天)[3]을 비롯하여 세상을 보살피는 여러 하늘신이 허공에서 하늘 꽃을 비처럼 두루 뿌리며 이바지하고 있었다.

그때 바이데히는 붇다를 보고 스스로 목걸이를 끊어 버리고 몸을 들어 땅에 던지며 울면서 붇다께 사뢰었다.

"붇다여, 저는 전생에 무슨 죄가 있어 이처럼 나쁜 아들을 낳았으며, 붇다께서는 또 무슨 인연으로 데바닫따와 함께 피붙이가 되었습니까? 붇다께서는 저를 위하여 근심과 걱정이 없는 곳을 널리 말해 주시면 꼭 그곳에 가서 나고 싶지 이 더러움으로 물든 잠부대륙[4]이 싫습니다. 더러움으로 물든 이 세상은 지옥, 배고픈 귀신, 짐승으로 가득 차 있고, 착하지 않은 무리가 많습니다. 저는 앞으로 나쁜 소리를 듣지 않고 나쁜 사람을 보지 않길 바랍니다. 이제 붇다께 온몸으로 절하고 뉘우치면서 애처롭게 구하니, 해 같은 붇다께서 저에게 업이 맑고 깨끗한 곳을 볼 수 있도록 가르쳐 주시길 바랄 뿐입니다."

그때 붇다께서는 두 눈썹 사이에서 황금빛을 내니, 그 빛이 시방의 헤아릴 수 없는 세계를 두루 비추고 다시 붇다의 정수리에 머물며, 금 자리로 바뀌어 쑤메루산[5]처럼 되었는데, 시방 여러 붇다의 맑고 뛰어난 나라들이 모두 그 안에 나타났다. 어떤 나라 땅은 7가지 보석으로 이루어져 있고, 어떤 나라는 모두 연꽃으로만 이루어졌고, 어떤 나라는 남의 기쁨을 나의 기쁨으로 여기는 하늘(自在天)[6] 궁전 같고, 어떤 나라는 파리(頗梨) 거울 같았는데, 이처럼 시방 여러 붇다 나라가 모두 그 안에 나타나게 하여, 바이데히가 보도록 하였다.

그때 바이데히가 붇다께 사뢰었다. "붇다이시여, 모든 나라들이 맑고 깨끗하며 밝은 빛이 있지만, 저는 이제 기쁨나라(極樂) 아미따바 붇다 계시는 곳에 가서 나고 싶습니다. 저에게 오직 깊이 생각하는 법과 바르게 닦는 법을 가르쳐 주시길 바랍니다." 이때 붇다가 바로 소리 없이 빙긋이 웃으시자, 입에서 5가지 빛깔의 빛이 나와 하나하나 빛이 빔비싸라 임금 정수리를 비추었다.

이때 임금은 깊은 곳에 갇혀 있었지만 마음의 눈은 걸림이 없어 멀리서 붇다를 뵈옵고 머리와 얼굴을 땅에 대고 절을 올리니, 저절로 경계가 올라가 안아가민(anāgāmin, 阿那含)[7]을 이루었다.

그때 붇다가 바이데히에게 말씀하셨다.

"그대는 지금 아는가, 모르는가? 아미따바 붇다 나라 가는 길이 멀지 않다는 것을! 그대는 생각을 이어서 그 나라를 꼼꼼하게 보아야(諦觀)만 맑은 업(淨業)을 이룰 수 있다. 내가 이제 그대를 위해 여러 가지 깨우치는 법을 널리 말하고, 아울러, 앞으로 올 세상에서 맑은 업을 닦으려는 모든 깨닫지 못한 사람[8]들이 서녘(西方) 기쁨나라(極樂國土)에 나도록 하겠다.

그 나라에 나고자 하면 3가지 복을 닦아야 하니, 첫째, 어버이에게 효도하고 잘 모셔야 하고, 스승과 어른을 받들어 섬겨야 하고, 사랑하는 마음으로 산 것을 죽여서는 안 되고, 10가지 좋은 업을 닦아야 한다. 둘째, 붇다(佛), 가르침(法), 쌍가(僧伽)에 귀의하고 여러 계를 다 갖추어 제대로 지키면서 어긋나서는 안 된다. 셋째, 깨닫겠다는 마음을 내고 씨-열매법(因果)[9]을 깊이 믿고, 큰 탈것(大乘) 경전을 읽고 외우며[10], 다른 수행자들에게 권하여 앞으로 나아가게 해야 한다. 이와 같은 3가지 일을 맑은 업(淨業)이라고 한다."

붇다께서 아난다와 바이데히에게 말씀하셨다.

"꼼꼼하고 찬찬히 들어라. 그리고 잘 생각하고 새겨야 한다. 붇다는 이제 앞으로 올 세상의 모든 중생을 위해, 번뇌라는 도둑에게 해를 입은 중생을 위해 맑고 깨끗한 업을 이야기하겠다. 바이데히여, 이것을 속 시원하게 물어본 것은 참 훌륭하다. 아난다여, 그대도 받아 지녀 널리 많은 중생을 위해 붇다의 가르침을 알리고 이야기해야 한다. 붇다는 이제 바이데히와 미래의 모든 중생을 위해 서녘 기쁨나라에 관하여 가르치는 것이다. 이는 붇다의 힘이기 때문에 그 맑고 깨끗한 나라를 밝은 거울을 가지고 스스로 얼굴 생김새를 보는 것처럼 볼 수 있고, 그 나라의 더없이 묘하고 즐거운 일을 보면 마음이 기쁨에 넘치기 때문에 바로 나고 죽음을 여읜 경계[11]를 얻게 된다."

"그대는 아직 깨닫지 못해 마음속 생각이 여리고 얕으며, 아직 하늘 눈을 얻지 못해 멀리 볼 수 없지만, 모든 붇다는 다른 방편이 있어 그대가 볼 수 있게 할 것이다."

그때 바이데히가 붇다께 사뢰었다.

"붇다여, 저 같은 사람은 붇다의 힘으로 그 나라를 볼 수 있지만, 붇다께서 돌아가신 뒤 모든 중생은 더러움으로 물들고, 좋은 일을 하지 않아 5가지 괴로움에 시달릴 터인데 어떻게 해야 아미따바 붇다의 기쁨나라를 볼 수 있겠습니까?"

풀이

(1) 사꺄무니(Śākya-muni, Ⓟ Sakya-muni, 釋迦牟尼): 사꺄는 종족 이름이고, 무니는 성인(a saint), 슬기로운 사람(sage), 보는 분(seer), 고행자(ascetic)라는 뜻이므로 사꺄(Śākya, 釋迦)라는 성을 가진 성인이라는 뜻이다.

(2) 석범(釋梵): 제석(帝釋)과 범천(梵天)을 아울러 이르는 말이다. 제석(帝釋)은 제석천(帝釋天)의 준말로, 사끄라 데바남 인드라(Śakra devānām Indra, 釋帝桓因)에서 비롯되었다. 한문 경전에서 사끄라 데바남 인드라(Śakra devānām Indra)를 소리 나는 대

로 석제환인타라(釋帝桓因陁羅, 釋迦提桓因陀羅)라고 옮겼는데, 그것을 다시 줄여서 석제환인(釋帝桓因), 제석천(帝釋天)이라 불렀다. 6가지 욕망이 있는 하늘나라 가운데 두 번째 하늘인 뜨라얏뜨림사(Trāyastriṃśa, ⓟ Tāvatṃśa, 忉利天)의 임금이다. 뜨라얏뜨림사(Trāyastriṃśa)는 숫자 33을 뜻하는데, 여기서는 33하늘나라(三十三天)를 말한다. 뜨라얏뜨림사(Trāyastriṃśa)를 한자로 다라야등능사(多羅夜登陵舍)·달라야달라사(怛囉耶怛囉奢)라고 옮겼는데, 어떤 까닭인지 모르지만, 흔히 '도리(忉利)'라고 읽어 도리천(忉利天)이라고 한다. 쑤메루산 꼭대기 4방향 각각 8개로 모두 32개 하늘나라와 한가운데 사끄라 임금이 사는 선견성(善見城)을 합해서 33개이기 때문에 '서른셋 하늘나라(三十三天)'라고 부른다. 사끄라 하늘임금은 본디 고대 인두의 인드라(Indra) 신을 말하는 것으로, 불교에 귀의한 뒤 사천왕과 32개의 하늘나라를 다스리며 붇다의 가르침과 붇다의 가르침에 귀의하는 사람들을 보살핀다.

(3) 범천(梵天)은 브랗마(Brahma)를 한문으로 옮긴 것이다. 산스크리트 브랗마(brahma) 또는 브랗만(brahman)은 남성으로 쓰일 때는 제관(祭官)이나 브랗만(婆羅門)을 뜻하고, 중성으로 쓰일 때는 가장 높은 신, 우주를 창조한 신을 뜻하는데, 겹씨(合成語)를 만들 때는 브랗만(brahman)을 쓰지 않고 브랗마(brahma)만 쓴다(보기: brahma-loka 브랗만 신의 세계·하늘). 브랗만교(婆羅門教)와 힌두교(印度教)에서는 창조신인 이 브랗만(brahman, 梵), 파괴의 신인 시바(śiva), 질서를 유지하는 비쉬누(Viṣṇu)와 함께 3대 신

(trimūrti, 3神組織)을 이룬다. 한문으로 바라하마(婆羅賀摩)·몰라함마(沒羅含摩)·범마(梵摩)라고 옮겼는데, 경전에서는 줄여서 범(梵)이라고 많이 쓴다. 뜻으로는 맑고 깨끗한(淸淨)·욕망을 떠난(離欲)이라고 옮긴다. 불교에서는 욕계(欲界) 위의 하늘나라인 색계(色界, rūpa-dhātu)의 초선천(初禪天)을 백성 브랗마(Brahma-pāriṣadya, 梵衆天)·제관 브랗마(Brahma-purohita, 梵輔天)·마하 브랗마(Mahā-brahman, 大梵天)로 나누는데, 통틀어 브랗마(梵天)라 일컫는다. 그 가운데 마하 브랗마(大梵天)의 임금이 모든 브랗마(梵天)를 다스리는데, 보통 브랗마(梵天) 또는 브랗마 임금(brahma-deva 梵天王)이라고 하며, 그 임금의 이름은 시키(śikhī, 尸棄) 또는 쁘라자빠띠(Prajāpati, 世主)라고 한다. 앞에서 본 서른셋 하늘나라 임금 사끄라와 함께 불교를 보살피는 신이다.

(4) 잠부대륙(Jambu-dvīpa, Ⓟ Jambu-dīpa, 閻浮提): 본문에 나오는 염부(閻浮)는 산스크리트 잠부(jambu)를 소리 나는 대로 옮긴 것으로, 본디 나무 이름(the rose apple tree, Eugenia Jambolana 또는 다른 종)인데, 섬(dvīpa, 洲)이란 낱말과 합쳐 뭍으로 된 세계의 한 대륙(a division of the terrestrial world) 이름으로 쓰인다. 쑤메루산을 둘러싼 4개 대륙 가운데 남쪽 땅을 말하는 것으로, 남쪽 잠부대륙(Dakṣiṇa-jambu-dvīpa, 南閻浮提)이라고 한다.

(5) 쑤메루 산(Sumeru-parvata, 須彌山): 세계의 한가운데 있다는 산이다. 메루(meru)는 전설적인 산 이름(Name of a fabulous mountain)인데, 앞가지(接頭語) 쑤-(su-)를 붙여 쑤메루(sumeru)라고 도 한다. 고대 인두의 세계관에서 세계 한가운데 있는 산을 말한다. 이 쑤메루산(須彌山)을 중심으로 7개의 산과 8개의 바다가 있고, 또 그것을 큰 바다(대함해, 大鹹海)와 큰 산(철위산, 鐵圍山)이 둘러싸고 있다고 보았다. 물 위에 보이는 것이 8만 요자나, 물속에 잠긴 것이 8만 요자나라고 한다. 꼭대기에 33하늘(帝釋天)이 있고, 중턱에 네 큰 임금 하늘(四天王)이 있다고 한다. 우리가 흔히 말하는 수미산(須彌山)은 산스크리트 쑤메루(sumeru)의 소리를 따서 한자로 옮긴 낱말인데, 한자 상고음에서 미(彌) 자가 메르[miăr(Bernhard Karlgren) mjier(周法高)]에 가깝다. 현재의 북경음으로는 須彌가 수미(xumi)라고 읽지만 상고음으로는 슈메르(siumjier)에 가깝다. 뜻글자인 한자의 어려움에 비해 산스크리트와 같은 소리글인 한글로는 쑤메루(sumeru)라고 쉽게 적을 수 있으므로 앞으로 수미(須彌)는 쑤메루로 쓰는 것이 바람직하다고 본다. 한글의 [ㅅ]은 영어의 [ʃ(sh)]에 가까운 소리가 나고, [ㅆ]은 [s]에 가까운 소리를 내기 때문에 수메르가 아닌 쑤메루라고 읽는 것이 본디 소리에 가장 가깝다.

(6) 남의 기쁨을 내 것으로 여기는 하늘(Paranirmita-vaśa-vartin, 他化自在天): 빠라미따 바사 바르띤 (Paranirmita-vaśa-vartin)은 "남의 기쁨을 늘 즐긴다(constantly enjoying pleasures provided by others)"는 뜻이다. 한문으로는 남 것을 내 것으로 바꾸는 하늘(他化自轉天), 남 것을 내 기쁨으로 바꾸는 하늘(他化樂天), 소리 나는 대로 파라니밀

하늘(波羅尼蜜天)이라고 옮겼다. 그 하늘사람들의 키는 1½끄로사(krośa)이고, 인간 나이로 1,600살이 하루이고, 16,000살까지 산다.

네 큰 임금 하늘은 쑤메루산(須彌山) 중간에 있고, 서른셋 하늘은 쑤메루산 꼭대기에 있어 땅에 있는 하늘(地居天)이라 하고, 야마 하늘 이상의 4개 하늘과 모습이 있는(色界) 하늘은 서른셋 하늘 위쪽 공간에 있으므로 공중에 있는 하늘(空居天)이라고 한다.

(7) 안아가민(anāgāmin, 阿那含): 아가민(āgāmin)은 오다(coming), 가까워지고 있는(approaching)이란 뜻인데, 반대와 부정을 나타내는 앞가지 'an-'을 붙인 안-아가민(anāgāmin)은 돌아오지 않는(not coming), 이르지 않는(not arriving), 미래가 아닌(not future), 돌아오는 것을 목적으로 하지 않는(not subject to returning)이란 뜻을 가진다. 다시 태어나지 않고 살아 있는 이승에서 깨달음을 얻는 자리를 말한다. 한문으로 아나가미(阿那伽彌), 아나가미(阿那伽迷), 줄여서 아나함(阿那含), 나함(那含)이라고 옮겼고, 뜻으로는 돌아오지 않는(不還), 오지 않는(不來), 오지 않는 상(不來相)이라고 옮겼다. 붇다 제자(聲聞)들이 가르침을 닦아 얻는 4가지 열매 가운데 3번째 열매를 얻은 성인이다.

(8) 깨닫지 못한 사람(pṛthag-jana, 凡夫): 산-영 사전에서 쁘리탁-야나(pṛthag-jana)는 보통 사람(common people), 많은 백성(the multitude, 大衆·民衆)이란 뜻이고, 한문 경전에서는 모두(凡), 보통 사람(凡夫, 凡人), 어리석은 사람(愚夫) 따위로 옮겼으며, 소리 나

는 대로 필율탁흘나(必栗託仡那)라고 옮겼다. 불교에서 수행 단계를 적용하면, 4가지 거룩한 진리를 깨치지 못한 사람, 좀 더 구체적으로 말하면 흐름으로 들어가는 단계(預流向, 預流果)에 들어가지 못한 모든 사람은 범부(pṛthag-jana, 凡夫)다. 대일경에는 "범부는 슬기가 없으므로(無明) 업에 따라 과보를 받고 거침없이 할 수 있는 힘(自在)을 얻지 못해 여러 나쁜 길로 떨어져, 마침내 갖가지 중생이 생겨 나게 된다(凡夫以無明之故, 隨業受報, 不得自在, 墮於諸趣之中, 遂産生種種類別之衆生)"라고 했다.

(9) 씨-열매(hetu-phala, 因果): 해뚜(hetu)는 자극(impulse), 동기(motive), 원인(cause), 까닭(reason for)이란 뜻이고, 팔라(phala)는 열매(fruit) - (especially of trees), 열매의 씨(the kernel or seed of a fruit)를 말한다. 열매가 열리기 위해서는 씨를 심어 나무가 커야 한다. 그래서 '씨(까닭)-열매'라고 옮겼다. 이 씨-열매법은 불교의 가르침이 아니고, 인두 사회의 바탕 윤리이고, 우리나라에서도 '콩 심은 데 콩 나고, 팥 심은 데 팥 난다.'라는 아주 상식적인 윤리다. 열매를 뜻하는 해뚜에 그 열매의 씨라는 뜻이 있는 것은 열매가 곧 다음 삶의 씨앗이 되는 것이 윤회의 법칙이기 때문이다.

(10) 붇다 당시에 대승경전이 있을 수 없다. 당시 붇다도 아직 브랗만교의 수행법을 익혔고, 붇다가 깨달음을 얻은 뒤에 말씀하신 가르침을 모은 것이 경전이다. 더구나 당시는 소승이니 대승이니 하는 분별이 없었고, 붇다가 세상을 떠난 뒤 500년이 될 때까

지 글자로 된 경전이 없었으니 읽는다는 표현도 옳지 않다. 이 문구를 후대 경전을 옮기는 사람들이 잘못 옮겼거나 만들어 넣었다고 볼 수 있다. 큰 탈것(大乘) 경전이 1세기쯤 이루어졌다는 것은 이미 경전 성립사에서 잘 알려진 일이다.

(11) 나고 죽음을 여읜 경계(anutpattika-dharma-kṣānti, 無生法忍): '안웃빧띠까(anutpattika)', 뜻: 안웃빧띠까(anutpattika)는 안(an)+웃빧띠까(utpattika)의 겹씨(합성어)다. 웃빧띠(utpatti)는 생산(production), 내력(genesis), 유래(origin), 태어남(birth)을 나타내는 여성명사인데, 경전에서는 특히 나고 죽는 문제에 적용하기 때문에 태어남(生)이라는 낱말로 쓰였다. 이 낱말에 앞가지 'an-'을 합하면 '안 태어나는(不生, not birthed)', '태어남이 없는(無生, non-birth)'이란 뜻이 된다. 여기서는 '태어남(生)'과 '태어남이 없는(無生)' 문제를 아우른 것이라고 볼 수 있다. 산스크리트에서 끄샨띠(kṣānti)는 참음(endurance), 너그러움(forbearance), 끈기(patience), 끈기 있게 기다림(patiently waiting) 같은 뜻이 있고, 한문『불경』에서는 참다(忍)·욕된 것을 참음(忍辱), 참는 것을 즐기다(安忍)·참아내다(堪忍), 참아 낼 수 있는(能堪忍), 견디어 내다(和忍), 참고 정진하다(忍加行)처럼 여러 가지로 옮겼다. 한문 경전에서는 다르마-끄샨띠(dharma-kṣānti)를 '법인(法忍)'이라고 옮겼다.『불광사전』에서는 "갖가지 법인(法忍)이 있는데, 2인(二忍), 3인(三忍), 6인(六忍). 10인(十忍) 따위가 있다. 태어나는 법인(生法忍)은 2인(二忍) 가운데 하나인데, ① 마음의 법이 아닌 춥고 더움, 비바람, 목마르고 배고픔, 늙

어 병들어 죽음 같은 것에 대해 끈기 있게 참고 번뇌를 일으키거나 원망하지 않고, ② 마음 법인 화냄, 근심 같은 번뇌를 일으키지 않고 끈기 있게 기다리는 경계를 말한다."라고 했다. 확 와 닿는 해석이 아니지만 어떤 일이 일어나도 참아낼 수 있는 경계라는 것을 알 수 있다.

정리하면 업이 일어났을 때 번뇌를 일으키지 않고 참아내는 경계를 말하는 것으로, 번뇌를 벗어난, 여읜 경계라고 할 수 있다. 그래서 '나고 죽음을 여읜 경지(anutpattika-dharma-kṣānti, 無生法忍)'라고 옮긴다.

Ⅱ. 생각하고 보아(想觀) 기쁨나라(極樂) 가는 길

1. 기쁨나라 해를 생각하고 본다(日想觀)

한문

佛告韋提希:「汝及衆生應當專心, 繫念一處, 想於西方。云何作想? 凡作想者, 一切衆生自非生盲, 有目之徒, 皆見日沒。當起想念, 正坐西向, 諦觀於日[43], 令心堅住, 專想不移。見日欲沒, 狀如懸鼓。既見日已, 閉目開目皆令明了。是為日想, 名曰初觀。作是觀者, 名為正觀。若他觀者, 名為邪觀。[44]」

옮긴 글

붇다께서 바이데히에게 말씀하셨다.

"그대와 중생들은 마땅히 마음을 기울여 마음을 한곳에 두고 서녘 (기쁨나라를) 생각해야 한다. 어떻게 생각하는가? 모든 중생은 태어날 때부터 소경이 아니고 눈이 있는 사람은 모두 해지는 것을 보았을 것이니, 반드시 머릿속에 생각을 일으켜 서쪽을 바라보고 바로 앉아 그 해를 또렷하게 보아야 한다. 마음을 단단히 머물게 하여 올곧은 생각이 떠나지 않도록, 해가 지는 것을 마치 북이 매달린 것처럼 보아야 한다. 해를 보고 나서도 눈을 감거나 눈을 뜨

43) 대정신수대장경 주(註): [宋][元][明]에는 일(日)이 일욕몰지처(日欲沒之處)로 되어 있다.

44) 대정신수대장경 주(註): 작시관~사관(作是觀…邪觀) 16자가 [宋][元][明][流布本]에는 없다.

거나 늘 뚜렷해야 한다. 이것이 해를 생각하는 것이고, 첫째 보는 것이라고 한다. 이렇게 보는 것을 바로 보는 것이라 하고, 달리 보는 것은 삿되게 보는 것이라고 한다."[1)]

풀이

(1) "이렇게 보는 것을 바로 보는 것이라 하고, 달리 보는 것은 삿되게 보는 것이라고 한다."라는 대목은 고리대장경에만 있고, 송·원·명대장경에는 나오지 않는다.

2. 기쁨나라 물을 생각하고 본다(水想觀)

한문

佛告阿難及韋提希:「初觀成已.[45] 次作水想。想見西方一切皆是大水[46], 見水澄[47]清, 亦令明了, 无分散意。既見水已, 當起氷想。見氷映徹, 作琉璃想。此想成已, 見琉璃地, 內外映徹。下有金剛七寶金幢, 擎琉璃地。其幢八方, 八楞具足, 一一方面, 百寶所成, 一一寶珠, 有千光明, 一一[48]光明, 八万四千色, 映琉璃地, 如億千日, 不可具見。琉璃地上, 以黃金繩, 雜廁間錯, 以七寶界, 分齊分明, 一一寶中,

45) 대정신수대장경 주(註): 불고~성이(佛告…成已) 12자가 [宋][元][明][流布本]에는 없다.

46) 대정신수대장경 주(註): 상견서방일체개시대수(想見西方一切皆是大水)가 [宋][元][明][流布本]에는 없다.

47) 대정신수대장경 주(註): 징(澄)이 [流布本]에는 징(澂)으로 되어 있다.

48) CBETA 주(註): 일(一)이 고리대장경[麗]에 있는데 [CB]와 대정신수대장경[大]에는 없다.

有五百色光。其光如花，又似星月，懸處虛空，成光明臺。樓閣千万，百寶合成，於臺兩邊，各有百億花幢，无量樂器，以為莊嚴。八種清風従光明出，鼓此樂器，演說苦、空、无常、无我之音，是為水想，名第二觀。此想成時，一一觀之，極令了了。閇目開目，不令散失，唯除食[49]時，恒憶此事。作此觀者，名為正觀。若他觀者，名為邪觀[50]。」

옮긴글

붇다께서 바이데히에게 말씀하셨다.

"첫째 관이 이루어졌으면[1], 다음에는 물을 생각한다. 서녘(기쁨나라)이 모두 크넓은 물이라고 생각하는데[2], 물이 맑아 속까지 비치는 것을 보고, 그것을 뚜렷하게 하여 생각이 흩어지지 않게 한다. 물을 본 뒤 얼음을 생각한다. 얼음이 환히 비침을 보고 유리를 생각한다.

이 생각이 이루어지면 유리로 된 땅 안팎이 환히 비침을 본다. 아래는 단단한 7가지 보석으로 된 금 깃발이 떠받치고, 그 깃발은 8모가 뚜렷하게 갖추어져 있다. 각 모는 100가지 보석으로 이루어져 있으며, 보석 구슬 하나하나에 1,000가닥 밝은 빛이 나오고, 빛 한 가닥이 8만 4천 가지 빛깔로 유리땅을 비추는데, 천억 개의 해와 같아 다 볼 수가 없다.

유리땅 위는 황금 줄을 놓아서, 틀과 가장자리를 나누었는데, 7가지 보석으로 가지런하고 뚜렷하게 경계를 만들었다. 보석 하나

49) 대정신수대장경 주(註): 식(食)이 [明][流布本]에는 수(睡)로 되어 있다.

50) 대정신수대장경 주(註): (作此觀…邪觀) 十六字[大], 如此想者[宋][元][明][流布本]

하나에 500가지 빛깔이 나오고, 그 빛은 꽃처럼, 별·달처럼 공중에 걸려 있어 밝은 빛 대(光明臺)를 만든다. (그 위에 있는) 천만 개의 다락집은 100가지 보석을 맞추어 만들고, 그 자리 양쪽에는 각각 100개의 꽃 깃발과 헤아릴 수 없이 많은 악기로 꾸며져 있다. 8가지 맑은 바람이 밝은 빛을 따라 나와 이 악기를 울리며 괴로움(苦)·공(空)·덧없음(無常)·나 없음(無我) 같은 가르침을 이야기한다.[3)]

이것이 물을 생각하는 것이고, 둘째 보는 것이라 한다. 이렇게 살펴볼 때 하나하나를 더할 나위 없이 맑고 밝게 보아야 하고, 눈을 감으나 눈을 뜨나 흩어 없어지지 않게 해야 하고, 밥 먹을 때만 빼고 늘 끊임없이 이것을 생각해야 한다. 이렇게 보는 것을 바로 보는 것이라 하고, 달리 보는 것을 삿되게 보는 것이라고 한다."[4)]

풀이

(1) "붇다께서 바이데히에게 말씀하셨다. 첫째 보는 것이 이루어졌으면"이란 대목은 고리대장경에만 있고 송·원·명대장경에는 나오지 않는다. 고리대장경에서는 첫째 보는 것이 이루어진 뒤, 다음 보는 것으로 들어가도록 한 것이고, 다른 대장경 내용은 여러 가지 보는 것을 순서대로 배열한 것으로 끝난 것이다. 그러므로 고리대장경은 반드시 첫째 보는 것을 이룬 뒤에야 둘째 것을 보도록 하고, 다른 대장경은 이룬 것과 상관 없이 순서대로 보는 것이 다르다. 이 점은 앞으로 모든 보는 것이 같다.

(2) "서녘(기쁨나라)이 모두 크넓은 물이라고 생각하는데"라는

대목도 고리대장경에만 있고 송·원·명대장경에는 나오지 않는다.

(3) 기쁨나라의 수행: "이 악기를 울리며 괴로움(苦)·공(空)·덧없음(無常)·나 없음(無我) 같은 연설을 한다."라고 한 문장에서 악기 소리가 바로 아미따바 붇다의 가르침이라는 것을 알 수 있다. 기쁨나라에서 붇다는 이처럼 악기 울리는 소리가 설법이고, 그 나라 중생들은 이를 통해 배우고 수행한다. 아미따경에 보면, 다른 시간에는 또 다른 것을 배운다는 것을 알 수 있다. "고니·공작·앵무·사리·깔라빙까(Kalaviṅka)·공명(共命) 같은 여러 새들이 밤낮 여섯 때 서로 어울려 우아한 소리를 낸다. 그 소리는 5가지 뿌리(根)·5가지 힘(力)·7가지 깨치는 법(菩提分)·8가지 괴로움을 없애는 길(聖道分) 같은 가르침을 펴는 것이기 때문에, 이 소리를 들은 중생들은 모두 마음에 붇다(佛)를 새기고, 가르침(法)을 새기고, 쌍가(saṁga, 僧伽·僧)를 새긴다."

(4) "이렇게 살펴볼 때 하나하나를 더할 나위 없이 맑고 밝게 보아야 하고, 눈을 감으나 눈을 뜨나 흩어 없어지지 않게 해야 하고, 밥 먹을 때만 빼고 늘 끊임없이 이것을 생각해야 한다. 이렇게 보는 것을 바로 보는 것이라 하고, 달리 보는 것을 삿되게 보는 것이라고 한다."라는 대목이 송·원·명대장경에는 "이렇게 생각하는 것이(如此想者)"라고만 되어 있고, 이 문구가 다음 보는 것으로 넘어간다.

3. 기쁨나라 땅을 생각하고 본다(地想觀)

한문

佛告阿難及韋提希:「水想成已[51), 名為粗[52)見極樂國地。若得三昧, 見彼國地, 了了分明, 不可具說。是為地想, 名第三觀。」

佛告阿難:「汝持佛語, 為未來世一切大衆欲脫苦者, 說是觀地法。若觀是地者, 除八十億劫生死之罪。捨身他世, 必生淨國, 心得无疑。作是觀者, 名為正觀。若他觀者, 名為邪觀。」

옮긴글

붇다께서 바이데히에게 말씀하셨다.

"물을 생각하는 것이 이루어지면,[1] 기쁨나라 땅에 관한 줄거리는 보았다고 할 수 있다. 만약 싸마디[2]를 얻어 그 나라 땅을 보면 또렷하고 틀림없지만, 모두 다 이야기할 수는 없다. 이것이 땅을 생각하는 것이고, 셋째 보는 것이라고 부른다."

붇다께서 아난다에게 알리셨다.

"그대는 붇다 말씀을 지니고 있다가 오는 세상의 모든 대중 가운데 괴로움을 벗어나고자 하는 이를 위해 이 땅을 보는 법을 일러 주어라. 만일 이 땅을 보는 사람은 80억 깔빠 나고 죽는 죄를 없애 버리고, 몸을 버리고 세상을 뜨면 반드시 맑은나라(淨土)에 가

---

51) 대정신수대장경 주(註): 불고~성이(佛告…成已) 12자가 [宋][元][明][流布本]에는 없다.

52) 대정신수대장경 주(註): 조(粗)가 [明]에는 추(麤)로 되어 있다.

서 나고, 마음은 걸림이 없어질 것이다. 이렇게 보는 것을 바로 보는 것이라 하고, 달리 보는 것은 삿되게 보는 것이라 부른다."

풀이

(1) 고리대장경 말고 다른 대장경에서는 "붇다께서 바이데히에게 말씀하셨다. 물을 생각하는 것이 이루어지면,"이 없고, 앞에서 본 "이렇게 생각하는 것이(如此想者)"부터 시작한다.

(2) 싸마디(samādhi, 三昧): 생각을 한곳으로 모음(concentration of the thoughts), 깊은 명상(profound or abstract meditation); 요가에서 8번째 단계로 마지막 단계(this is the eighth and last stage of yoga-), 불교에서는 선의 마지막 단계(last stage of dhyāna-)나 집중 명상(intense abstract meditation), 한문 경전에서는 등지(等持)·정(定)·바른 정(正定)·정의(定意)·조직정(調直定)·정심행처(正心行處)라고 옮겼고, 소리 나는 대로 삼마지(三摩地)·삼마제(三摩提)·삼마제(三摩帝)라고 했다.

4. 기쁨나라 나무를 생각하고 본다(樹想觀)

한문

佛告阿難及韋提希:「地想成已, 次觀寶樹。觀寶樹者, 一一觀之, 作七重行樹想。一一樹高八千由旬, 其諸寶樹, 七寶花葉无不具足。一一華葉，作異寶色。琉璃色中出金色光；頗梨[53]色中出紅色光；馬腦[54]色中出車琹[55]光；車琹[56]色中出綠真珠光；珊瑚琥珀一切衆寶以為映飾。妙真珠網弥覆樹上，一一樹上有七重網，一一網間有五百億妙華宮殿，如梵王宮。諸天童子自然在中，一一童子有[57]五百億釋迦毘楞伽摩尼寶[58]以為瓔珞；其摩尼光照百由旬，猶如和合百億日月，不可具名，衆寶間錯色中上者。此諸寶樹[59]，行行相當，葉葉相次，於衆葉間生諸妙花，花上自然有七寶果。一一樹葉，縱廣正等二十五由旬；其葉千色有百種畫，如天纓[60]珞；有衆妙華，作閻浮檀金色；如旋火輪，宛[61]轉葉間，踊[62]生諸果，如帝釋瓶；有大光明，化成幢幡无量寶蓋。是寶蓋中，映現三千大千世界一切佛事；十方佛國亦於中現。見此樹已，亦當次第一一觀之，觀見樹莖、枝葉、華果，皆令分明。是為樹想，名第四觀。作是觀者，名為正觀。若他觀者，名為邪觀。[63]」

옮긴 글

붇다께서 아난다와 바이데히에게 말씀하셨다.

---

53) 대정신수대장경 주(註): 파리(頗梨)가 [宋][元][明][流布本]에는 파리(玻[玉+李])로 되어 있다.
54) 대정신수대장경 주(註): 마뇌(馬腦)과 [宋][元][明][流布本]에는 마뇌(碼碯)로 되어 있다.
55) 대정신수대장경 주(註): 차거(車琹)가 [宋][元][明][流布本]에는 차거(硨磲)로 되어 있다.
56) 대정신수대장경 주(註): 차거(車琹)가 [宋][元][明][流布本]에는 차거(硨磲)로 되어 있다.
57) 대정신수대장경 주(註): 유(有)가 [宋][元][明][流布本]에는 없다.
58) 대정신수대장경 주(註): 보(寶)가 [宋][元][明]에는 없다.
59) 대정신수대장경 주(註): 수(樹)가 [宋]에는 임(林)으로 되어있다.
60) 대정신수대장경 주(註): 영(纓)이 [宋][元][明][流布本]에는 영(瓔)으로 되어 있다.
61) 대정신수대장경 주(註): 완(宛)이 [宋][流布本]에는 완(婉)으로 되어 있다.
62) 대정신수대장경 주(註): 용(踊)이 [宋][元][明][流布本]에는 용(涌)으로 되어 있다.
63) 대정신수대장경 주(註): 작시관~사관(作是觀…邪觀) 16자가 [宋][元][明][流布本]에는 없다.

"땅을 생각하는 것이 이루어지면 다음은 보석 나무를 보아라. 보석 나무를 볼 때는 하나하나 보되, 7겹으로 늘어선 나무를 생각해야 한다. 나무 하나하나의 높이가 8,000요자나[1]이고, 모든 보석 나무는 7가지 보석으로 된 꽃잎을 갖추지 않는 것이 없다. 이파리마다 다른 보석 빛깔을 내니, 유리 빛깔 속에서 금빛이 나오고, 파리 빛깔 속에서 붉은빛이 나오고, 마노 빛깔 속에서 차거 빛이 나오고, 차거 빛깔 속에서 초록 구슬 빛이 나오고, 산호와 호박 같은 여러 보석이 빛을 비추어 꾸미고 있다.

기묘한 구슬 그물이 나무 위를 덮고 있는데, 나무 하나하나에 7겹 그물이 덮여 있고, 그물과 그물 사이에 500억 기묘한 꽃으로 꾸민 궁전이 있어 마치 하늘나라 왕궁 같다. 여러 하늘 아이가 저절로 그 안에 있고, 아이마다 500억 개 사끄라-마니보석[2]으로 만든 목걸이를 하고 있다. 그 마니구슬의 빛은 100요자나를 비추는데 해와 달 100억 개를 합쳐 놓은 것과 같아 제대로 된 이름을 붙일 수가 없고, 여러 가지 보석이 섞여 있는 사이에서 나는 빛 가운데 가장 으뜸이다.

이처럼 여러 보석 나무가 줄줄이 서 있고 잎들이 이어져 있는데, 많은 잎 사이 사이에 갖가지 기묘한 꽃들이 피어 있고, 꽃 위에는 저절로 열린 7가지 보석 열매가 열려 있다. 나뭇잎 하나의 가로세로 너비가 모두 25요자나이고, 1,000가지 색으로 100가지 그림이 그려져 있어 마치 하늘나라 목걸이(瓔珞) 같다. 수많은 기묘한 꽃들이 잠부나다 금빛을 내며 불바퀴(旋火輪)처럼 잎과 잎 사이를 돌면 갖가지 열매가 솟아나 마치 하느님(帝釋天) 병(瓶) 같다. 크고 밝은 빛이 있어 깃발로 바뀌어 헤아릴 수 없는 보석 덮개가 되는데, 그 보석 덮개 속에 3천 개 큰 천세계(千世界)에서 일어나는 모든 붇다의 일이 비춰 나타나고 시방의 붇다나라도 그 속에 나타난다.

이 나무를 보고 나면 반드시 차례대로 하나하나 보아야 하니, 나무의 줄기·가지와 잎·꽃과 열매를 모두 또렷하게 보아야 한다.

이것이 나무를 생각하는 것이고, 넷째 보는 것이라 부른다. 이렇게 보는 것은 바로 보는 것이라 하고, 다른 관은 삿되게 보는 것이라 부른다."

풀이

(1) 요자나(yojana, 由旬): 인두에서 멍에를 황소 수레에 걸고 하룻길을 가는 거리를 말하는데, 1요자나는 16리·17리·30리·32리처럼 여러 가지 설이 있다. 또는 큰·가운데·작은으로 나누어 큰 요자나는 80리, 가운데 요자나는 60리, 작은 요자나는 40리라는 설처럼 여러 가지 다른 설이 있다. 1요자나는 13㎞쯤 된다.

(2) 사끄라비-라그나-마니 보석(śakrābhi-lagna-maṇi-ratna, 釋迦毘楞伽摩尼寶): 산-영사전에는 보석이라고만 했다. 사끄라비(śakrābhi)는 사끄라(śakra)와 아비(abhi)의 겹씨인데, 아비(abhi)는 '~에게(to)'란 뜻이므로 '사끄라에게'란 뜻이다. 사끄라는 서른셋 하늘(Trāyas-triṃśa, Ⓟ Tāvatṃśa, 三十三天, 忉利天)의 임금인 제석천(帝釋天) 하느님의 이름이다. 라그나(lagna)는 붙어 있는(adhered), ~에게 붙어 있는(adhering or clinging to, attached to)이란 뜻이므로 '사끄

라 하느님이 달고 다니는 마니 보석'이라고 옮길 수 있고, 줄여 사끄라 마니 보석이라고 줄일 수 있다. 한문 경전에서는 소리 나는 대로 석가비릉가마니보(釋迦毘楞伽摩尼寶), 석가비릉가보(釋迦毘楞伽寶), 석가리릉가승마니보(釋迦毘楞伽勝摩尼寶), 비릉가마니보주(毘楞伽摩尼寶珠), 비릉가보(毘楞伽寶), 사까비릉가(釋迦毘楞伽)라고 옮겼고, 뜻으로는 제석이 가진(帝釋持)이라고 옮겼는데, '제석천이 가진'이란 뜻이다. 또 이길 수 있는(能勝), 티끌을 떠난(離垢), 마니(摩尼)라고 옮겨 보석 구슬을 대표하는 이름이다. 하느님(帝釋天)이 목에 걸고 있는 치렛걸이인데, 늘 빛을 낼 수 있다.

(3) 잠부나다금(jambūnada, 閻浮檀金): 산-영사전에 잠부나다(jambūnada)는 금(gold)이라고 나오고, 산스크리트 번역본들도 모두 금이라고만 옮겼다. 한문으로 옮기면서 자마금(紫磨金)·자금(紫金), 또는 잠부단금(閻浮檀金)이라고 했다. 잠부(jambū)는 인두에만 있다는 나무 이름이고, 나다(nada)는 강이나 바다를 뜻하고 잠부나무(閻浮檀) 밑으로 흐르는 강에서 나는 모래금(砂金)을 말한다. 붉은빛과 누른빛에 보라 불빛을 띤다고 한다. 그냥 금이라고 옮겨도 되지만 일반 금과 달라 잠부나다금이라고 옮겼다.

(4) 불 바퀴(alātacakra, 旋火輪). 알라따(alāta)는 불이 붙은 나무(a fire-brand), 석탄(coal)이므로 불(붙은) 바퀴라고 옮길 수 있다. 한문 경전에서는 불 도는(火轉)· 불무리(火聚), 도는 불바퀴(旋火輪)이라고 옮겼다. 나무 조각에 불을 붙이면 돌면서 이룬 바퀴 꼴을 말한다.

5. 기쁨나라 연못을 생각하고 본다(池想觀)

한문

佛告阿難及韋提希：「樹想成已[64], 次當想水[65]。欲[66]想水者, 極樂國土有八池水。一一池水七寶所成；其寶柔軟從如意珠王生, 分為十四支；一一支作七寶色[67]。黃金為渠, 渠下皆以雜色金剛以為底沙。一一水中有六十億七寶蓮花, 一一蓮華團圓正等十二由旬。其摩尼水流注華間, 尋樹上下。其聲微妙, 演說苦、空、无常、无我、諸波羅蜜, 復有讚歎諸佛相好者。従[68]如意珠王踊[69]出金色微妙光明, 其光化為百寶色鳥, 和鳴哀雅, 常讚念佛、念法、念僧, 是為八功德水想, 名第五觀。作是觀者, 名為正觀。若他觀者, 名為邪觀。[70]」

옮긴 글

붇다께서 바이데히에게 말씀하셨다.

"나무를 생각하는 것이 이루어지면, 다음에는 연못[1]을 생각해야 한다. 연못을 생각할 때 기쁨나라에는 8개 연못물이 있고, 연못물 하나하나가 7가지 보석으로 되어 있다고 생각한다. 그 보석

---

64) 대정신수대장경 주(註): 불고~성이(佛告…成已) 12자가 [宋][元][明][流布本]에는 없다.

65) 대정신수대장경 주(註): [明]에 "[송]대장경에는 수(水)가 지(池)로 되어 있다"라고 주를 달았다.

66) 대정신수대장경 주(註): 욕(欲)이 [流布本]에는 없다.

67) 대정신수대장경 주(註): 색(色)이 [宋][元][明]에는 묘색(妙色)으로 되어 있다.

68) 대정신수대장경 주(註): 종(従)이 [宋][元][明][流布本]에는 없다.

69) 대정신수대장경 주(註): 용(踊)이 [宋][元][明][流布本]에는 용(涌)으로 되어 있다.

70) 대정신수대장경 주(註): 작시관~사관(作是觀…邪觀) 16자가 [宋][元][明][流布本]에는 없다.

은 부드럽고 여의주 왕으로부터 생겨나 14갈래로 나뉘는데, 갈래마다 7가지 보석 빛깔이 난다. 도랑은 황금으로 되어 있고, 도랑 아래는 모두 갖가지 빛깔의 다이아몬드로 만든 모래가 깔려 있다. 하나하나 물속에는 7가지 보석으로 된 연꽃 60억 송이가 있고, 연꽃 하나하나는 둥글고 크기는 모두 12요자나이다. 마니보석에서 나온 물이 연꽃 사이에서 나무를 따라 위아래로 흐르면서 내는 미묘한 소리가 괴로움(苦)·공(空)·덧없음(無常)·나 없음(無我)·여러 빠라미따(pāramitā, 波羅蜜)[2]를 연설하고[3], 여러 붇다의 빼어난 생김새를 일컬어 기린다.

여의주왕으로부터 미묘하고 밝은 금빛이 튀어나오는데, 그 빛이 100가지 보석 빛을 가진 새가 되어 평화롭고 간절하고 우아하게 울면서 늘 붇다(佛)를 새기고[4], 가르침(法)을 새기고[5], 쌍가(僧)를 새기는 것[6]을 기린다. 이것이 8가지 공덕의 물을 생각하는 것이고, 다섯째 보는 것이라 부른다. 이렇게 보는 것이 바로 보는 것이고, 달리 보는 것은 삿되게 보는 것이라고 한다."

풀이

(1) 고리대장경에는 물(水)이라 하고, 이어서 못물(池水)이라고 했으므로 수(水)를 '못'이라고 옮겼다. 앞에서 이미 나온 물을 보는 것과 다르게 하기 위해서다. 명나라 대장경에 "[송]대장경에는 수(水)가 지(池)로 되어 있다"라고 주를 달았다.

(2) 6가지 빠라미따(ṣaḍ-pāramitā, ṣaṭ-pāramitā, 六波羅蜜): 빠라미

따(pāramitā)는 건너 쪽 기슭으로 가거나 이끎(coming or leading to the opposite shore): 완전한 다다름·이룸(complete attainment, 完全到達, 完全成就)이라는 뜻이고, 합성어로 쓰일 때는 ~을 완전히 이룸(perfection in, 完成)이라고 옮긴다. 그러니까 6가지 빠라미따란 6가지를 완전히 이루는 것을 말한다. 특히 6가지(또는 10가지) 빠라미따는 뛰어난 어진 일(transcendental virtue, 殊勝的德行)이라고 했다. 한문 경전에서는 소리 나는 대로 바라밀다(波羅蜜多)라로 옮겼는데, 줄여서 바라밀(波羅密·波羅蜜)이라고 했다. 뜻으로는 저 언덕에 이르다(度=到彼岸)라고 옮겼다. 빠라미따(pāramitā, 波羅蜜)는 바램을 이룸(達成)·다 이룸(完成)을 뜻한다. 큰 탈것(大乘) 불교에서 보디쌑바가 붇다가 되려면 실천해야 할 6가지 덕목이다.

(3) 앞에서도 기쁨나라 백성들이 듣고 닦는 가르침이 근본 불교의 고갱이인 덧없음(無常)·괴로움(苦)·나 없음(無我)과 큰 탈것(大乘)의 고갱이인 공(空)이었다. 그리고 여기서는 큰 탈것의 바탕이 되는 보디쌑바의 6가지 빠라미따가 더해졌다. 여기서 기쁨나라에 가는 것은 좋은 환경에서 아미따바 붇다의 가르침을 받아 붇다를 이루는 것이 목적이라는 것을 알 수 있다.

(4) 붇다를 새기고(buddha-manasikāra, 念佛): 원문에 염불(念佛)이라고 했는데, 산스크리트 본 『아미따경』에는 붇다(buddha)+마나씨까라(manasikāra)라고 하였다. 마나씨(manasi)+까라(kāra)에서 마나씨(manasi)는 마낫(manas)이란 낱말로 겹낱말(합성어)을 만들 때

처격(處格)으로 쓰인 것이다. 산스크리트에서 마낫(manas, 末那)은 이름씨(名詞)로 마음(mind), 생각(think)을 뜻하고, 움직씨(動詞)로는 '생각하다', '마음에 그리다', '마음에 새기다' 같은 뜻으로 쓰인다. 한자로는 주로 '헤아려 생각하다(思量)'라고 옮겼는데, 소승의 꼬샤종(俱舍宗)에서는 6식(第六識)을 다르게 부르는 이름이고, 유식종(唯識宗)에서는 7식(第七識)을 일컫는다. 산스크리트 사전에서 겹낱말(合成語) 마나씨-까라(manasi-kāra)는 'taking to heart'라고 나오는데, 「take — to heart: —을 마음에 새기다, 진지하게 생각하다, 통감하다」는 뜻이다. 그러므로 한자에서 염불(念佛)로 옮긴 붇다(buddha)+마나씨까라(manasikāra)는 'take buddha to heart', 곧 '붇다를 마음에 새기다'라는 뜻이 된다.

그렇다면 '붇다를 새긴다'는 것은 무엇을 어떻게 새긴다는 것인가? 이 문제는 『앙굿따라 니까야』(AN. Ⅰ. 205)와 『증일아함경』(24, 55)에 뚜렷하게 나온다. 『앙굿따라 니까야』의 「8가지 계행에 관한 경(Uposathaṅga-sutta, 八關齋戒)」에 보면 '우뽀싸타(布薩)에 관한 설명'에서 불교의 3가지 보물을 어떻게 새길 것인가를 정확하게 설명하고 있다.

"비싸카여, 고귀한 제자는 '같은 길을 가시는 분(如來, tathāgata Ⓟ tathāgata)'을

① 이바지를 받을 만하고(應供, 阿羅漢, arhat·arhan Ⓟ arahant),

② 바르고 빈틈없이 깨닫고(正等覺, samyak-saṃbuddha Ⓟ sammāsambudha),

③ 슬기와 실천을 갖추고(明行足, vidyā-caraṇa-saṃpanna Ⓟ vijjācaraṇa-sampanna),

④ 올바로 살아가고(善逝, sugata, P sugata),

⑤ 세상일을 훤히 알고(世間解, loka-vid, P Lokavidū),

⑥ 위 없이 높고(無上士, anuttara P annuttaro),

⑦ 사나이를 길들이고(調御丈夫, puruṣa-damya-sārathi, P purisadammasārathi),

⑧ 하늘과 사람의 스승이고(天人師, śāstā deva-manuśyāṇāṃ P satthā devamanussānaṁ),

⑨ 깨달은 분이고(佛, buddha, P buddha),

⑩ 우러러볼 만한 분(世尊, bhagavat P Bhagavā)

이라고 새기면(念), 여래를 새기는 그 마음에 맑고 깨끗함이 생겨나고 기쁨이 생겨나서 더럽게 물든 마음이 끊어지는 것이, 마치 더럽게 물든 머리가 나아 맑고 깨끗해지는 것과 같습니다."

(5) 가르침을 새기고(念法): 『앙굿따라 니까야』의 「8가지 계행에 관한 경(Uposathaṅga-sutta, 八關齋戒)」에서 가르침을 새기는 법을 이렇게 말씀하신다. "비싸카여, 이 세상에 고귀한 제자는 가르침(法)에 대하여 이처럼, '세존께서 잘 설하신 이 가르침은 ① 살고 있는 지금 이득이 있는 것이고(sandiṭṭhiko), ② 시간을 초월한 것이고(akāliko), ③ '와서 봐라' 할 만한 것이고(ehipassiko), ④ 최상의 목표로 이끄는 것이고(opaneyyiko), ⑤ 슬기로운 자라면 누구나 (스스로, 홀로) 알 수 있는 것(paccataṁ veditabbo viññūhi)이다.'라고 새기면(念), 그 마음에 맑고 깨끗함이 생겨나고 기쁨이 생겨나

서 더럽게 물든 마음이 끊어지는 것이, 마치 더럽게 물든 생각이 나아져 맑고 깨끗해지는 것과 같습니다."

(6) 쌍가(saṁga 僧伽)를 새긴다. 쌍가(saṃgha, 僧伽)란 무엇이고 어떻게 새겨야 하는가? 『앙굿따라 니까야』의 「8가지 계행에 관한 경(Uposathaṅga-sutta, 八關齋戒)」에 보면 다음과 같이 말씀하신다. "비싸카여, 고귀한 제자는 쌍가(saṃgha, 僧伽)에 대하여, ① 세존 제자들의 모임은 훌륭하게 실천한다. ② 세존 제자들의 모임은 바르고 곧게(正直) 실천한다. ③ 세존 제자들의 모임은 어질고 사리에 밝게(賢明) 실천한다. ④ 세존 제자들의 모임은 서로 잘 어울려(調和) 실천한다. 이처럼 세존 제자들의 쌍가는 네 짝 여덟 무리(四雙八輩, 四向四果)의 어진 사람들로 이루어졌기 때문에 ① 공양받을 만하고, ② 대접받을 만하고, ③ 보시받을 만하고, ④ 존경받을 만하고, ⑤ 세상에 위 없는 복 밭이다."라고 새기면(念), 쌍가를 새기는 그 마음에 맑고 깨끗함이 생겨나고 기쁨이 생겨나서 더럽게 물든 마음이 끊어지는 것이, 마치 더럽게 물든 머리가 나아 맑고 깨끗해지는 것과 같습니다.

6. 기쁨나라 다락집을 생각하고 본다(樓想觀)

한문

佛告阿難及韋提希[71]:「衆寶國土, 一一界上有五百億寶樓[72], 其樓閣中有 無量諸天, 作天伎樂。又有樂器懸處虛空, 如天寶幢不鼓自鳴。此衆音中, 皆說念佛、念法、念比丘僧。此想成已, 名為粗[73]見極樂世界寶樹、寶地、寶池, 是為總觀想, 名第六觀。若見此者, 除無量億劫極重惡業, 命終之後必生彼國。作是觀者, 名為正觀。若他觀者, 名為邪觀。」

옮긴 글

붇다께서 바이데히에게 말씀하셨다.

"여러 보석나라 경계 하나하나에 500억 개의 보석으로 된 다락집이 있는데, 그 다락집 안에 헤아릴 수 없이 많은 하늘 사람이 하늘 음악을 연주하고 있다. 또 악기들이 허공에 걸려 있어 마치 하늘나라 보석 깃발처럼 두드리지 않아도 저절로 울린다. 그 소리들은 모두 붇다를 새기고, 가르침을 새기고, 빅슈쌍가(比丘僧伽)를 새기는 것에 대해 설하시는 것이다. 이 생각이 이루어지면 기쁨나라 보석 나무, 보석 땅, 보석 못에 대한 큰 줄거리는 본 것으로, 생각을 모두 묶어서 본 것이고, 여섯째 보는 것이라 부른다.

---

71) 대정신수대장경 주(註): 불고~위제희(佛告…韋提希) 8자가 [宋][元][明][流布本]에는 없다.

72) 대정신수대장경 주(註): 누(樓)가 [流布本]에는 누각(樓閣)으로 되어 있다.

73) 대정신수대장경 주(註): 조(粗)가 [明]에는 추(麤)로 되어 있다.

만약 이것을 본 사람은 헤아릴 수 없이 많은 억 깔빠의 더할 나위 없이 무거운 업을 지었어도 목숨이 끝나면 반드시 그 나라에 나게 된다. 이렇게 보면 바로 보는 것이고, 달리 보면 삿되게 보는 것이라 부른다."

7. 기쁨나라 꽃자리를 생각하고 본다(花座想觀)

한문

佛告阿難及韋提希:「諦聽, 諦聽! 善思念之。吾[74]當為汝分別解說除苦惱法, 汝等憶持, 廣為大衆分別解說。」說是語時, 无量壽佛住立空中, 觀世音、大勢至, 是二大士侍立左右。光明熾盛不可具見, 百千閻浮檀金色不可[75]為比。

時韋提希見無量壽佛已, 接足作礼, 白佛言:「世尊! 我今因佛力故, 得見無量壽佛及二菩薩, 未來衆生, 當云何觀无量壽佛及二菩薩?」

佛告韋提希:「欲觀彼佛者, 當起想念, 於七寶地上作蓮花想, 令其蓮花一一葉[76]作百寶色。有八万四千脈, 猶如天畫; 一一[77]脈有八万四千光, 了了分明, 皆令得見。華葉小者, 縱廣二百五十由旬; 如

74) 대정신수대장경 주(註): 오(吾)가 [流布本]에는 불(佛)로 되어 있다.

75) 가(可)가 [CB]에는 빠져 있고, 대정신수 대장경[大]에는 득(得)으로 되어 있다.

76) 대정신수대장경 주(註): 엽(葉)이 [宋][元][明]에서는 엽상(葉上)으로 되어 있다.

77) 대정신수대장경 주(註): 일일(一一)이 [宋][元][明][流布本]에는 없다.

是蓮華[78]有八万四千大[79]葉, 一一葉間[80], 有百億摩尼珠王以為映飾。一一摩尼珠[81]放千光明, 其光如蓋, 七寶合成, 遍覆地上。釋迦毘楞伽摩尼[82]寶以為其臺;此蓮花臺, 八万金剛甄叔迦寶, 梵摩尼寶, 妙真珠網, 以為交[83]飾。於其臺上, 自然而有四柱寶幢, 一一寶幢如百千万億須弥山;幢上寶縵[84]如夜摩天宮, 復[85]有五百億微妙寶珠, 以為映飾。一一寶珠有八万四千光, 一一光作八万四千異種金色, 一一金色遍其寶土, 處處變化, 各作異相;或為金剛臺, 或作真珠網, 或作雜花雲, 於十方面隨意變現, 施作佛事, 是為花座[86]想, 名第七觀。」

佛告阿難:「如此妙花, 是本法藏比丘願力所成, 若欲念彼佛者, 當先作此妙花座想[87]。作此想時不得雜觀;皆應一一觀之, 一一葉, 一一珠, 一一光, 一一臺, 一一幢, 皆令分明, 如於鏡中自見面像。此想成者, 滅除五百億[88]劫生死之罪, 必定當生極樂世界。作是觀者, 名為正觀。若他觀者, 名為邪觀。」

---

78) 대정신수대장경 주(註): 화(華)가 [宋][元][明]에는 화구(華具)로 되어 있다.

79) 대정신수대장경 주(註): 대(大)가 [元][明][流布本]에는 없다.

80) 대정신수대장경 주(註): 간(間)이 [流布本]에는 간각(間各)으로 되어 있다.

81) 대정신수대장경 주(註): 주(珠)가 [流布本]에는 없다.

82) 대정신수대장경 주(註): 마니(摩尼)가 [宋][元][明][流布本]에는 없다.

83) 대정신수대장경 주(註): 교(交)가 [元][明]에는 교(校)로 되어 있다.

84) 대정신수대장경 주(註): 만(縵)이 [宋][元][明][流布本]에는 만(幔)으로 되어 있다.

85) 대정신수대장경 주(註): 부(復이 [流布本]에는 없다.

86) 대정신수대장경 주(註): 좌(座)가 [宋]에는 대(臺)로 되어 있다.

87) 대정신수대장경 주(註): 당선작차묘화좌상(當先作此妙花座想)이 [宋]에는 차화좌당선작상(此華座當先作想)이라 했고, [元][明][流布本]에는 당선작차화좌상(當先作此花座想)으로 되어 있다.

88) 대정신수대장경 주(註): 오백억(五百億)이 [宋][元][明]에는 오만억(五万億), [流布本]에는 오만(五万)으로 되어 있다.

옮긴 글

붇다께서 아난다와 바이데히에게 말씀하셨다.

"잘 듣고 잘 생각하여 마음에 새겨야 한다. 내가 여러분을 위해 괴로움과 번뇌를 없애고 벗어나는 법을 헤아려 알도록 할 것이니 여러분은 마음속에 잘 간직했다가 널리 대중을 위해 풀어서 알려 주도록 하여라."

이 말씀을 하실 때 아미따바 붇다가 공중에 서서 머무시고, 소리 보는 보디쌑바(觀世音菩薩)[1]와 큰 힘 이룬 보디쌑바(大勢至菩薩)[2]가 왼쪽과 오른쪽에서 모시고 계셨는데, 밝은 빛이 눈부시게 빛나 바라볼 수가 없었으니, 백·천 가지 잠부나다금색도 이와 견줄 수 없다.

그때 아미따바 붇다를 뵌 바이데히가 발에 머리를 대고 절을 올리며 붇다께 사뢰었다.

"붇다시여, 저는 이제 붇다의 힘 때문에 아미따바 붇다와 두 보디쌑바를 뵐 수 있지만 앞으로 올 세상의 중생들은 어떻게 해야 아미따바 붇다와 두 보디쌑바를 뵐 수 있겠습니까?"

붇다께서 바이데히에게 말씀하셨다.

"그 붇다를 보고자 하는 사람은 반드시 생각을 일으켜 7가지 보석으로 된 땅 위에 핀 연꽃을 이렇게 생각해야 한다. 그 연꽃잎 하나하나가 100가지 보석 빛깔을 내고, 8만 4천 잎맥[3]이 있어 마치 하늘나라 그림 같다. 잎맥 하나하나에서 8만 4천 줄기 빛이 나오는데, 또렷하여 누구나 볼 수 있게 한다. 꽃잎은 작은 것도 가로세로 250요자나인데, 이런 연꽃에 8만 4천 개의 큰 잎이 달려 있고, 잎 하나하나의 사이에 100억 개의 마니 구슬왕을 덮어 꾸민다. 마니 구슬 하나하나는 1천 가닥 밝은 빛을 내서 그 빛이 7가지 보석을 합해 만든 덮개처럼 땅 위를 두루 덮는다. 사끄라비-라그나-마니 보석으로 대(臺)를 만든다. 이 연꽃대(蓮花臺)는 8만 개의 다이아몬드·낌수까보석[4]·브랗마마니보석(梵摩尼寶)[5], 기묘한 구슬로 만들어진 그물을 덮어 꾸민다. 그 연꽃대 위에는 저절로 4개의 기둥과 보석 깃발이 서고, 보석 깃발 하나하나에는 백·천·만·억 쑤메루산 같고, 깃발 위에 맨 보석 비단은 야마하늘[6] 궁전 같고, 다시 100억 마니왕구슬로 덮어 꾸민다. 보석 구슬 하나하나에는 8만 4천 가닥의 빛이 나고, 빛 하나하나는 8만 4천 가지 다른 금빛이 나고, 금빛 하나하나가 그 보석 땅을 두루 비추면 곳곳이 바뀌는데, 그 모습이 모두 다르다. 어떤 것은 다이아몬드 대(金剛臺)가 되고, 어떤 것은 구슬 그물이 되고, 어떤 것은 온갖 꽃으로 된 구름이 되어 각 방면에서 뜻에 따라 바뀌어 나타나서 붇다가 하시는 일을 베푼다.

이것이 꽃자리를 생각하는 것이고, 일곱째 보는 것(觀)이라 부른다."

붇다께서 아난다에게 말씀하셨다.

"이 같은 별난 꽃은 본디 공덕샘(法藏)[7] 빅슈가 바랐던 힘으로 이루어진 것이므로, 만약 그 붇다를 염(念)하는 사람은 반드시 먼저

이 기묘한 꽃자리를 생각해야 한다. 이 꽃자리를 생각할 때는 섞은 관을 하지 말고 모두 잎 하나하나, 빛 하나하나, 대(臺) 하나하나, 깃발 하나하나를 모두 또렷하게 관하여 마치 거울 속에서 스스로 자기 얼굴 모습을 보듯이 해야 한다.

이 생각이 이루어지면, 500억 깔빠 동안 나고 죽는 죄를 없애고 반드시 기쁨나라에 가서 나게 된다. 이렇게 보는 것이 바르게 보는 것이고, 달리 보는 것은 삿되게 보는 것이라고 한다.

풀이

(1) 소리 보는(Avalokitasvara, 觀世音): 아발로끼따쓰바라(Avalokitasvara)는 아발로끼따(Avalokita)와 쓰바라(svara)의 겹씨다. 아발로끼따(Avalokita)는 ~을 보다(looking at), 보는(beholding)이란 뜻이고, 쓰바라(svara)는 소리(sound)나 목소리(voice)를 뜻하므로 '소리 보는(觀音)'이라고 옮겼다. 여러 불교사전에 본디 관세음(觀世音)인데, 당 태종 이름이 이세민(李世民)이라 그 이름을 피하려고 세(世) 자를 빼고 관음(觀音)이라고 했으므로 관세음(觀世音)으로 부르는 것을 추천하고 있지만, 산스크리트 원본에 따르면 '소리를 본다(觀音)'가 완전하므로 관음보살이라고 부르는 것은 아무 문제가 없다. 관세음보살은 '소리 보는 보디쌑바'로 옮긴다.

나중에 현장(玄奘)은 거침없이 보는(Avalokiteśvara, 觀自在)이라고 옮겼다. 아발로끼따(Avalokita)+이스바라(iśvara)= 아발로끼떼스바라(Avalokiteśvara, 겹씨 만들 때 a+i= e)이다. 이스바라(iśvara)는 가능하다(able to do), 유능한·능력 있는(capable of)이란 뜻인데, 현장은

'거침없다'라는 뜻인 자재(自在)로 옮겼다. 현장의 옮김이 뛰어나 보여, 우리말로 '거침없이 보는 보디쌑바(觀自在菩薩)'로 옮긴다. 『반야심경』에서 관자재보살이라고 해서 우리에게 친근감을 준 이름이다.

(2) 큰 힘 이룬(大勢至, Mahā-sthāma-prāpta): 산스크리트에서 마하(Mahā)는 큰(large), 뛰어난(great)이란 뜻이고, 스타마(sthāma)는 세기(strength), 힘(power)이란 뜻이며, 쁘랍따(prāpta)는 어떤 목적을 이룩하거나 다다른 사람(one who has attained to or reached etc.)이므로 '큰 힘 이룬'이라고 옮길 수 있다. 한문 경전에서는 '큰 세력을 이룩한(大勢至)', '큰 세력을 얻은(得大勢)', '큰 정진(大精進)'이라고 옮기고, 줄여서 세지(勢至), 세지(勢志)라고 한다. 이 보디쌑바(菩薩)는 지혜 빛을 비춰 중생들이 3가지 나쁜 길에 떨어지지 않고 위없는 힘을 얻게 하고, 이 보디쌑바가 움직이면 모든 땅이 울리고 움직여 '큰 힘 이룬'이란 이름이 붙었다. 관음보살과 함께 극락세계에서 아미따바 붇다를 옆에서 모시고 있어 '서녘의 세 성인(西方三聖)'이라고 부른다.

(3) 잎맥(葉脈): 잎살 안에 퍼져 있는 관다발의 한 부분. 잎살을 버티고 수분과 양분이 다니는 길이 된다.

(4) 낌수까(kiṃśuka, Ⓟ kiṃsuka, 甄叔迦): 산-영 사전에는 나무 이름(Butea frondosa)만 나오지만, 『불광사전』에서는 보석 가운데

하나라고 했다. 한문 경전에 긴축가보(緊祝迦寶), 긴숙가보(堅叔迦寶)라고도 옮겼고, 뜻으로는 붉은 보석(赤色寶)이라고 옮겼다.

(5) 브랗마마니(brahma-maṇi, 梵摩尼): 브랗마(brahma)는 영혼을 뜻하고 티끌을 벗어난 맑고 깨끗함을 나타내기 때문에 한문 경전에서는 맑은 구슬(淨珠) 보석 구슬(寶珠)이라고도 했다. 하늘임금의 여의주와 마니 보석을 아울러서 이야기한다.

(6) 야마하늘(Yāma, 夜摩天): 감(going)·길(road) 탈것(carriage) 같은 뜻인데, 한문 경전에서는 주로 소리로 야마하늘(夜摩天)·염마하늘(炎摩天)·염마하늘(焰摩天)이라고 옮겼다. 그 하늘사람들 키는 ¾끄로사(krośa)이고, 인간 나이로 200살이 하루이고, 2,000살까지 산다.

(7) 공덕샘(法藏, Dharmākara): 한문 본문에 『기쁨나라경(無量壽經)』과 마찬가지로 법장(法藏)이라고 했다. 산스크리트 본 『기쁨나라경』에는 다르마까라(Dharmākara)라고 했다. 다르마(Dharma)와 아까라(ākara)를 합친 겹씨(合成語)다. 다르마(dharma)는 불변의 법령(steadfast decree), 법규(statute), 포고(ordinance), 법(law); 관습(usage), 풍습(practice), 관습법이나 규정된 행위(customary observance or prescribed conduct), 의무(duty): 올바름(right), 정의(justice); 덕(virtue), 덕성(morality), 종교(religion), 종교적 가치(religious merit), 좋은 일(good works, 善行) 같은 아주 많은 뜻을 가

지고 있지만, 한문 경전에서는 모두 법(法)으로 옮겨 버렸기 때문에 전체의 뜻을 잘 살피지 않으면 참뜻을 알기 어렵다.

아까라(ākara)는 흩뿌리는 사람(撒布者), 주는 사람(授與者); 넉넉하게 많음(豊富), 살림이 넉넉함(潤澤); 광산(鑛山), 근원(源) 같은 뜻을 가지고 있다. 산스크리트-영어 사전에서 다르마까라(dharmākara)는 'mine of virtue'라고 했다. 그렇기 때문에 여기서 다르마(dharma)는 우리가 흔히 아는 법(法)이 아니라 덕(virtue, 德)이고, 아까라(ākara)는 mine으로 광산(鑛山), 풍부한 자원(資源), 보물 곳간(寶庫) 같은 뜻이라는 것을 알 수 있다. 덕(德)이란 '밝고 크고 옳고 빛나고 아름답고 부드럽고 착하여 사람으로서 가야 할 올바른 길을 제대로 가는 마음이나 그 짓(行爲)'을 말하며, 그런 마음이나 짓을 힘들여 쌓아 이룬 것을 공덕(功德)이라고 한다.

쌍가바르만은 그런 '덕이나 공덕의 장(法藏)'이라고 옮겼는데, 여기서 장(藏)이란 흔히 우리가 많이 쓰는 감추다, 품다, 저장하다 같은 움직씨 말고, 이름씨(名詞)로 쓸 때는 '(물건을 저장하는) 곳집'이란 뜻으로 쓰인다. 그러므로 법장(法藏, Dharmākara)을 우리말로 옮기면 '공덕의 곳집'이 된다. 다르마까라(Dharmākara)의 다르마를 덕(德)보다는 공덕(功德)으로 옮기는 것은 붇다의 덕은 단순히 사람으로서의 길을 행하는 것이 아니라 보디쌑바로서 수많은 깔빠(劫) 동안 공덕을 쌓아 붇다가 되기 때문이다. 쌍가바르만이 곳집(藏)으로 옮긴 아까라(ākara)는 앞에서 보았듯이 '넉넉하게 많음(豊富)', '살림이 넉넉함(潤澤)'처럼 곳간에 쌓아 놓은 재산이 많다는 뜻도 있지만, 사전에 말하는 'mine'처럼 계속 캐낼 수 있는 보고(寶庫)나 광산, 그리고 물이 끊임없이 나오는 샘(根源)이라는 뜻도 있다. 그렇기 때문에 여기서는 쌓아 놓는 곳간보다는 공덕이 끊임없이 나오는 샘(源)이라는 뜻에서 '공덕샘'이라고 옮긴다. 공덕을 캐내는 광산보다는 공덕이 끊임없이 솟아나는 샘이란 뜻이 더 들어맞기 때문이다.

8. 기쁨나라 붇다 모습을 생각하고 본다(佛像想觀)

한문

佛告阿難及韋提希:「見此事已, 次當想佛。所以者何? 諸佛如來是法界身, 遍[89]入一切衆生心想中; 是故汝等心想佛時, 是心即是三十二相、八十隨形好。是心作佛, 是心是佛。諸佛正遍知海, 從心想生, 是故應當一心繫念, 諦觀彼佛、多陁阿伽度、阿羅呵[90]、三藐三佛陁。想彼佛者, 先當想像。閉目開目, 見一寶像, 如閻浮檀金色, 坐彼華上。像既[91]坐已, 心眼得開, 了了分明, 見極樂國七寶莊嚴, 寶地、寶池、寶樹行列, 諸天寶縵[92]弥覆樹[93]上, 衆寶羅網滿虛空中。見如此事, 極令明了, 如觀掌中。見此事已, 復當更作一大蓮華在[94]佛左邊, 如前蓮華

89) 대정신수대장경 주(註): 편(遍)이 [元][明][流布本]에는 없다.
90) 대정신수대장경 주(註): 가(呵)가 [流布本] 가(訶)로 되어 있다.
91) 대정신수대장경 주(註): 상기(像既)가 [宋][元][明][流布本]에는 견상(見像)으로 되어 있다.
92) 대정신수대장경 주(註): 만(縵)이 [宋][元][明](流布本])에는 (幔)으로 되어 있다.
93) 대정신수대장경 주(註): 수(樹)가 [宋][元][明][流布本]에는 기(其)로 되어 있다.
94) 재(在)가 [CB]에는 없고, 대정신수대장경에는 좌(左)로 되어 있다.

等无有異。復作一大蓮華在佛右邊, 想一觀世音菩薩像坐左華座, 亦放金光[95]如前无異。想一大勢至菩薩像坐右華座。此想成時, 佛菩薩像皆放妙光[96];其光金色, 照諸寶樹。一一樹下亦有三蓮華, 諸蓮華上各有一佛二菩薩像, 遍滿彼國。此想成時, 行者當聞水流、光明及諸寶樹、鳧鴈、鴛鴦皆説妙法。出定、入定恒聞妙法。行者所聞, 出定之時憶持不捨, 令與修多羅合。若不合者, 名[97]為妄想, 若與[98]合者, 名為麁想見極樂世界。是為想像[99], 名第八觀。作是觀者, 除无量億劫生死之罪, 於現身中得念佛三昧。作是觀者, 名為正觀。若他觀者, 名為邪觀[100]。」

옮긴 글

붇다께서 아난다와 바이데히에게 말씀하셨다.

"이 일을 보았으면 다음은 붇다를 생각해야 한다. 왜냐하면 모든 붇다·여래는 법계의 몸이고, 모든 중생의 마음과 생각에 두루 들어 있기 때문이다. 그러므로 여러분 마음에서 붇다를 생각할 때 이 마음이 바로 (붇다의) 32가지 생김새(三十二相)[1]이고, 80가지 품위(八十隨形好)[2]이다. 이 마음이 붇다를 만들고, 이 마음이 바로 붇다이다. 모든 붇다의 바르고 빈틈없는 깨달음이란 바다(正遍

---

95) 대정신수대장경 주(註): 방금광(放金光)은 [宋][元][明]에 작금색(作金色)으로 되어 있다.

96) 대정신수대장경 주(註): 방묘광(放妙光)이 [宋][元][明][流布本])에는 방광명(放光明)으로 되어 있다.

97) 대정신수대장경 주(註): 명(名)이 돈황본[敦]에는 명명(名名)으로 되어 있다.

98) 대정신수대장경 주(註): 여(與)는 [流布本]에는 유(有)로 되어있고, [敦]에는 없다.

99) 대정신수대장경 주(註): 상상(想像)이 [宋][元][明][流布本]에는 상상(像想)으로 되어 있다.

100) 대정신수대장경 주(註): 작시관~사관(作是觀…邪觀)이 [宋][元][明][敦][流布本])에는 없다.

知海)[3]도 마음을 따라 생각이 일어난 것이므로 반드시 한마음으로 생각(念)을 이어 가 그 붇다·따타가따[4]·아르한[5]·싸먁쌈붇다[6]를 또렷하게 보아야 한다. 그 붇다를 생각하는 사람은 반드시 먼저 상(像)을 생각해야 한다. 눈을 감거나 눈을 뜨거나, 하나의 보석상이 잠부나다 금빛처럼 꽃 위에 앉아 있는 것을 본다.

붇다 상이 이미 앉았으면, 마음의 눈이 열려 기쁨나라의 7가지 보석으로 꾸며진 보석 땅, 보석 못, 줄 서 있는 보석 나무, 여러 하늘 보석 비단이 그 나무를 덮고 있고, 갖가지 보석 그물이 허공에 가득한 것을 똑똑하고 또렷하게 본다.

이 일을 마치 손바닥 안을 보는 것처럼 더할 나위 없이 또렷하게 본다. 이 일을 보고 나면, 다시 붇다의 왼쪽에 큰 연꽃을 하나 만들고 오른쪽에 큰 연꽃을 하나 만드는데, 앞에서 본 연꽃들과 다름이 없다. 그리고 소리 보는 보디쌑바(觀音菩薩) 상이 왼쪽 꽃 자리에 앉고, 큰 힘 이룬 보디쌑바(大勢至菩薩)가 오른쪽 꽃 자리에 앉아 있는 상을 생각하는데, 황금빛을 내는 것은 앞에서 본 바와 같다.

이 생각을 이루고 나면, 붇다와 보디쌑바 상이 모두 기묘한 빛을 내는데, 그 황금빛이 보석 나무를 비추면, 나무 하나하나 밑에 3송이 연꽃이 있고, 여러 연꽃 위에는 각각 한 붇다와 두 보디쌑바가 있어 그 나라를 두루 가득 채운다.

이 생각이 이루어질 때 닦는 사람은 물 흐르는 소리, 밝은 빛과 여러 보석 나무, 기러기와 원앙들이 모두 말하는 미묘한 가르침을 들어야 한다. 싸마디에서 나올 때나 싸마디에 들어갈 때 늘 그 미묘한 가르침을 들을 것이니 닦는 사람은 싸마디에서 나올 때 잊지 말고 마음에 새겨 쑤뜨라(Sūtra, 修多羅)[7]와 맞추어 보아야 한다. 만일 쑤뜨라와 맞지 않으면 헛된 생각이고, 쑤뜨라와 맞으면 어렴풋이 기쁨나라를 생각하고 보았다고 부른다. 이것이 상(像)을 생각하는 것이고, 여덟째 보는 것이라 부른다. 이렇게 보는 사람은 헤아릴 수 없는 억 깔빠의 나고 죽는 죄를 없애고 살아 있는 몸으로 염불싸마디를 얻는다. 이렇게 보는 것을 바로 보는 것이라 부르고, 달리 보는 것은 삿되게 보는 것이라 부른다.

풀이

(1) 32가지 생김새(dvātriṃśanmahā-puruṣa ṇahā-lakṣaṇāni, Ⓟ dvattiṃsa mahā-purisa-lakkhaṇāni. 三十二相)

바퀴 굴리는 임금이나 붇다의 몸은 32가지 생김새를 갖추고 있다. 32가지 생김새는 몇 가지 설이 있으나 『대지도론(大智度論)』(권 4)에 나온 내용을 산스크리트본과 대조해 작성한 『불광사전』에 따르면 다음과 같다. (가능한 한 산스크리트 원문을 바탕으로 옮겨 본다.)

① 단단히 버텨 주는 발(su-pratiṣṭhita-pāda, 足下安平立相): 쑤-쁘라띠스티따(su-pratiṣṭhita)는 단단히 서는(standing firm), 단단히 버티다(firmly supporting)라는 뜻이니 '단단히 버텨 주는 발'이라고 옮길 수 있다. 한문 경전에서는 발바닥이 평평하다고 옮긴 자료들이 많다. ② 바퀴 새겨진 손·발바닥(cakrāṅkita-hasta-pāda-tala, 手足輪相): 짜끄랑까따(cakrāṅkita)는 바퀴가 새겨진(marked with a wheel)이란 뜻이다. ③ 긴 손가락(梵 dīrghāṅguli, 長指相): 디르가(dīrgha = long)+앙굴리(aṅguli = finger) = 긴 손가락이다. ④ 넓은 발뒤꿈치(āyata-pāda-pārṣṇi, 足跟廣平相). ⑤ 그물로 붙어 있는 손발(jālāvanaddha-hasta-pāda, 手足指縵網相): 잘라(jāla)는 그물(a net), 아바낟다(avanaddha)는 묶여 있는(bound on), 붙어 있는(tied), 덮인(covered with)이란 뜻이니, 그물로 붙어 있는 손발을 말한다. 손·발가락 사이에 물갈퀴처럼 그물로 이어져 있는데, 오므렸을 때는 나타나지 않는다. ⑥ 부드럽고 젊은 손·발바닥(mṛdu-taruṇa-hasta-pāda-tala, 手足柔軟相): 므리두(mṛdu)는 부드러운(soft), 고운(delicate), 연한(tender)이란 뜻이고, 따루나(taruṇa)는 쌩쌩한(young), 젊은(juvenile)이란 뜻이므로 '부드럽고 젊은 손·발바닥'이라고 옮긴다. ⑦ 도드라진 발등(ucchaṅkha-pāda, 足趺修高充滿): 산-영 사전에 창카ucchaṅkha)가 나오지 않아 산-일 사전에 나온 해석에 따른다. <한문 번역>에서 '가득 찬'을 빼고 '발등이 도드라진 생김새(足趺隆起相)'라고 옮기는 것이 더 옳다. ⑧ 아이네야 무릎(aiṇeya-jaṅgha, 伊泥延足專相): 아이네야(aiṇeya)는 검은 영양(the black antelope)을 뜻하는데, 옛날 사슴 왕 때 붇다의 가르침을 열심히 들었던 이야기와 관계가 있다. ⑨ 똑바로 서서 무릎까지 늘어뜨리고 남는 팔(thitānavanata-pralamba-bāhutā, 正立手摩膝相): 쓰티따(sthita)는 서다(standing), 아나바나(anavana)는 넉넉하고 남는다(affording no help), 쁘라람바(pralamba)는 밑으로 늘어뜨리다(hanging down)란 뜻이므로 '똑바로 서서 밑으로 넉넉하게 늘

어뜨리고 남는 팔'이라는 뜻이다. 그런데 <한문 번역>을 보면 팔이 무릎(膝)까지 닿는다는 뜻이 있어 이해하기 쉽게 "무릎까지"를 넣었다. ⑩ 숨겨진 남근(kośopagata-vasti-guhya, 陰藏相): 꼬소빠가따(kośopagata) = kośa는 남근이고, 우빠가따(upagata)는 이른(attained), 얻은(obtained), 만난(met)이란 뜻이고, 밧띠(vasti)는 머물다(staying), 규햐(guhya)는 덮여 있다(to be covered), 숨겨져 있다(concealed or hidden)라는 뜻인데, '숨겨진 남근'이라고 옮겼다.

⑪ 냐그로다 몸(nyagrodha-parimaṇḍala, 尼俱盧陀身相): 냐그로다(nyagrodha)는 『자따까』에 나온 붇다 전생의 사슴 이름이고, 빠리만달라(parimaṇḍala)는 하늘 몸(sphere), 활동 범위(orbit), 영역(circumference) 같은 뜻인데, 냐그로다 몸이라고 옮겼다. ⑫ 위로 똑바로 선 털(梵 ūrdhvaṃ-ga-roma, 毛上向相): 우르드바(ūrdhva)는 위로 오르다(rising or tending upwards), 똑바로 서다(erect, upright)이고, 로마(roma)는 사람이나 동물의 몸에서 나는 털(the hair on the body of men and animals)을 뜻하는 로만(roman)의 겹씨 앞가지이다. ⑬ 하나하나의 털이 오른쪽으로 돈다(ekaika-roma-pradakṣiṇāvarta, 身毛右旋相): 에까이까(ekaika)는 하나하나(one by one, every single one)란 뜻이고, 쁘라닥시나바르따(pradakṣiṇāvarta)는 털이 경건한 쪽으로 돈다(turned towards the reverential)는 뜻이다. 여기서 경건한 쪽은 오른쪽이다. ⑭ 금빛 모습(suvarṇa-varṇa, 金色相): 바르나(varṇa)는 겉모습(outward appearance, exterior), 모습(form), 사람 모습(figure) 같은 뜻이므로 금빛 모습이라고 옮긴다. ⑮ 큰 빛 모습(大光相): 산스크리트가 없어 한문본을 따른다. ⑯

맑고 빛나는 살빛(sūkṣma-suvarṇa-chavi, 細薄皮相): 쑥스마(sūkṣma)는 맑은(fine), 엷은(thin), 쑤바르나(suvarṇa)는 좋고 아름다운 빛깔(of a good or beautiful colour), 빛나는 빛깔(brilliant in hue), 금빛(golden), 차비(chavi)는 살갗(skin), 살빛(colour of the skin)이란 뜻이므로 '맑고 빛나는 살빛'이라고 옮겼다. ⑰ 7가지 뛰어난 모습(saptotsada, 七處隆滿相): 쌉따(sapta)는 7이고, 욷싸다(utsada)는 뛰어난(excellent)이니, 7가지 뛰어난 모습을 말한다. 7가지는 두 손, 두 발바닥, 두 어깨, 목을 말한다. ⑱ 꽉 찬 겨드랑이(citāntarāṃsa, 兩腋下隆滿相): 안따라(antara)는 속(the interior part of a thing)이고, 암사(aṃsa)는 어깨(the shoulder)이므로 안타람사(antarāṃsa)는 겨드랑이다. 찌따(cita)는 꽉 찼다(heaped)는 뜻이므로 꽉 찬 겨드랑이라고 옮겼다. ⑲ 사자 같은 윗몸(siṃha-pūrārdha kāya, 上身如獅子相): 사자(siṃha) 몸(kāya)인데 꽉찬(pūra=fulfilling) 절반(ardha=half)의 몸이란 뜻으로 해석이 되는데, 한문 해석에 따라 윗몸(上半身)으로 옮긴다. ⑳ 몸이 크고 똑바로 선 모습(ṛjuātratā, 大直身相): 리주(ṛju)는 몸이 똑바로 선(upright)이란 뜻이다.

㉑ 아주 잘생긴 어깨(su-saṃvṛta-skandha, 肩圓好相), 아주 잘생긴(su-saṃvṛta = very carefully kept) 어깨(skandha = the shoulder). ㉒ 40개 이(catvāriṃśad-danta, 四十齒相). ㉓ 이가 고르다(sama-danta,齒齊相): 싸마(sama)는 이(denta)가 고르다(regular), 매끄럽다(smooth), 나란하다(parallel)는 뜻이다. ㉔ 이가 아주 희다(suśukla-danta, 牙白相). ㉕ 사자 뺨(siṃha-hanu, 獅子頰相): 사자(siṃha=lion) 뺨(hanu=cheek). ㉖ 최고의 맛을 보는 혀(rasa-rasāgratā, 味中得上味相):

라사(rasa)는 최고(the best or finest), 맛(taste, flavour)이란 뜻이 있고, 혀(the tongue)라는 뜻도 있다. 그리고 아그라따(agratā)는 맨 위(最上)라는 뜻이 있어 맛 가운데 최고의 맛을 보는 혀라고 옮겼다. ㉗ 혀가 커서 밖으로 나오고 얇다(prabhūta-tanu-jihva, 大舌相): 바(jihva)는 혀(tongue)라는 뜻이고, 쁘라부따(prabhūta)는 아주 크고(great), 밖으로 나오고(come forth)라는 뜻이며, 따누(tanu)는 얇고(thin), 날씬하다(slender)는 뜻이다. ㉘ 브랗마 목소리 (brahma-svara, 梵聲相). ㉙ 아주 검은 눈(abhinīla-netra, 眞靑眼相): 아비닐라(abhinīla)는 아주 검은 또는 어두운(very black or dark)이란 뜻이므로 '아주 검은 눈'이라고 옮겼다. 한문으로 옮긴 짙은 남빛(眞靑)과 크게 크게 다르다. ㉚ 소 속눈썹(go-pakṣmā, 牛眼睫相): 고(go)가 갖는 많은 뜻 가운데 소(cow)라는 뜻이 있는데, 소왕(牛王)을 말하고, 빡스마(pakṣmā)는 속눈썹(eye-lash)을 뜻한다. 『숟따니빠따』(제5장 「저 언덕으로 건너는 품」)에 "이긴 분, 슬기 가득한 분, 총명한 분, 무거운 짐을 내린 분, 때 묻지 않은 분, 머리가 떨어지는 것을 알고 계시는 분, 소왕(牛王)과 같은 분인 사꺄족 아들, 그는 꼬살라 도시 사받띠에 계신다."에서 붇다를 소왕(牛王) 같은 분이라고 했다.

㉛ 살 상투(肉髻)가 있는 정수리(uṣṇīṣa-śiraskatā, 頂髻相): 우스니사(uṣṇīṣa)는 왕관(diadem, crown)·터반(turban)이란 뜻인데, 붇다 머리에 생긴 굳은살(혹) 같은 것을 말한다(a kind of excrescence on the head of buddha). 한문으로는 살상투(肉髻)라고 했다. 시라스(śiras=śiraska)는 머리(the head)의 가장 높은 부분인 정수리를 뜻

한다. ㉜ 두 눈썹 사이에 난 털이 (오른쪽으로) 감김(ūrṇā-keśa, 眉間毫相): 우르나(ūrṇā)는 두 눈썹 사이에 난 털의 감김(a circle of hair between the eyebrows)이란 뜻인데, 한문 번역에서는 '오른쪽으로 감긴다'고 했다. 께사(keśa)는 머리털(mane)이란 뜻이다.

(2) 80가지 품위(aśīty-anuvyañjanāni, 八十種好)

아시띠(aśīty)는 80을 뜻하고, 아누뱐자나니(anuvyañjanāni)는 아누(anu) + 뱐자나(vyañjana)의 복수형이다. 아누(anu)는 여러 가지로 쓰이지만, 여기처럼 이름씨 앞가지, 특히 어찌씨 꼴 겹씨를 만들 때는(When prefixed to nouns, especially in adverbial compounds), ~에 따라서(according to), 몇몇(severally), 각각(each by each), 순서대로(orderly) 같은 뜻이 있고, 뱐자나(vyañjana)는 비유적·화려한(figurative) 품위(style)라는 뜻이다. 여기서는 간단히 '80가지 (화려한) 품위(八十種 好)라고 옮긴다. 붇다와 보디쌑바가 갖춘 80가지 화려한 품위(好)를 말하는데, 32상(相)과 80호(好)를 합해 상호(相好)라고 한다. 32가지 생김새(相)는 잘 드러나 있어 쉽게 볼 수 있는 것이고, 80가지 품위(好)는 미세하고 드러나지 않아 보기 어려운 것이다. 순서와 이름에 대하여 여러 다른 주장이 있지만 『대반야경』 권 381에 나온 80가지는 다음과 같다.

① 손가락과 손톱이 좁고 길며, 엷고, 윤기가 나고, 깨끗하다. ② 손가락과 발가락이 둥글고 가늘고 길며 부드럽다. ③ 손발이

모두 같아 차이가 없고, 손가락 사이가 모두 촘촘하다. ④ 손발이 빛이 나고, 볼그레하고, 윤기가 돈다. ⑤ 힘줄과 뼈가 숨겨져 드러나지 않는다. ⑥ 양쪽 복사뼈가 숨겨져 있다. ⑦ 걸을 때 앞으로 똑바로 가고, 예법에 맞은 몸가짐과 뜻이 맞은 정다움이 용왕이나 코끼리 왕 같다. ⑧ 장하게 걷는 모습이 사자 왕처럼 가지런하고 엄숙하다. ⑨ 걸음걸이가 편안하고 평화로워 소왕(牛王) 같다. ⑩ 나아가고 머무는 것이 우아하여 거위 왕과 같다.

⑪ 뒤를 돌아볼 때는 반드시 온몸을 틀어 오른쪽으로 도는 것이 용왕이나 코끼리왕이 몸을 들어 도는 것과 같다. ⑫ 팔다리 마디가 고르게 둥글고 기묘하다. ⑬ 뼈마디가 용이 서리는 것처럼 서로 맺어져 있다. ⑭ 무릎이 모나지 않고 둥글고 넉넉하다. ⑮ 숨겨진 곳의 무늬가 미묘하고 좋고 밝고 깨끗하다. ⑯ 몸과 팔다리가 미끈하고 깨끗하다. ⑰ 몸 모습이 도탑고 엄숙하며 두려움이 없다. ⑱ 몸과 팔다리가 튼튼하다. ⑲ 몸이 평안하고 건강하며 모나지 않고 너그럽다. ⑳ 몸의 생김새가 신선 왕(仙王) 같아 두루 단정하고 엄숙하며 맑은 빛이 난다.

㉑ 몸 둘레에 둥근 빛이 돈다. ㉒ 배 모양은 점잖고 장엄하다. ㉓ 배꼽은 깊고 오른쪽으로 돈다. ㉔ 배꼽이 두껍고, 오목볼록하지 않다. ㉕ 살갗에 옴이 없다. ㉖ 손바닥이 부드럽고 발바닥에 탈이 없다. ㉗ 손금이 깊고 길며 밝고 곧다. ㉘ 입술 빛깔이 번드르르하고 붉은빛이 난다. ㉙ 입(面門)은 길지도 짧지도 않고, 크지도 작지도 않으며, 알맞고, 단정하고 엄숙하다. ㉚ 혀 모습은 부드럽고 얇고 넓고 길다.

㉛ 목소리는 위엄 있고 깊고 맑다. ㉜ 말소리는 깊은 골짜기에서 나는 메아리처럼 아름답고 묘하다. ㉝ 코는 높고 곧으며 콧구멍이 드러나지 않는다. ㉞ 이빨은 네모지고 가지런하며, 밝고 희다. ㉟ 어금니는 둥글고 흰빛이 나고 깨끗하며, 끝은 날카롭다. ㊱ 눈은 맑고, 푸르고 하얀 부분이 뚜렷하다. ㊲ 눈 모양은 길고 넓다. ㊳ 속눈썹은 가지런하고 빽빽하다. ㊴ 두 눈썹은 길고 가늘고 부드럽다. ㊵ 두 눈썹은 검푸른 유리 빛깔을 낸다.

㊶ 눈썹은 높이 드러나 초승달 같다. ㊷ 귀는 두껍고 넓으며 귓바퀴가 아주 길다. ㊸ 양쪽 귀는 가지런하고 평평하며, 아무런 흠이 없다. ㊹ 몸가짐은 보는 사람들이 모두 사랑하고 존경하게 한다. ㊺ 이마가 넓고 치우침 없이 올바르다. ㊻ 몸은 점잖고 엄숙함을 모두 갖추었다. ㊼ 머리카락은 길고 진한 남빛이고, 빽빽하고 흰머리가 없다. ㊽ 머리카락이 향이 나고 깨끗하고 가늘고 번지르르하다. ㊾ 머리카락은 가지런하고 서로 엉키지 않는다. ㊿ 머리카락이 끊어져 떨어지지 않는다.

(51) 머리카락이 빛이 나고 아주 아름다우며, 티끌과 때가 묻지 않는다. (52) 몸이 단단하고 튼튼하다. (53) 몸이 길고 크며 올곧다. (54) 모든 구멍이 맑고 깨끗하며, 모나지 않게 잘생겼다. (55) 몸 힘이 뛰어나 함께 견줄 사람이 없다. (56) 몸매가 보는 사람을 즐겁게 한다. (57) 얼굴이 가을 보름달 같다. (58) 얼굴이 활짝 펴지고 넉넉하다. (59) 얼굴이 번쩍이고 주름이 없다. (60) 몸의 살갗이 맑고 깨끗하여 때가 없고, 늘 냄새가 나거나 더러워지지 않는다.

(61) 모든 털구멍에서 늘 기묘한 향내가 난다. (62) 입에서는 늘 가

장 높고 뛰어난 향내가 난다. ⑥③ 겉모습이 두루 넉넉하고, 기묘한 품위가 있다. ⑥④ 몸에 난 털은 진한 남빛이고, 빛이 나고, 맑다. ⑥⑤ 가르치는 소리는 무리에 따르고, 이치에 맞고 차별이 없다. ⑥⑥ 머리 꼭대기 생김새는 볼 수가 없다. ⑥⑦ 손·발·손가락에 그물이 뚜렷하다. ⑥⑧ 걸을 때 발이 땅에서 떨어져 있다. ⑥⑨ 스스로 지키니 남이 지켜 줄 필요가 없다. ⑦⓪ 위엄과 덕은 모든 것을 받아들인다. ⑦① 말소리는 낮지도 높지도 않고 대중에 따라 생각을 일으킨다. ⑦② 여러 중생에 따라 즐겁게 가르친다. ⑦③ 한 소리로 바른 가르침 말하고 중생의 종류에 따라 알아듣게 한다. ⑦④ 차례대로 말하고 인연을 따른다. ⑦⑤ 중생을 보아 좋은 것은 기리고 나쁜 것은 없애 주고, 사랑과 미움이 없다. ⑦⑥ 이른바 먼저 관하고 나서 행하니, 본보기를 모두 갖추었다. ⑦⑦ 생김새와 품격을 중생들이 다 볼 수 없다. ⑦⑧ 정수리뼈가 튼실하고 모나지 않고 너그럽다. ⑦⑨ 얼굴은 늘 젊고, 늙지 않는다. ⑧⓪ 손·발·가슴 앞에 좋은 조짐(吉祥)과 기쁘게 도는 털(喜旋)을 나타내는 덕스러운 표시(德相, 卍)를 갖추고 있다.

(3) 바르고 빈틈없는 깨달음(samyak-saṃbodhi, 正遍知): 원문 정변지(正遍知)는 산스크리트 싸먁 쌈보디(samyak-saṃbodhi, 三藐三菩提)를 옮긴 것으로, 싸먁(samyak)은 싸먄츠(samyañc)의 겹씨(合成語) 앞가지(語根)다. ① 옳은(correct), 빈틈없는(accurate), 올바른(proper), 진짜의(true), 바른(right), ② 흠 없는(entire), 모든(whole), 모두 갖춘(complete), 모든(all) 같은 뜻이다. 쌈(saṃ)은 쌈(sam)의

겹씨 앞가지로, ~와 같이(with), ~와 함께(together with), ~를 따라서(along with), 더불어(together), 모두(altogether) 같은 뜻이 있고, 영어의 with, 그리스어·라틴어 con처럼 전치사나 동사나 동사 파생어 앞가지가 되어 "결합(conjunction)", "합일(union)", "흠 없음(thoroughness)", "강렬(intensity)", "흠잡을 데 없음(completeness)" 같은 뜻을 나타낸다. 그리고 보디(bodhi)는 더할 나위 없는 깨달음 지식이나 슬기(perfect knowledge or wisdom, 智), 불교나 자이나교의 깨달음(the illuminated or enlightened intellect of a Buddha or jina-, 覺)을 뜻한다. 한문에서는 소리로 삼먁삼보디(三藐三菩提), 소리로 옮길 때는 옛 번역에서는 바로 두루 깨침(正遍知)이나 바로 두루 깨침 길(正遍知道)이라고 옮겼고, 새 번역에서는 바르고 빈틈없는 깨달음(正等覺·正等正覺)이라고 했다. 쌈(sam-)의 뜻에 "흠 없음(thoroughness)"과 "흠잡을 데 없음(completeness)"은 완전하다는 뜻인데, 같은 뜻을 가진 빈틈 없는(accurate, 等)이라고 옮겨 '바르고 빈틈없는 깨달음(samyak-saṃbodhi, 正遍知)'이라고 옮긴다.

한편, 마지막 낱말이 보디(bodhi, 菩提)가 아니고 붇다(buddha, 佛陀)인 싸먁-쌈붇다(samyak-saṃbuddha, 三藐三佛陀)는 삼야삼불단(三耶三佛檀)이라고도 하고, 뜻으로는 싸먁-쌈보디와 같은 바르고 고루 미치는 슬기(正遍智), 바르고 고루 미치는 앎(正徧知), 바르고 고루 미치는 깨달음(正遍覺), 바르고 참된 길(正眞道), 바르고 한결같은 깨달음(正等覺·正等正覺·正覺等), 바르고 한결같이 깨달은 분(正等覺者)처럼 여러 가지로 옮겼다. 붇다의 10가지 이름 가운데 하나이다.

이 경에 나오는 정변지해(正遍知海)는 바다 해(海)를 덧붙였는데, 바르고 빈틈없는 깨달음(正遍知)이 바다처럼 깊고, 넓고, 가없고, 그지없다고 해서 바다를 덧붙인 것이다. 그래서 바르고 빈틈없는 깨달음의 바다(正遍知海)라고 옮긴다.

(4) 따타가따(tathāgata Ⓟ Tathāgata, 如來, 多陀阿伽陀): 붇다를 달리 이르는 이름 가운데 하나. 산스크리트 따타가따(Tathā-gata, 如來)에서 따타(Tathā)는 ~와 같이(so, 如), 이렇게(thus) 같은 뜻이고, 가따(gata)는 '오고 가는 것'을 뜻한다. 그래서 산스크리트-영어사전에서 따타-가따(Tathā-gata)는 '본디 특성이나 본질을 그대로 갖춘 존재(being in such a state or condition, of such a quality or nature)'라는 설명과 함께 '[과거 붇다들이 걸었던] 같은 길을 오가는 분(he who comes and goes in the same way[as the Buddhas who preceded him])'이라고 덧붙여 가따(gata)가 '오고 가는 것'을 뜻한다는 것을 알 수 있다. 산스크리트 소리 나는 대로 따타가따라고 옮기고, 우리말로는 같은 길을 오가는 분(여래)라고 옮긴다. 붇다를 이르는 총칭으로 쓰인다.

(5) 아르한(arhan(남성)·arhat(중성) Ⓟ arahant, 應供, 阿羅漢): 붇다를 달리 이르는 열 가지 이름 가운데 하나. 산스크리트 아르한(arhat)의 남성 단수 주격인 아르한(arhan)을 소리 나는 대로 옮긴 것이다. 한자로는 'ar-'라는 소리마디(音節)를 정확하게 옮길 수 없으므로 '阿羅'로 옮긴 것을 한국식으로 '아라'라고 읽은 것이다.

한글은 더 정확하게 아르(ar)라고 읽을 수 있으므로 '아라'보다는 '아르'로 소리 내는 것이 좋다. 이때도 '아르'를 한 소리마디로 해야 하기 때문에 '르'를 아주 짧게 소리 내야 한다. 앞으로 이 경에서는 '아르한'으로 옮긴다. 붇다 제자(聲聞)가 깨닫는 과정이 스로따-아빤나(srota-āpanna, Ⓟ sotāpanna, 須陀洹)·싸끄릳-아가민(sakṛd-āgāmin, Ⓟ sakad-āgāmin, 斯陀含)·안-아가민(anāgāmin, 阿那含)·아르한(阿羅漢) 4단계가 있는데, 그 가운데 가장 윗자리가 아르한이다. 3계의 번뇌(견혹과 미혹)를 모두 끊고 닦음이 완성되어 존경과 공양을 받을 수 있는(worthy, venerable, respectable) 지위를 얻은 분을 말한다. 한문으로는 '공양을 받을(應供) 자격이 있는 분'이라는 뜻으로 최고의 깨달음을 얻은 이를 말한다.

(6) <앞의 풀이 (3)> '바르고 빈틈없는 깨달음(samyak-saṃbodhi, 正遍知)'을 볼 것.

(7) 쑤뜨라(Sūtra, 修多羅): 산스크리트에서 "짧은 글이나 격언조의 규칙, 그리고 그러한 규칙들이 실처럼 얽혀 있는 일이나 작은 책자(a short sentence or aphoristic rule, and any work or manual consisting of strings of such rules hanging together like threads)를 뜻하는데, 불교에서는 경전을 말한다.

9. 기쁨나라 아미따바 붇다 모습을 본다(無量壽佛相觀)

한문

佛告阿難及韋提希[101]:「此想成已, 次當更觀无量壽佛身相光明。阿難當知! 無量壽佛身, 如百千万億夜摩天閻浮檀金色。佛身高六十万億那由他恒河沙由旬; 眉間白毫[102]右旋宛[103]轉, 如五須弥山。佛眼清淨[104]如四大海水, 清[105]白分明。身諸毛孔演出光明, 如須弥山。彼佛圓光如百億三千大千世界; 於圓光中, 有百万億那由他恒河沙化佛; 一一化佛, 亦有衆多無數化菩薩, 以為侍者。无量壽佛有八万四千相; 一一相中[106], 各有八万四千隨形好; 一一好中[107]復有八万四千光明; 一一光明遍照十方世界, 念佛衆生攝取不捨。其光[108]相好及與化佛, 不可具說; 但當憶想[109]令心明[110]見。見此事者, 即見十方一切諸佛, 以見諸佛故名念佛三昧。作是觀者, 名觀一切佛身, 以觀佛身故亦見佛心。諸[111]佛心者大慈悲是, 以无緣慈攝諸衆生。作此

101) 대정신수대장경 주(註): 급위제희(及韋提希)가 [敎]에는 없다.
102) 대정신수대장경 주(註): 호(毫)가 [敎]에는 호(豪)로 되어 있다.
103) 대정신수대장경 주(註): 완(宛)이 [宋][流布本]에는 완(婉)으로 되어 있다.
104) 대정신수대장경 주(註): 청정(清淨)이 [宋][元][明][敎][流布本]에는 없다.
105) 대정신수대장경 주(註): 청(清)이 [宋][元][明]에는 청(青)으로 되어 있다.
106) 대정신수대장경 주(註): 중(中)이 [流布本][敎]에는 없다.
107) 대정신수대장경 주(註): 중(中)이 [流布本][敎]에는 없다.
108) 대정신수대장경 주(註): 광(光)이 [流布本]에는 광명(光明)으로 되어 있다.
109) 대정신수대장경 주(註): 상(想)이 [敎]에는 상(相)으로 되어 있다.
110) 대정신수대장경 주(註): 명(明)이 [元][明][敎][流布本]에는 안(眼)으로 되어 있다.
111) 대정신수대장경 주(註): 제(諸)가 [元][明][敎][流布本]에는 없다.

觀者, 捨身他世, 生諸佛前, 得无生[112]忍。是故智者應當繫心諦觀無量壽佛。觀无量壽佛者, 従一相好入, 但觀眉間白毫, 極令明了。見眉間白毫相[113]者, 八万四千相好自然當見[114]。見無量壽佛者, 即見十方无量諸佛;得見無量諸佛故, 諸佛現前受[115]記。是為遍觀一切色想[116], 名第九觀。作是[117]觀者, 名為正觀。若他觀者, 名為邪觀。」

옮긴 글

붇다께서 아난다와 바이데히에게 말씀하셨다.

"그 생각이 이루어지면, 다음에는 아미따바 붇다 몸의 생김새(相)와 밝은 빛을 보아야 한다. 아난다여, 잘 알아 두어야 한다. 아미따바 붇다의 몸은 백·천·만·억 개의 야마하늘(夜摩天) 잠부나다 황금빛이 난다. 붇다의 키는 60만·억 나유따[1] 강가강[2] 모래처럼 많은 요자나이다. 눈썹 사이에 난 흰 터럭(白毫)은 오른쪽으로 도는 것이 쑤메루산 5개와 같고, 붇다 눈은 4개의 큰 바닷물처럼 맑고 깨끗하며, 파랗고 하얀 부분이 뚜렷하다. 몸에 난 모든 털구멍에서 나는 밝은 빛은 쑤메루산과 같고, 그 붇다가 몸 뒤로 둥글게 내비치는 빛(圓光)은 100억 3천 개의 큰 천세계(千世界)만 하고, 그

112) 대정신수대장경 주(註): 생(生)이 [敦]에는 생법(生法)으로 되어 있다.

113) 대정신수대장경 주(註): 상(相)이 [敦][流布本]에는 없다.

114) 대정신수대장경 주(註): 견(見)이 [宋][元][明][流布本]에는 현(現)으로 되어 있다.

115) 대정신수대장경 주(註): 수(受)가 [宋][元][明][流布本]에는 수(授)로 되어 있다.

116) 대정신수대장경 주(註): 색상(色想)이 [元][明]에는 색신상(色身相), [宋][流布本]에는 색신상(色身想)으로 되어 있다.

117) 대정신수대장경 주(註): 시(是)는 [流布本]에는 차(此)로 되어 있다.

둥근 빛 속에는 100억 나유따 강가강 모래 수만큼 많은 바꾼 몸(化身)이 있고, 그 바꾼 몸 하나하나에는 또 수없이 많은 바꾼 몸 보디쌑바들이 곁에서 모시고 있다. 아미따바 붇다는 8만 4천 가지 생김새(相)를 가지고 있고, 생김새 하나하나 가운데는 각각 8만 4천 가지 품위(好)가 있으며, 품위 하나하나에는 또 8만 4천 가닥 밝은 빛이 나며, 밝은 빛 하나하나는 시방세계를 두루 비치며 염불하는 중생을 받아들이고 버리지 않는다. 그 빛·생김새·품위·바꾼 몸은 말로 다 할 수가 없으니, 모습을 생각해 내고 마음을 밝혀 보도록 해야 한다.

이 일을 본 사람은 바로 시방의 모든 붇다를 보게 되고, 모든 붇다를 보기 때문에 염불싸마디(念佛三昧)라고 부른다. 이렇게 보는 것을 '모든 붇다 몸을 보는 것'이라 부르고, 붇다 몸을 보는 것은 또한 붇다 마음을 보는 것이다. 붇다 마음은 큰 사랑과 불쌍히 여김이니 조건 없는 사랑으로 모든 중생을 살피어 지키신다. 이렇게 보는 사람이 몸을 버리고 저세상에 가면, 여러 붇다 앞에 가서 나고 죽음을 여읜 경계(無生法忍)를 얻는다.

그러므로 슬기로운 사람은 반드시 마음을 이어 아미따바 붇다를 또렷이 보아야 한다. 아미따바 붇다를 보는 사람은 하나의 생김새(相)와 품위(好)부터 들어가야 하는데, 눈썹 사이의 흰 터럭은 더할 나위 없이 또렷해야 한다. 눈썹 사이 흰 터럭 생김새를 본 사람은 8만 4천 생김새와 품위를 저절로 보게 된다. 아미따바 붇다를 보면 바로 시방의 헤아릴 수 없는 붇다를 보는 것이고, 헤아릴 수 없이 많은 붇다를 보게 되면 눈앞에서 여러 붇다들의 수기를 받게 된다.

이것이 모든 몸의 생김새를 두루 보는 것이고, 아홉째 보는 것이라고 부른다. 이렇게 보는 것을 바로 보는 것이라 부르고, 달리 보는 것을 삿되게 보는 것이라고 한다."

풀이

(1) 나유따(那由他 nayuta): 1,000억을 말하는 것으로, 아주 많은 수를 나타낼 때 쓰는 말. 인두에서는 수(saṁkhya)를 셀 때 1에서 무수(asaṁkhya, 아쌍캬, 阿僧祇)까지 10진법으로 52수로 표시한다(원래는 60수). 경전에 많이 나오는 수만 들어 보면 다음과 같다. 1·10·100·1000·10,000·십만(lakṣa, 락샤, 落叉)·백만(atilakṣa, 아띨락샤, 度落叉)·천만(koṭi, 꼬띠, 俱胝)·억(madhya, 마댜, 末陀)·10억(ayuta, 아유따, 阿由多)·1,000억(nayuta, 나유따, 那由多) …… 무수(asaṁkhya, 아쌍캬, 阿僧祇).

(2) 강가강(Gaṅgā-nadi, 恆河 또는 恒河): 산스크리트 본에 강가-나디(Gaṅgā-nadi), 곧 강가강(江)이라고 되어 있다. 인두 히말라야산맥에 근원을 두고 동쪽으로 흘러 벵골만으로 흘러 들어가는 길이 2,500㎞의 큰 강이다. 흔히 경전에서 헤아릴 수 없이 많은 단위를 이야기할 때 '항하의 모래(恆河沙)=항하사(恒河沙)'라고 표현한 강이 바로 이 강이다. 그러나 '항하'는 잘못 읽은 것이다. 현재도 인두(印度) 지도에는 이 강 이름이 '강가(Ganga)'라고 표시되어 있고, 현지에 사람들도 그렇게 부른다. 그런데 근대 인두를 지배했던 영국인들이 Ganga의 영어 복수형인 갠지스(Ganges)를 쓰면서(5강을 합해

모두 5강으로 이루어지므로 복수를 썼다) '갠지스강'으로 알려졌다. 그러므로 식민지식 발음인 '갠지스'보다는 그 민족이 자랑스럽게 쓰고 있는 '강가'를 쓰는 것이 좋다. 불교 경전을 산스크리트에서 한문으로 옮길 때, 강가(Gaṅgā)를 소리 나는 대로 강가(强迦)·긍가(殑迦)·긍가(恆迦)로 옮기고, 그 뒤에 한문의 강(江)을 뜻하는 하(河)나 수(水)를 더해 긍가하(恆迦河) 또는 긍가수(恆迦水)라고 하였다. 그리고 한문의 운(韻) 때문에 긍가(恆迦)에서 1자를 줄여 긍(恆)하다가 하(河)나 수(水)를 붙여 긍하(恆河) 또는 긍수(恆水)라고 불렀다.

그렇다면 우리는 왜 긍하(恆河)를 항하(恆河)라고 불렀는가? 그것은 본디 '恆'이라는 한문 글자에는 '긍'과 '항'이라는 2가지 소리가 있고, '恆'은 산스크리트에서 옮긴 외래어이기 때문에 반드시 '긍'이라고 읽어야 하는데, 평소 많이 쓰는 '항'으로 잘못 읽었기 때문이다. 현재 한국의 옥편을 보면 '恆(恒 자의 본디 글자)' 자는 2가지로 읽히고 있다. '늘·언제나' 같은 뜻으로 새길 때는 항(hêng)이라고 읽고(보기: 恒常), '뻗치다·두루미치다'는 뜻으로 새길 때는 긍(kêng)으로 읽는다. 지금 한국에서는 대부분 항하(恒河)로 읽고 있는데 잘못 읽은 것이며, 반드시 긍가(恆迦)·긍가하(恆迦河)·긍하(恆河)로 읽어야 한다(아래 그림 참조).

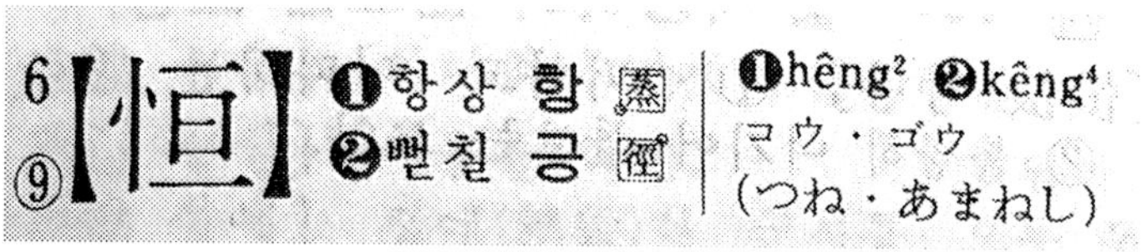
6 ⑨【恒】❶항상 항 蒸 ❷뻗칠 긍 徑 | ❶hêng² ❷kêng⁴ コウ・ゴウ (つね・あまねし)

동아 새漢韓辭典, 711쪽

강가강(Gaṅgā)의 실제 소릿값은 우리말의 '강가'나 '겅가'에 가깝다. 산스크리트 홑소리(母音)에서 ā는 [a]를 길게 내는 소리지만, a는 [a]와 [ə]는 중간음으로 영어 sun(sʌn)의 [ʌ]에 가깝기 때문이다. 그리고 우리나라에서는 강 이름을 부를 때 치나(支那)처럼 하(河)를 쓰지 않기 때문에 강가강(恒迦江)이라고 읽고, 또 그렇게 옮겨야 할 것이다. 현재 아래한글이나 작은 사전에는 한자에서 '긍' 자를 치거나 찾으면 '恆' 자가 나오고, '항' 자를 치거나 찾으면 '恒' 자가 나오는데, 제대로 된 옥편을 보면 "'恆' 자는 '恒' 자의 본디 글자'라고 되어 있어 같은 글자라는 것을 알 수 있다.

10. 기쁨나라 소리 보는 보디쌑바 모습을 본다(觀世音菩薩相觀)

한문

佛告阿難及韋提希 :「見无量壽佛了了分明已, 次亦應[118]觀觀世音菩薩。此菩薩身長八十[119]億那由他恒河沙[120]由旬, 身紫金色, 頂有肉髻, 項有圓光, 面各[121]百千由旬。其圓光中有五百化佛, 如釋迦牟

118) 대정신수대장경 주(註): [明] 주(註)에 역응(亦應)이 [宋]에는 복당(復當)으로 되어 있고, [流布本]도 마찬가지다.

119) 대정신수대장경 주(註): 십(十)이 [宋][元][明][流布本]에는 십만(十万)으로 되어 있다.

120) 대정신수대장경 주(註): 긍하사(恒河沙)가 [宋][元][明][敦][流布本]에는 없다.

121) 대정신수대장경 주(註): 각(各)이 [敦]에는 각유(各有)로 되어 있다.

尼[122)]。一一化佛, 有五百菩薩[123)], 无量諸天, 以為侍者。舉身光中五道衆生, 一切色相皆於中現。頂上毘楞伽摩尼妙[124)]寶, 以為天冠。其天冠中有一立化佛, 高二十五由旬。觀世音菩薩面如閻浮檀金色; 眉間毫相俻[125)]七寶色, 流出八万四千種光明; 一一光明, 有无量无數百千化佛; 一一化佛, 无數化[126)]菩薩以為侍者, 變現自在滿十方界[127)]。臂[128)]如紅蓮花色, 有八十億微妙[129)]光明, 以為瓔珞; 其瓔珞中, 普現一切諸莊嚴事。手掌作五百億雜蓮華色; 手十指端, 一一指端有八万四千畫, 猶如印文。一一畫有八万四千色; 一一色有八万四千光, 其光柔軟普照一切, 以此寶手接引衆生。舉足時, 足下有千輻輪相, 自然化成五百億光明臺。下足時, 有金剛摩尼花, 布散一切莫不弥滿。其餘身相, 衆好具足, 如佛无異, 唯頂上肉髻及无見頂相, 不及世尊。是為觀觀世音菩薩真實色身相[130)], 名第十觀。」

佛告阿難:「若[131)]欲觀觀世音菩薩[132)]當作是觀。作是觀者不遇諸禍, 淨除業障, 除无數劫生死之罪。如此菩薩, 但聞其名, 獲无量福, 何

---

122) 대정신수대장경 주(註): 니(尼)가 [敦][流布本]에는 니불(尼佛)으로 되어 있다.

123) 대정신수대장경 주(註): 보살(菩薩)이 [宋][元][明][流布本]에는 화보살(化菩薩)로 되어 있다.

124) 대정신수대장경 주(註): 묘(妙)가 [宋][元][明][敦][流布本])에는 없다.

125) 備의 속자이다.

126) 대정신수대장경 주(註): 화(化)가 [敦]에는 없다.

127) 대정신수대장경 주(註): 계(界)가 [宋][元][明][敦][流布本]에는 세계(世界)로 되어 있다.

128) 대정신수대장경 주(註): 비(臂)가 [敦][流布本]에는 비(譬)로 되어 있다.

129) 대정신수대장경 주(註): 미묘(微妙)가 [敦][流布本]에는 없다.

130) 상(相)이 [CB]에는 없고, 대정신수대장경에는 상(想)으로 되어 있다.

131) 대정신수대장경 주(註): 약(若)이 [流布本]에는 약유(若有)로 되어 있다.

132) 대정신수대장경 주(註): 살(薩)이 [宋][元][明][流布本]에는 살자(薩者)로 되어 있다.

況諦觀！若有欲觀觀世音菩薩者，當[133]先觀頂上肉髻，次觀天冠。其餘衆相亦次第觀之，悉[134]令明了，如觀掌中。作是觀者，名為正觀。若他觀者，名為邪觀。」

옮긴 글

붇다께서 아난다와 바이데히에게 말씀하셨다.

"아미따바 붇다를 똑똑하고 또렷하게 보았으면 다음은 소리 보는 보디쌑바(觀世音菩薩)를 보아야 한다. 이 보디쌑바는 키가 80억 나유따 강가강 모래 같은 수의 요자나이고, 몸이 잠부나다금 빛깔이고, 정수리에 살 상투(肉髻)[1]가 있고, 목에 둥근 빛이 나는데, 가로세로 바닥 너비가 각각 백·천 요자나이다. 그 둥근 빛 속에 500분의 몸 바꾼(化身) 붇다가 있는 것이 사꺄무니와 같다. 몸 바꾼 붇다 한 분 한 분에 500 보디쌑바가 있고 헤아릴 수 없는 하늘 사람이 모시고 있다. 몸에서 나는 빛 가운데 5가지 길[2]에 사는 중생의 모습(色相) 모두가 나타난다.

머리 위에 사끄라비-라그나-마니 보석으로 된 하늘관을 쓰고 있고, 그 하늘 관 속에 몸 바꾼 붇다 한 분이 서 있는데 높이가 25 요자나이다. 소리 보는 보디쌑바의 얼굴은 잠부나다 금색이고, 눈썹 사이 터럭은 7가지 색을 갖추어 8만 4천 가지 밝은 빛을 낸다. 밝은 빛 하나하나에 헤아릴 수 없이 수많은 백·천 몸 바꾼 붇다가 있고, 몸 바꾼 붇다 하나하나에는 수없는 몸 바꾼 보디쌑바들

---

133) 대정신수대장경 주(註): 당(當)이 [宋][元][明][敦][流布本]에는 없다.

134) 대정신수대장경 주(註): 슬(悉)이 [流布本]에는 역(亦)으로 되어 있다.

이 모시고 있는데, 이렇게 바뀌어 시방세계에 마음대로 나타난다. 팔은 붉은 연꽃 빛깔이고 80억 미묘한 빛을 띤 목걸이가 있고, 그 목걸이 속에는 모든 갖가지 장엄한 일들이 다 나타난다. 손바닥은 500억 갖가지 연꽃 빛깔을 띠고 있는데, 손에 있는 열 손가락 끝마다 8만 4천 가지 그림이 그려져 있어 마치 도장 찍은 무늬 같다. 그림 하나하나에 8만 4천 빛깔이 나고, 빛깔 하나하나에 8만 4천 빛이 나며, 그 빛이 부드럽게 모든 것을 두루 비추는데, 이 보석 손으로 중생을 맞아들인다. 발을 들 때는 발바닥에 바큇살이 1,000개인 바퀴 모습이 있는데, 저절로 바뀌어 500억 밝은 빛 대(光明臺)가 되고, 발을 내릴 때는 다이아몬드·마니 꽃이 흩어져 두루 차지 않는 곳이 없다. 그 나머지 몸 생김새와 모든 품위는 붇다와 다름이 없으나, 다만 머리 위 살 상투와 정수리 생김새를 볼 수 없다는 것은 붇다에 미치지 못한다.

이것이 '소리 보는 보디쌑바(觀世音菩薩)의 몸 생김새를 보는 것이고, 열째 보는 것이라 부른다."

붇다께서 아난다에게 말씀하셨다.

"소리 보는 보디쌑바를 보고자 하면 반드시 이렇게 보아야 한다. 이렇게 보는 사람은 갖가지 불행한 일을 당하지 않으며, 업장을 맑혀 없애고, 수없는 깔빠의 나고 죽는 죄를 없앤다. 이 보디쌑바처럼 그 이름을 듣는 것만으로 헤아릴 수 없는 복을 얻는데, 하물며 또렷하게 보면 어찌 되겠느냐! 소리 보는 보디쌑바를 보는 사람은 반드시 먼저 머리 위 살 상투를 관하고 다음에 하늘관을 보아야 한다. 그 나머지 여러 생김새도 차례로 봐서 모두 손안에 들어 있는 것처럼 또렷하게 보아야 한다. 이렇게 보는 것을 바로 보는 것이라 하고, 달리 보는 것은 삿되게 보는 것이라 부른다."

풀이

(1) 살 상투(肉髻)가 있는 정수리(uṣṇīṣa-śiraskatā, 頂髻相): 붇다의 32가지 생김새 가운데 하나. 우스니사(uṣṇīṣa)는 왕관(diadem, crown)·터반(turban)이란 뜻인데, 붇다 머리에 생긴 굳은살(혹) 같은 것을 말한다(a kind of excrescence on the head of buddha). 한문으로는 살상투(肉髻)라고 했다. 시라스(śiras=śiraska)는 머리(the head)의 가장 높은 부분인 정수리를 뜻한다.

(2) 5가지 길(五道): 지옥, 배고픈 중생, 짐승, 사람, 하늘사람 같은 5가지 길(五趣)을 말한다.

11. 기쁨나라 큰 힘 이룬 보디쌑바 모습을 본다(大勢至菩薩相觀)

한문

佛告阿難及韋提希[135]:「次觀[136]大勢至菩薩。此菩薩身量大小亦如

135) 대정신수대장경 주(註): 불고~위제희(佛告…韋提希)가 [宋][元][明][敦][流布本]에는 없다.
136) 대정신수대장경 주(註): 차관(次觀)이 [流布本]에는 차복응관(次復應觀)으로 되어 있다.

觀世音, 圓光面各二[137)]百二十五由旬, 照二百五十由旬。擧身光明照十方國, 作紫金色。有緣衆生皆悉得見。但見此菩薩一毛孔光, 即見十方无量諸佛淨妙光明, 是故号[138)]此菩薩名无邊光。以智慧光普照一切, 令離三塗, 得无上力, 是故号此菩薩名大勢至。

此菩薩天冠有五百寶蓮[139)]華;一一寶華有五百寶臺。一一臺中, 十方諸佛淨妙國土廣長之相, 皆於中現。頂上肉髻如鉢[140)]頭摩花。於肉髻上有一寶瓶, 盛諸光明, 普現佛事。餘諸身相如觀世音, 等无有異。此菩薩行時, 十方世界一切震動, 當地動處各[141)]有五百億寶花。一一寶花莊嚴高顯, 如極樂世界。此菩薩坐時, 七寶國土一時動搖。從下方金光佛刹, 乃至上方光明王佛刹, 於其中間無量塵數分身无量壽佛, 分身觀世音、大勢至, 皆悉雲集極樂國土, 側[142)]塞空中坐蓮華座, 演說妙法, 度苦衆生。作此觀者, 名為觀[143)]見[144)]大勢至菩薩;是為觀大勢至色身相[145)]。觀此菩薩者名第十一觀[146)], 除无數[147)]劫阿僧祇生死之罪;作是觀者不處胞胎, 常遊諸佛淨妙國土。此觀成已, 名為具足觀

137) 대정신수대장경 주(註): 이(二)가 [宋][元][明][流布本]에는 없다.

138) 号의 속자

139) 대정신수대장경 주(註): 연(蓮)이 [宋][元][明][流布本]에는 없다.

140) 대정신수대장경 주(註): 발(鉢)이 [流布本]에는 발(盋)로 되어 있다.

141) 대정신수대장경 주(註): 각(各)이 [宋][元][明][敦][流布本]에는 없다.

142) 대정신수대장경 주(註): 측(側)이 [元][明]에는 측(畟)으로 되어 있다.

143) 대정신수대장경 주(註): 위관(為觀)이 [敦]에는 위정관(為正觀), [流布本]에는 위정관약타관자명위사관(為正觀若他觀者名為邪觀)로 되어 있다.

144) 대정신수대장경 주(註): 견(見)이 [敦]에는 없다.

145) 대정신수대장경 주(註): 상관차보살자(相觀此菩薩者)가 [流布本]에는 상(想)으로 되어 있다.

146) 대정신수대장경 주(註): 관(觀)이 [流布本]에는 관관차보살자(觀觀此菩薩者)로 되어 있다.

147) 대정신수대장경 주(註): 수(數)가 [敦][流布本]에는 양(量)으로 되어 있다.

觀世音及[148]大勢至。作是觀者, 名為正觀。若他觀者, 名為邪觀[149]。」

此菩薩天冠有五百寶蓮[150]華；一一寶華有五百寶臺。一一臺中, 十方諸佛淨妙國土廣長之相, 皆於中現。頂上肉髻如鉢[151]頭摩花。於肉髻上有一寶瓶, 盛諸光明, 普現佛事。餘諸身相如觀世音, 等无有異。此菩薩行時, 十方世界一切震動, 當地動處各[152]有五百億寶花。一一寶花莊嚴高顯, 如極樂世界。此菩薩坐時, 七寶國土一時動搖。從下方金光佛刹, 乃至上方光明王佛刹, 於其中間無量塵數分身无量壽佛, 分身觀世音、大勢至, 皆悉雲集極樂國土, 側[153]塞空中坐蓮華座, 演說妙法, 度苦衆生。作此觀者, 名為觀[154]見[155]大勢至菩薩；是為觀大勢至色身相[156]。觀此菩薩者名第十一觀[157], 除无數[158]劫阿僧祇生死之罪；作是觀者不處胞胎, 常遊諸佛淨妙國土。此觀成已, 名為具足觀觀世音及[159]大勢至。作是觀者, 名為正觀。若他觀者, 名為邪觀[160]。」

---

148) 대정신수대장경 주(註): 급(及)이 [宋][元][明][敦][流布本]에는 없다.

149) 대정신수대장경 주(註): 작시~사관(作是…邪觀) 16자가 [宋][元][明][敦][流布本]에는 없다.

150) 대정신수대장경 주(註): 연(蓮)이 [宋][元][明][流布本]에는 없다.

151) 대정신수대장경 주(註): 발(鉢)이 [流布本]에는 발(盋)로 되어 있다.

152) 대정신수대장경 주(註): 각(各)이 [宋][元][明][敦][流布本]에는 없다.

153) 대정신수대장경 주(註): 측(側)이 [元][明]에는 측(畟)으로 되어 있다.

154) 대정신수대장경 주(註): 위관(為觀)이 [敦]에는 위정관(為正觀), [流布本]에는 위정관약타관자명위사관(為正觀若他觀者名為邪觀)로 되어 있다.

155) 대정신수대장경 주(註): 견(見)이 [敦]에는 없다.

156) 대정신수대장경 주(註): 상관차보살자(相觀此菩薩者)가 [流布本]에는 상(想)으로 되어 있다.

157) 대정신수대장경 주(註): 관(觀)이 [流布本]에는 관관차보살자(觀觀此菩薩者)로 되어 있다.

158) 대정신수대장경 주(註): 수(數)가 [敦][流布本]에는 양(量)으로 되어 있다.

159) 대정신수대장경 주(註): 급(及)이 [宋][元][明][敦][流布本]에는 없다.

160) 대정신수대장경 주(註): 작시~사관(作是…邪觀) 16자가 [宋][元][明][敦][流布本]에는 없다.

옮긴글

붇다께서 아난다와 바이데히에게 말씀하셨다.

"다음에는 큰 힘 이룬 보디쌑바(大勢至菩薩)를 본다. 이 보디쌑바의 몸 크기는 소리 보는 보디쌑바와 같다. 둥근 빛의 너비는 각각 225요자나이고 250요자나를 비춘다. 몸에서 난 밝은 빛이 시방의 나라를 비추며 잠부나다 금빛을 내는데, 인연 있는 중생은 모두 볼 수 있다. 이 보디쌑바의 털구멍 하나에서 나오는 빛만 보아도 헤아릴 수 없이 많은 여러 붇다의 맑고 묘한 밝은 빛을 보는 것이므로 이 보디쌑바 이름을 '가없는 빛(無邊光)'이라 부른다. 슬기 빛으로 모든 것을 두루 비추어 3가지 진구렁(三塗)[1]을 벗어나 위없는 힘을 얻게 하므로 큰 힘 이룬 보디쌑바(大勢至菩薩)라고 부른다.

이 보디쌑바가 쓴 하늘관에는 500송이 연꽃이 있고, 보석 꽃 한 송이 한 송이에 500개의 보석 대가 있다. 대 하나하나 속에는 시방 모든 여러 붇다의 맑고 묘한 나라의 넓고 긴 모습이 다 나타나 있다. 정수리 위에 있는 살 상투는 빠마꽃(鉢頭摩華)[2]처럼 생겼고, 살 상투 위에 보석 병 하나가 갖가지 밝은 빛을 담고 있어 붇다가 하시는 일을 두루 비춘다. 나머지 여러 몸의 생김새는 소리 보는 보디쌑바와 다름이 없다.

이 보디쌑바가 다닐 때는 시방세계가 모두 한꺼번에 흔들려 움직이는데, 땅이 움직이는 곳에는 모두 500억 송이 보석 꽃이 핀다. 보석 꽃 하나하나의 장엄함이 높이 드러나 마치 기쁨나라(極樂) 같다. 이 보디쌑바가 앉을 때는 7가지 보석으로 된 나라가 한꺼번에 흔들려 움직이는데, 아래쪽 다이아몬드 붇다나라(金光佛刹)에서 위쪽 밝은 빛 왕 나라(光明王刹)까지 그 사이에 있는 헤아릴 수 없이 많은 몸 나눈(分身) 아미따바 붇다·소리 보는 보디쌑바·큰 힘 이룬 보디쌑바가 모두 기쁨나라에 구름처럼 모여, 공중을 가득 메운 연꽃자리에 앉아 미묘한 가르침을 주어 괴로움에 빠진 중생을 (기쁨나라로) 이끈다.

이렇게 보는 것을 큰 힘 이룬 보디쌑바를 보는 것이라 부르고, 이렇게 큰 힘 이룬 몸(보디쌑바)의 생김새를 보는 것이다. 이 보디쌑바를 보는 것을 열한째 보는 것이라고 하며, 수없는 깔빠·수없이(阿僧祇)[3] 나고 죽는 죄를 없앤다. 이 관을 하는 사람은 아이 배는 태에 들어가지 않고, 여러 붇다의 맑고 묘한 나라에서 노닐게 된다.

이 관이 이루어지면 소리 보는 보디쌑바(觀音菩薩) 및 큰 힘 이룬 보디쌑바(大勢至菩薩) 보는 관을 모두 갖추었다고 보며, 이렇게 보는 것을 바로 보는 것이라 부르고, 달리 보는 것을 삿되게 보는 것이라 부른다."

풀이

(1) 3가지 진구렁(三塗): 원문 삼도(三塗)는 한문 문헌에서 불 진구렁(火途), 칼 진구렁(刀途), 피 진구렁(血途)을 뜻하는 것으로, 헤어나기 어려운 구렁을 말한다. 불교에서는 이것을 3가지 나쁜 길(三惡道)과 연결하여 해석한다.

(2) 빧마(padma, 鉢頭摩華): 연꽃(a lotus), 특히 Nelumbium Speciosum 꽃을 말한다. 저녁에는 문을 닫는 꽃으로, 수련이

나 Nymphaea Alba와 혼동하는 경우가 많다. 우리가 많이 보는 붉은 연꽃(紅蓮)이다. 이 경에 나온 발두마화(鉢頭摩華)는 마(padma)를 소리 나는 대로 옮긴 것인데, 그 밖에도 파담(波曇), 파모(波慕), 파두마(波頭摩), 파두모(波頭慕), 발특마(鉢特摩), 발담마(鉢曇摩), 파타마(波陀摩), 파두마화(波頭摩華)라고 옮겼고, 뜻으로 꽃(花); 연(蓮), 연꽃(蓮華, 蓮花); 붉은 연紅蓮), 붉은 연꽃(赤蓮華, 紅蓮華)이라고 옮겼다.

(3) 수없이(asaṁkhya, 아쌍캬, 阿僧祇): 인두에서는 수(saṁkhya)를 셀 때 1에서 수없는(asaṁkhya, 아쌍캬, 阿僧祇)까지 10진법으로 52수로 표시한다(원래는 60수). 경전에 많이 나오는 수만 들어 보면 다음과 같다. 1·10·100·1,000·10,000·십만(lakṣa, 락샤, 落叉)·백만(atilakṣa, 아띨락샤, 度落叉)·천만(koṭi, 꼬띠, 俱胝)·억(madhya, 마댜, 末陀)·10억(ayuta, 아유따, 阿由多)·1,000억(nayuta, 나유따, 那由多)…… 수없는(asaṁkhya, 아쌍캬, 阿僧祇).

12. 기쁨나라에 스스로 나는 것을 생각하고 본다(普想觀)

한문

佛告阿難及韋提希[161]:「見此事時當起想作心, 見生於西方極樂世

161) 대정신수대장경 주(註): 불고~위제희(佛告…韋提希)가 [宋][元][明][敎][流布本]에는 없다.

界, 於蓮華中結跏[162]趺坐, 作蓮華合想, 作蓮華開想。蓮華開時, 有五百色光來照身想；眼目開想, 見佛菩薩滿虛空中, 水鳥、樹林及與諸佛, 所出音聲, 皆演妙法, 與十二部經合。若[163]出定[164]時憶持不失。見此事已, 名見無量壽佛極樂世界。是為普觀想[165], 名第十二觀。無量壽佛化身無數, 與觀世音及[166]大勢至, 常來至此行人之所。作是觀者, 名為正觀。若他觀者, 名為邪觀[167]。」

옮긴 글

붇다께서 아난다와 바이데히에게 말씀하셨다.

"이 일을 보았을 때, 반드시 생각을 일으켜 이렇게 마음먹어야 한다. 스스로 서녘 기쁨나라에 나서 연꽃 속에 책상다리하고 앉아 있는 것을 보고 연꽃이 닫히는 것을 생각하고, 연꽃이 열리는 것을 생각할 때 500가지 빛깔의 빛이 몸을 비추는 것을 생각한다. 보는 눈이 열린다고 생각하고 붇다와 보디쌑바들이 허공 안에 가득하며, 물새와 나무숲, 그리고 모든 붇다가 내는 말소리는 모두 미묘한 가르침을 이야기하는데 12가지 경전 구성 형식[1]에 다 들어맞는다고 본다. 싸마디에서 나올 때도 기억하여 지니고 잊지 않고 이 일은 보면 아미따바 붇다 기쁨나라를 보았다고 이름한다.

---

162) 대정신수대장경 주(註): 가(跏)가 [宋][元][明]에는 가(加)로 되어 있다.

163) 대정신수대장경 주(註): 약(若)이 [敦][流布本]에는 없다.

164) 대정신수대장경 주(註): 정(定)이 [元][明][敦][流布本]에는 정지(定之)로 되어 있다.

165) 대정신수대장경 주(註): 상(想)이 [敦]에는 상(相)으로 되어 있다.

166) 대정신수대장경 주(註): 급(及)이 [敦][流布本]에는 없다.

167) 대정신수대장경 주(註): 작시~사관(作是…邪觀) 16자가 [宋][元][明][敦][流布本]에는 없다.

이것을 상을 두루 본다고 하고, 열두째 보는 것이라 부른다. 아미따바 붇다의 바꾼 몸은 수없이 많아 늘 소리 보는 보디쌑바와 큰 힘 이룬 보디쌑바와 더불어 이처럼 닦는 사람 있는 곳에 찾아오신다. 이렇게 보는 것을 바로 보는 것이라 부르고, 달리 보는 것은 삿되게 보는 것이라 부른다."

풀이

---

(1) 12가지 경전 구성 형식(dvādaśāṅga-buddha-vacana, 十二部經): 바짜나(vacana)는 연설(speaking), 올린 기록(mentioning), 지시(indicating), 말투(expressing), 뜻(meaning)을 나타내는데, 붇다가 말씀하신 형식이나 내용을 12가지로 나눈 것이다. 한문 경전에서는 12갈래 가르침(十二分教), 12갈래 거룩한 가르침(十二分聖教), 12갈래 경(十二分經)이라고 했는데, 더 명확히 하기 위해서 '12가지 경전 구성 형식'이라고 옮겼다.

① 경(sūtra, 契經): 쑤뜨라(sūtra)는 실(a thread, yarn), 끈(string)이란 뜻인데, 한문으로는 경(經)이다. 여기 나오는 12가지가 모두 경전 속에 나타난 내용을 형식으로 나눈 것인데, 쑤뜨라는 특히 붇다의 가르침을 자유롭게 쓴 것(長行, 散文)으로 일반 경을 말한다. 한문 경전에서 흔히 소리에 따라 쑤뜨라(修多羅)라고 썼다.

② 게야(geya, Ⓟ geyya 應頌): 게야(geya)는 노래(a song), 노래하기(singing) 같은 뜻이다. 한문 경전에서는 소리 나는 대로 기야경(祇夜·岐夜·祇夜經)이라 했고, 뜻으로 시·노래(詩歌), 노래

를 읊음(歌詠)이라고 했다. 옛 옮김(舊譯)에서는 거듭 기림(重頌), 거듭 기리는 게(重頌偈)라고 옮겼고, 새 옮김(新譯)에서는 따라·받아 기림(應頌)이라고 했다. 붇다의 가르침을 앞에서 자유롭게 쓰고(散文體) 나서 다시 시 형식을 갖추어 쓴 글(韻文)을 덧붙이는데, 형식은 시지만 그 내용이 앞의 글과 같다. 이처럼 내용이 겹치므로 겹쳐 기림(重頌), 겹쳐 기리는 게(重頌偈)라고 옮겼고, 앞에 나온 내용을 '따라서나 받아서 기림(應頌)'이라고 옮겼다.

③ 예언(vyākaraṇa, Ⓟ veyyākaraṇa, 授記): 예언(prediction, prophecy)이란 뜻이다. 한문 경전에서는 소리 나는 대로 화가라나(和伽羅那), 비야구리나(毘耶佉梨那), 폐가란타(弊迦蘭陀), 화가라나(和伽羅那), 화라나(和羅那)라고 했고, 뜻으로는 결정을 주다(授決), 결정을 받다(受決), 기록을 받다(受記), 신표를 받다(受莂), 따른 기록(記別), 신표 기록(記莂), 말씀 기록(記說), 기록(記) 같은 갖가지 옮김이 있다. 붇다가 제자들이 죽은 뒤 어디서 태어날 것인지 미리 예언하거나, 앞으로 어떤 열매를 얻고, 붇다가 되면 이름이 무엇일 것이라는 예언을 하는 것을 말한다.

④ 가타(gāthā, 偈頌): 경 내용 가운데 운문 부분(the metrical part of a sūtra)을 말한다. 한문 경전에서 소리 나는 대로 가타(伽陀)·가타(伽他)·게타(偈陀)·게타(偈他)라고 옮겼고, 뜻으로는 외다(諷誦)·게로 기리다(偈頌)·기리다(造頌)·따로 기리다(孤起頌)·겹치지 않는 게송(不重頌偈)·송(頌)·가요(歌謠)라고 옮겼

다. 산스크리트 문헌에 보면 특정한 음절 수와 길고 짧음(長短)으로 이루어진 운문이 나오는데, 그 운문을 말한다. 게야(geya)는 앞에 나온 이야기를 다시 시로 읊은 것이고, 가타(gāthā)는 앞에 나오지 않는 말을 시 형식으로 읊은 것이다. 가타의 종류가 많은데, 경전에서 가장 많이 쓴 것은 두 줄 16소리마디(8소리마디 두 문장)로 된 것인데 슬로까(śloka)라고 하며 통게(通偈)라고도 한다. 다른 하나는 두 줄 22~20소리마디로 이루어지는데(두 문장으로 이루어진 11~12소리마디) 뜨리스툽(triṣṭubh, 일종의 리듬)이라고 한다. 그 밖에 소리마디 수에는 제한이 없으며, 두 줄 8구(4개 단음 7구와 1소리마디)로 이루어지는 것은 아랴(āryā, 일종의 리듬)라 한다.

⑤ 스스로 말함(udāna, 自說): 본디 '위로 숨 쉬다(breathing upwards)'라는 뜻인데, 감동하여 일어나는 홍취나 저절로 나오는 목소리로 바뀌면서, 불교 경전에서는 제자들이 묻지 않았는데 스스로 말하는 것을 뜻한다. 소리 나는 대로 우타남(烏陀南), 올탁남(嗢托南), 우타나(優陀那), 울타나(鬱陀那)로 옮기고, 뜻으로는 저절로(自然), 가르침(法句), 읊음(歎), 지은 기록(撰錄), 스스로 말함(自說), 묻지 않아도 스스로 말함(無問自說), 감홍 어린 게송(感興偈) 따위로 옮겼다.

⑥ 연줄(nidāna, 因緣): 끈(a band), 줄(rope), 밧줄(halter); 어떤 까닭(any cause or motive)을 말하는데, 한문 경전에서는 소리 따라 니타나(尼陀那), 뜻으로 연줄(因緣)이라고 했는데, 여기서는 붇다가 경을 이야기하게 된 까닭과 연줄을 말하는 것

으로 머리말에 들어간다.

⑦ 비유 (梵avadāna, 譬喩): 위대하고 명예로운 행동(a great or glorious act)이나 설화 대상의 업적(achievement of object of a legend)을 말하는데, 경전에서는 어떤 이야기를 쉽게 이해시키기 위해 다른 이야기를 견주어 말해 주는 것을 말한다. 한문 경전에서는 소리 따라 아파타나(阿波陀那)라고도 옮겼다.

⑧ 전생 이야기(itivṛttaka, 本事): 이띠(iti)는 이렇게·따라서(thus)이고 브리따까(vṛttaka)는 속인·평신도(layman)를 뜻하는데, 붇다의 전생 이야기인 자따까에 나오지 않은 제자들의 전생 행적을 말한다. 한문 경전에서는 소리로 이제왈다가(伊帝曰多伽), 뜻으로 본디 이야기(本事)라고 옮겼다.

⑨ 붇다 전생 이야기 (jātaka, 闍陀伽): 고따마 붇다가 태어나기 이전 이야기(The story of a former birth of gautama- buddha-)다.

⑩ 크넓은(vaipulya, 方廣): 큼(largeness), 넓음(spaciousness), 너비(breadth) 같은 뜻인데, 붇다의 가르침이 크넓고 깊다는 뜻으로, 큰 탈것(大乘) 경전을 말한다. 소리 따라 비불략(毘佛略), 비부라(毘富羅), 비불략(鞞佛略), 비비나(斐肥儸), 위두이(爲頭離)라고 옮겼고, 뜻으로 사방으로 넓다(方廣), 널리 가르다(廣破), 넓고 크다(廣大), 넓고 다(廣博), 널리 열다(廣解), 넓다(廣), 견줄 바 없다(無比) 따위로 옮겼고, 마하(mahā)를 붙여 크넓은(大方廣, 大方等)이라고 옮겼다.

⑪ 드문 가르침(adbhuta-dharma, 希法): 앋부따(adbhuta)는 엄청난(extraordinary), 도저히 생각할 수 없는(supernatural), 놀랄 만

한(wonderful), 놀라운(marvellous) 같은 뜻인데, 불교에서는 드문(希), 이제까지 한 번도 없었던(未曾有) 같은 뜻으로 쓰였다. 붇다나 제자들이 한 드문 일들을 말한다. 소리 따라 아부타달마(阿浮陀達磨)라고도 옮겼다.

⑫ 논의(upadeśa, 論議): 우빠데사(upadeśa)는 자세한 설명(specification, 詳述), 설명서(instruction), 강의(teaching), 정보(information), 안내(advice) 같은 뜻으로, <한문 번역>에서는 소리 따라 우파제사(優波提舍), 뜻으로 논의(論議)라고 옮겼다.

13. 기쁨나라 아미따바 붇다와 두 보디쌑바를 함께 생각하고 본다 (雜想觀)

한문

佛告阿難及韋提希:「若欲至心生西方者, 先當觀於一丈六像在池水上。如先所說, 無量壽佛身量无邊, 非是凡夫心力所及。然彼如來宿願力故, 有憶想者必得成就。但想佛像得无量福, 況復[168]觀佛具足身相[169]! 阿弥陁佛神通如意, 於十方國變現自在。或現大身滿虛空中; 或現小身丈六八尺。所現之形皆真金色, 圓光化佛及寶蓮花, 如上所說。觀世音菩薩及大勢至, 於一切處身同衆生, 但觀首[170]相, 知是觀

168) 대정신수대장경 주(註): 황복(況復)이 [流布本]에는 하황(何況)으로 되어 있다.

169) 대정신수대장경 주(註): 상(相)이 [宋]에는 상(想)으로 되어 있다.

170) 대정신수대장경 주(註): 수(首)가 [敦]에는 수(手)로 되어 있다.

世[29]音, 知是大勢至, 此二菩薩助阿弥陁佛[171], 普化一切。是為雜想觀[172], 名第十三觀。作是觀者, 名為正觀。若他觀者, 名為邪觀[173]。」

옮긴 글

붇다께서 아난다와 바이데히에게 말씀하셨다.

"마음 깊이 서녘에 가서 나고자 하는 사람은 먼저 1길 6자[1] 되는 상이 연못 물 위에 계신다고 보아야 한다. 앞에서 말한 바와 같이 아미따바 붇다의 몸길이는 끝 닿는 데가 없어 보통 사람 마음의 힘으로는 미칠 수가 없지만, 여래가 오래전 세운 바램 때문에 그 상을 잊지 않고 생각하는 사람은 반드시 이룰 수 있다. 붇다의 상을 생각하는 것만으로도 헤아릴 수 없는 복을 얻는데, 붇다가 완전히 갖춘 몸의 생김새를 보는 것은 더 말할 것도 없다.

아미따바 붇다는 마음대로 신통을 부려 시방 여러 나라에 거리낌 없이 나타나시는데, 큰 몸을 허공에 가득 채울 수도 있고, 1길 6자 되는 작은 몸으로 나타나실 수도 있다. 나타나실 때 모습은 모두 진짜 금빛이고, 둥근 빛 속의 몸 바꾼(化身) 붇다나 보석 연꽃은 앞에서 말한 바와 같다. 소리 보는 보디쌑바와 큰 힘 이룬 보디쌑바는 어디서나 몸은 같지만, 중생들은 머리 꾸밈만 보고 소리 보는 보디쌑바인지 큰 힘 이룬 보디쌑바인지 알 수 있다.[2] 이 두 보디쌑바는 아미따바 붇다를 도와 모든 사람을 널리 가르쳐 (기쁨

---

171) 대정신수대장경 주(註): 불(佛)이 [敦]에는 없다.

172) 대정신수대장경 주(註): 잡상관(雜想觀)이 [敦]에는 잡관상(雜觀相)으로 되어 있다.

173) 대정신수대장경 주(註): 작시~사관(作是…邪觀) 16자가 [宋][元][明][敦][流布本]에는 없다.

나라로) 이끄신다.

이것이 함께 생각하고 보는 것이며, 열셋째 보는 것이라 부른다. 이렇게 보는 것을 바로 보는 것이라 부르고, 다르게 하는 보는 것을 삿되게 보는 것이라 부른다.

풀이

(1) 1길 6자(一丈六尺): 1길은 8자 또는 10자를 말하는데, 1자는 30㎝쯤 되니 1길은 3m쯤 된다. 옛날에는 1길은 보통 한 사람의 키를 말하기도 했다. 그래서 한 길이 넘는다는 것은 한 사람 키보다 더 높다는 것을 뜻했다.

(2) 앞에서 소리 보는 보디쌑바는 머리에 몸 바꾼 붇다(化身佛)를 모시고 있고, 큰 힘 이룬 보디쌑바는 보석병을 이고 있다고 했다. 그래서 사람들은 이를 보고 두 보디쌑바를 구별할 수 있다는 것이다.

Ⅲ. 기쁨나라 가서 나는 9가지 품

1. 상품 상(上品上)에 나는 사람

한문

佛[174]告阿難及韋提希:「凡生西方有九品人[175]。上品上生者, 若有衆生願生彼國者, 發三種心, 即便往生。何等為三?一者、至誠心。二者、深心。三者、迴向發願心。具三心者必生彼國。復有三種衆生, 當得往生。何等為三?一者、慈心不煞, 具諸戒行。二者、讀誦大乘方等經典。三者、修行六念, 迴向發願[176]生彼佛[177]國。具此功德, 一日乃至七日, 即得往生。生彼國時, 此人精進勇猛[178]故, 阿弥陁如來與觀世音及[179]大勢至, 無數化佛, 百千比丘, 聲聞大衆, 無量[180]諸天, 七寶宮殿, 觀世音菩薩執金剛臺, 與大勢至菩薩至行者前。阿弥陁佛放大光明, 照行者身, 與諸菩薩授手迎接。觀世音、大勢至與無數菩薩, 讚歎行者, 勸進其心。行者見已, 歡喜踊躍。自見其身乘金剛臺, 隨従佛後, 如彈指頃, 往生彼國。生彼國已, 見佛色身衆相具足, 見諸菩薩色相具足。光明寶林, 演說妙法。聞已即悟无生法忍。經須臾間歷事諸佛, 遍十

174) 대정신수대장경 주(註): 불(佛)이 [元]에는 불불(佛佛)로 되어 있다.
175) 대정신수대장경 주(註): 범생서방유구품인(凡生西方有九品人)이 [宋][元][明][敦][流布本]에는 없다.
176) 대정신수대장경 주(註): 원(願)이 [元][明][敦][流布本]에는 원원(願願)으로 되어 있다.
177) 대정신수대장경 주(註): 불(佛)이 [元][明][敦][流布本]에는 없다.
178) 대정신수대장경 주(註): 맹(猛)이 [宋]에는 맹력(猛力)으로 되어 있다.
179) 대정신수대장경 주(註): 급(及)이 [元][明][敦][流布本]에는 없다.
180) 대정신수대장경 주(註): 양(量)이 [流布本]에는 수(數)로 되어 있다.

方界, 於諸佛前次第受[181]記。還至[182]本國, 得無量百千陁羅尼門, 是名上品上生者。

옮긴글

붇다께서 아난다와 바이데히에게 말씀하셨다.

"무릇 서녘에 태어난 사람이란 9가지 품(品)이 있다. 상품 상(上品上)에 가서 나기를 바라는 중생은 3가지 마음을 내면 바로 가서 날 수 있다. 무엇이 3가지인가? 첫째, 더할 나위 없이 성실한 마음(至誠心)이고, 둘째, 깊은 마음이고, 셋째, 회향하고 바라는 마음인데, 이 3가지 마음을 내는 사람은 그 나라에 날 수 있다. 그리고 3가지 중생은 반드시 그 나라에 가서 날 수 있다. 무엇이 3가지인가? 첫째, 사랑하는 마음으로 죽이지 않고 모든 계를 지키는 중생, 둘째, 큰 탈것(大乘)의 '넓게 두루 미치는 경(方等經)'을 외어 읽는 중생[1], 셋째, 5가지 새김(六念)[2]을 닦아 그것을 회향하여 그 붇다나라에 나고자 바라는 중생이다.

이런 공덕을 갖추고 하루에서 7일까지 이르면[3] (기쁨나라에) 가서 나게 된다. 그 나라에 날 때 이 사람은 열심히 정진하였으므로 아미따바 붇다와 소리 보는 보디쌑바·큰 힘 이룬 보디쌑바, 수없이 많은 몸 바꾼 붇다(化身佛), 백·천 빅슈, 제자들, 헤아릴 수 없는 여러 하늘사람들, 7가지 보석으로 꾸민 궁전과 함께 오는데, 소리 보는 보디쌑바가 다이아몬드대(金剛臺)를 가지고 큰 힘 이룬 보디

181) 대정신수대장경 주(註): 수(수)가 [宋][元][明][流布本]에는 수(授)로 되어 있다.

182) 대정신수대장경 주(註): 지(至)가 [流布本]에는 도(到)로 되어 있다.

쌀바와 함께 그 닦는 사람 앞에 이른다. 아미따바 붇다가 크고 밝은 빛을 내서 그 닦은 사람 몸을 비추면 여러 보디쌑바와 더불어 손을 내밀어 맞아들인다. 소리 보는 보디쌑바와 큰 힘 이룬 보디쌑바가 수 없는 보디쌑바들과 더불어 닦은 사람을 찬탄하고 나아가도록 권한다. 닦은 사람이 이를 보고 뛸 듯이 기뻐하며 스스로 몸이 다이아몬드대를 타고 있는 것을 보면서 붇다 뒤를 따르면, 손가락 한 번 튕기는 사이에 그 나라에 가서 나게 된다. 그 나라에 나게 되면 붇다의 몸 생김새가 모든 것을 갖추었다는 것을 보고, 여러 보디쌑바의 생김새가 모든 것을 갖추었다는 것을 보고, 밝게 빛나는 보석 나무가 연설하는 기묘한 가르침을 들으면, 바로 나고 죽는 것을 여의는 경계(無生法忍)를 얻게 된다. 눈 깜짝할 사이[4] 여러 붇다를 내리 섬기면서 두루 여러 붇다 앞에서 차례로 예언을 받고(受記) 기쁨나라로 돌아와 헤아릴 수 없는 백·천 다라니[5] 법문을 얻는다. 이것을 상품 상(上品上)에 난다고 부른다."

풀이

(1) "큰 탈것(大乘)의 '넓게 두루 미치는 경(方等經)'"을 읽는다는 문구는 후대에 덧붙여진 것으로 보인다. 첫째 붇다가 가르침을 펼 때는 경전이 없었고, 둘째 외어 내려오던 가르침을 글자로 옮긴 것은 1세기 앞 뒤라는 것이 경전성립사에서는 상식이다. 큰 탈것(大乘), 작은 탈것(小乘)이라는 낱말도 큰 탈 것이 이루어진 1세기 전후이므로, 이 구절은 큰 탈것을 돋보이게 하고 믿게 하려고 덧붙인 것이라고 보는 것이 옳다고 본다.

(2) 6가지 새김(ṣaḍ anusmṛtayaḥ Ⓟ cha anussati-ṭṭhānāni, 六念): 6가지를 새기는 것(念)으로, ① 붇다를 새기고(念佛), ② 가르침을 새기고(念法), ③ 쌍가를 새기고(念僧), ④ 삼감을 새기고(念戒), ⑤ 베풂을 새기고(念施), ⑥ 하늘을 새긴다(念天). '새긴다(念)'는 것은 산스크리트 붇다-아누-씀리띠(anusmṛti)를 옮긴 것이다. 아누(anu)는 영어의 with나 after 같은 다양한 뜻을 가진 앞가지(接頭語)이고 씀리띠(smṛti)는 기억(remembrance, 記憶)이라는 뜻이다. 산스크리트 사전에는 아누(anu)+씀리띠(smṛti)가 (지난 일을) 생각해 내다(to remember), 불러일으키다(recollect)라는 뜻으로 쓰인다고 되어 있다. 기쁨나라 가기 위해 붇다를 새긴다(念佛)고 할 때 쓰는 낱말로 '이미 생각하고 있던 것을 잊지 않고 계속 생각해 낸다는 뜻(憶念, 마음에 떠올리다, 마음에 불러일으키다, 생각해 내다)'이 강하다. 빨리어로는 싸띠(sati)인데, 『빠알리-한글사전』(전재성)에 기억, 새김, 챙김, 주시, 주의를 기울임, 인식, 염(念), 억념(憶念) 같은 갖가지 뜻을 들고 있다. 붇다가 가장 중요하게 강조한 수행법인 '4가지 새기는 것(四念處)'도 씀리띠-우빠스타나(smṛty-upasthāna, Ⓟ sati-paṭṭhāna)라고 해서 씀리띠(smṛti, Ⓟ sati)를 쓴다.

(3) "공덕을 갖추고 하루나 7일까지 이르면"이란 문장은 다른 경과 비교할 때 어색하다. "공덕을 갖추고 하루에서 7일까지 마음 깊이 염불하면"이라고 새기는 것이 바람직하다.

(4) 눈 깜짝할 사이(muhūrta, Ⓟ muhutta, 須臾). 무후르따

(muhūrta)는 찰나(a moment), 때(instant), 짧은 시간(any short space of time)을 뜻하고, 하루의 30번째 시간, 곧 48분(a particular division of time, the 30th part of a day, a period of 48 minutes)을 말하기도 한다. 한문 경전에서는 소리 나는 대로 모호율다(牟呼栗多)라고 옮겼고, 일정한 시간을 나타내지 않고 '찰나'와 같은 시간으로 아주 짧은 시간을 나타냈다. 이 경전에 나오는 수유(須臾)의 유(臾) 자는 잠깐이란 뜻이고, 수유(須臾)가 단위로 쓰일 때는 준순(逡巡)의 10의 1, 순식(瞬息)의 10배, 곧 10^{-15}이다. 흔히 우리가 순식간(瞬息間)을 눈 한 번 깜짝하거나 숨 한 번 쉴 사이와 같은 짧은 동안을 나타내기 때문에 가장 쉬운 '눈 깜짝할 사이'로 옮겼다.

(5) 다라니(dhāraṇī, 陀羅尼): 소리로 타린니(陀憐尼)라고도 하고, 뜻으로 '모두 가짐(總持)'·'지닐 수 있음(能持)'·'막을 수 있음(能遮)'이라고 옮겼다. 여기서는 우리에게 더 익숙한 '다라니'라고 옮겼다. 다라니는 헤아릴 수 없이 많은 붇다의 가르침을 잃어버리지(亡失) 않고 모두(總) 굳게 지켜(攝) 잊지 않고(憶) 지니는(持) 염혜력(念慧力)을 말한다. 『대지도론』 권 5와 『불지경론(佛地經論』 권 5에 따르면 다라니는 일종의 기억술로, 하나의 가르침에서 모든 가르침을 알아서 지니고, 하나의 글월에서 모든 글월을 알아서 지니고, 하나의 뜻에서 모든 뜻을 알아서 지니는 것으로, 하나의 가르침(法)·하나의 글월(文)·하나의 뜻(義)에서 모든 가르침(一切法)을 생각해 낼 수 있으므로, 헤아릴 수 없이 많은 붇다의 가르침을 잃어버리지 않고 모두 갖게(總持) 되는 것이다. 다라니는 갖가지 좋은 가르침(善法)을 가질 수 있고

(能持), 갖가지 나쁜 가르침을 막을 수 있다(能遮). 보디쌋바는 남을 이롭게 하는 것(利他)을 으뜸으로 삼아 다른 사람을 가르쳐 이끌기 때문에 반드시 다라니를 얻어야 한다. 그래야만 헤아릴 수 없이 많은 붇다의 가르침을 잃어버리지 않게 되어 많은 사람들 속에서 두려워하지 않고 거침없이 설교를 할 수 있다. 보디쌋바가 다리니를 얻는 이야기는 여러 경에 아주 많이 나온다. 후세에 이르러 다라니 형식이 주문(咒)과 같아져, 사람들이 다라니와 주문(咒)을 구별하지 못하고 뒤섞어서 보게 되어 주문도 다라니라고 부르게 되었다. 그러나 잣귀의 길고 짧음을 가지고 따로따로 나눌 수 있으니, 구절이 긴 것은 다라니고, 구절이 짧은 것은 진언(咒)이다.

2. 상품 중(上品中)에 나는 사람

한문

「上品中生者, 不必受持讀誦方等經典。善解義趣, 於第一義心不驚動, 深信[183]因果, 不謗大乘；以此功德, 迴向願求生極樂國。行此行者命欲終時, 阿弥陁佛與觀世音及[184]大勢至, 無量大衆, 眷屬圍繞, 持紫金臺至行者前, 讚言:『法子! 汝行大乘, 解第一義, 是故我今來迎接汝。』與千化佛一時授手。行者自見坐紫金臺, 合掌叉手, 讚歎諸

183) 대정신수대장경 주(註): 신(信)이 [敎]에는 신신(信信)으로 되어 있다.
184) 대정신수대장경 주(註): 급(及)이 [元][明][敎][流布本]에는 없다.

佛, 如一念頃, 即生彼國七寶池中。此紫金臺如大寶花, 經宿即[185]開。行者身作紫磨金色, 足下亦有七寶蓮華。佛及菩薩俱放[186]光明, 照行者身, 目即開明。因前宿習, 普聞衆聲, 純說甚深第一義諦。即下金臺, 礼佛合掌讚歎世尊。經於七日, 應時即於阿耨多羅三藐三菩提, 得不退轉。應時即能飛[187]至十方, 歷事諸佛, 於諸佛所修諸三昧。經一小劫得無生法[188]忍, 現前受[189]記, 是名上品中生者。

옮긴 글

"상품 가운데 중간(上品中)에서 난다는 것은 반드시 큰 탈 것(大乘) 두루 통하는 경전(方等經)을 받아 지니고 외어 읽지 않았지만, 그 본디 뜻을 잘 깨쳐서 가장 깊은 뜻에 대해 마음이 놀라서 움직이지 않고, 씨열매법(因果)을 깊이 믿고, 큰 탈것(大乘)을 헐뜯지 않고, 이 공덕을 회향하여 기쁨나라(極樂)에 나기를 바라는 것이다. 이렇게 닦은 사람은 목숨이 다했을 때 아미따바 붇다와 소리 보는 보디쌑바 및 큰 힘 이룬 보디쌑바가 헤아릴 수 없는 대중들에 둘러싸여 잠부나다 금대를 가지고 닦는 사람 앞에 이르러 기려 말한다. '진리의 아들아, 그대는 큰 탈것을 닦고, 가장 깊은 뜻을 깨쳤으므로 내가 이제 그대를 맞이하러 왔다.' 그리고 1,000분의 몸 바

185) 대정신수대장경 주(註): 즉(即)이 [宋][元][明][流布本]에는 즉(則)으로 되어 있다.

186) 대정신수대장경 주(註): 구방(俱放)이 [宋][元][明]에는 구시(俱時), [敦][流布本]에는 구시방(俱時放)으로 되어 있다.

187) 대정신수대장경 주(註): 비(飛)가 [宋][元][明][流布本]에는 비행편(飛行遍)으로 되어 있다.

188) 대정신수대장경 주(註): 법(法)이 [宋][元][明][敦][流布本]에는 없다.

189) 대정신수대장경 주(註): 수(受)가 [宋][元][明][流布本]에는 수(授)로 되어 있다.

꾼 붇다(化身佛)가 한꺼번에 손을 내민다. 닦는 사람이 잠부나다 대에 앉아 두 손을 공손히 합치고 여러 붇다를 기리면 한 생각하는 사이에 바로 그 나라 7가지 보석으로 된 연못에 나게 된다.

잠부나다 금대는 큰 보석 꽃처럼 하룻밤 자고 나면 바로 핀다. 닦은 사람 몸은 잠부나다 금색이 되고 발밑도 7가지 보석으로 된 연꽃이 받쳐 주며, 붇다와 보디쌑바가 밝은 빛을 내 닦는 사람 몸을 비추면 눈이 열려 밝아진다. 살아 있을 때 닦은 습관대로 두루 여러 소리를 듣고 오로지 가장 깊은 진리만 말하게 된다. 그렇게 되면 황금대에서 내려와 붇다께 절하고 손 모아 붇다를 찬양한다.

7일이 지나면 바로 아눋따라-싸먁-쌈보디[1)]에서 물러나지 않는 자리를 얻는다. 이어서 바로 시방으로 날아가 여러 붇다를 내리 섬기며 여러 붇다로부터 갖가지 싸마디를 닦으면서 1 작은깔빠(小劫)[2)]를 지나면 '나고 죽는 것을 벗어난 경계(無生法忍)'를 얻는다는 예언을 바로 눈앞에서 받는다. 이것을 상품 중(上品中)에 난다고 부른다.

풀이

(1) 아눋따라-싸먁-쌈보디(阿耨多羅三藐三菩提, anuttara-samyak-saṁbodhi): 산스크리트 아눋따라-싸먁-쌈보디(anuttara-samyak-saṁbodhi)는 경전에서 아주 많이 나오는 말로 흔히 우리나라에서 '아뇩다라삼먁삼보리'라고 읽는 것으로, 다음 세 낱말을 합친 것이다. ① 아눋따라(anuttara): 위없는·가장 좋은(best), 뛰어난(excellent). ② 싸먁(samyak): 한 줄을 이루다(forming one line), 옳

은(dcorrect), 빈틈없는(accurate), 올바른(proper, true), 바른(right). ③ 쌈보디(saṁbodhi): 더할 나위 없는 깨달음(perfect knowledge or enlightenment). 이 세 낱말을 옮겨 보면 뛰어나고, 빈틈없고, 더할 나위 없는 깨달음이다. 한문 경전에서는 무상·정등·정각(無上正等正覺)·무상정진도(無上正眞道)·무상정변지(無上正遍知)라고 하였다.

(2) 깔빠(kalpa, Ⓟ kappa, 劫): 산-영 사전에는 전설적인 시간의 길이(a fabulous period of time)라는 설명으로 다음 7가지를 들고 있다. ① 브랗마(창조자, 하느님)의 하루(a day of brahmā-) 또는 1,000 유가(yuga)(one thousand yuga-s), ② 인간 세상의 4천, 3억 2천 년(a period of four thousand, three hundred and twenty millions of years of mortals), 이 세상이 지속되는 기간을 재는 단위(measuring the duration of the world); ③ 브랗마의 1달은 30깔빠라고 본다(a month of brahmā- is supposed to contain thirty such kalpa-s.); ④ 『마하바라따』에 따르면 브랗마의 1년은 12달이고, 100년을 산다(according to the (cit.)), twelve months of brahmā- constitute his year, and one hundred such years his lifetime); ⑤ 브랗마의 50년이 지났고, 우리는 이제 51년 스베따바라하 깔빠(śvetavārāha-kalpa: 브랗마 1달의 첫날)에 살고 있다(fifty years of brahmā-'s are supposed to have elapsed, and we are now in the śvetavārāha-kalpa- of the fifty-first); ⑥ 1깔빠가 끝나면 세상이 끝난다. 그러므로 깔빠는 모든 것이 없어지는 깔빤따(kalpānta: dissolution of all things)까지의 기간이다. (at the end of a kalpa- the world is annihilated; hence kalpa- is said to be equal to kalpānta-); ⑦ 불교에서 1깔빠의 기간은 같지 않고 여러 가지다(with Buddhists the kalpa-s. are not of equal duration).

그렇다면 불교에서는 어떻게 쓰였는가? 한문 경전에서는 소리에 따라 겁파(劫波, 劫跛, 劫簸), 갈랍파(羯臘波)라고 옮겼는데, 한문 번역가들이 줄여서 겁(劫)이라고 쓰면서 본디 소리를 잃어버리게 되었다. 6세기 고대음으로 劫簸는 '꺕빠'로 읽었기 때문에 본디 소리인 깔빠(kalpa)에 가까웠다. 그러나 현대 북경음에서는 지에뽀(jiepo)라고 읽어 전혀 다른 소리가 나고, 더구나 나중에는 어려운 po(簸) 자를 떼어 내 버리고 jie(劫)라는 글자만 쓰면서 처음 옮길 때 '소리 나는 대로 옮긴다'라는 뜻이 완전히 사라져 버렸다. 한국에서는 그렇게 줄인 낱말을 다시 한국식으로 '겁'이라고 읽어서 그 낱말로 굳어진 것이다. 여기서는 본디 발음과 너무 큰 차이가 나기 때문에 본디 발음인 '깔빠'를 써서 처음 옮길 때의 소리에 가깝게 하였다. 앞으로 산스크리트 본디 소리 대로 '깔빠'라고 쓰는 것이 바람직하다.

뜻에 따라 시간 분별(分別時分), 시절 분별(分別時節), 긴 시간(長時), 큰 시간(大時), 시간(時) 따위로 옮겼으나 소리 나는 대로 겁파(劫波, 劫跛, 劫簸), 특히 겁(劫)이라고 많이 썼다. 불교에서 긴 '시간' 개념은 깔빠를 기준으로 세상이 생겨나서 없어지는 소멸의 과정을 설명하는데, 경전에 따라 갖가지 설이 있다. 『대지도론(大智度論)』(권 38)에는 큰 깔빠(mahā-kalpa, 大劫)와 작은 깔빠(antara-kalpa, 小劫)로 나눈다. 『묘법연화경 강론(妙法蓮華經優波提舍)』에서는 깔빠를 밤·낮·월·시(時)·연(年) 같은 5가지로 나눈다. 『대비바사론(大

毘婆沙論)』(권 135)에는 중간 깔빠(中間劫), 생겼다 없어지는 겁(成壞劫), 큰 겁(大劫) 같은 3가지다. 『구사론(俱舍論)』(권 12)에서는 무너지는 깔빠(壞劫), 생기는 깔빠(成劫), 가운데 깔빠(中劫), 큰 깔빠(大劫) 같은 4가지가 있다. 구체적인 기간에 대해 『지도론(智度論)』(권 5)에는 이렇게 설명하고 있다. "사방 40리 성안에 겨자(芥子)를 가득 채우고 백 년마다 한 알씩 집어내어, 그 겨자가 다 없어져도 겁은 다하지 않는다.", "둘레 사방 40리 되는 바위를 백 년마다 한 번씩 엷은 옷으로 스쳐서 마침내 그 바위가 닳아 없어지더라도 겁은 다하지 않는다.

이 경에 나온 작은 깔빠(antara-kalpa, 小劫)의 산스크리트 원문은 안따라(antara)인데, 기간(period, term), 간격(interval)을 뜻하므로 안따라 깔빠(antara-kalpa)는 작은 기간이 아니라 일반적인 깔빠의 기간이라고 보아도 된다. 데바닫따(Devadatta Ⓟ 같음, 提婆達多)가 지옥에서 괴로움을 받는 기간이라는 설과 붇다가 1깔빠 동안 사는 기한이라는 설도 있는데, 1작은 깔빠의 길이는 경전에 따라 다르다. 『구사론(俱舍論)』(권 12)에는 "사람 목숨 8만 살부터 100살마다 1살씩 줄어들어 10살에 이르고, 10살에서 100살마다 1살씩 늘어나 8만 살이 되어, 늘어나는 깔빠(增劫)도 8만 살을 넘지 않고 줄어드는 깔빠(減劫)도 10살 이하로 내려가지 않는데, 이 늘어나고 줄어드는 기간을 1작은 깔빠(一小劫)라고 한다."라고 했다. 『대지론(大智論)』에서는 한 번 늘어나고 한 번 줄어드는 것을 합하여 1작은 깔빠라고 했다.

3. 상품 하(上品下)에 나는 사람

한문

「上品下生者, 亦信因果, 不謗大乘, 但發无上道心, 以此功德, 迴向願求生極樂國。彼[190]行者命欲終時, 阿弥陁佛及觀世音并[191]大勢至, 與諸眷屬[192]持金蓮華, 化[193]作五百化[194]佛, 來迎此人。五百化佛一時授手, 讚言:『法子! 汝今清淨, 發无上道心, 我來迎汝。』見此事時, 即自見身坐金蓮花。坐已華合, 隨世尊後, 即得往生七寶池中。一日一夜蓮花乃開, 七日之中乃得見佛。雖見佛身, 於衆相好心不明了, 於三七日後乃了了見。聞衆音聲, 皆演妙法。遊歷十方, 供養諸佛。於諸佛前聞甚深法, 經三小劫得百法明門, 住歡喜地。是名上品下生者。是名上輩生想, 名第十四觀。作是觀者, 名為正觀。若他觀者, 名為邪觀[195]。」

옮긴 글

상품 하(上品下)에 나는 것도 씨열매법을 믿고, 큰 탈것을 헐뜯지 않고, 위없은 도를 이루겠다는 마음을 내고, 이 공덕을 회향하여 기쁨나라(極樂)에 가서 나는 것을 바라는 것이다. 그 닦은 사람이

---

190) 대정신수대장경 주(註): 피(彼)가 [宋][元][明][敦][流布本]에는 없다.

191) 대정신수대장경 주(註): 병(并)이 [元][明][敦][流布本]에는 없다.

192) 대정신수대장경 주(註): 권속(眷屬)이 [宋][元][明]에는 보살(菩薩)로 되어 있다.

193) 대정신수대장경 주(註): 화(化)가 [元][明]에는 없다.

194) 대정신수대장경 주(註): 화(化)가 [敦]에는 없다.

195) 작시~사관(作是…邪觀) 16자가 [宋][元][明][敦][流布本]에는 없다.

목숨이 다할 때 아미따바 붇다와 소리 보는 보디쌑바 및 큰 힘 이룬 보디쌑바가 대중과 함께 황금 연꽃을 가지고 500분의 몸 바꾼 붇다가 되어 이 사람을 맞이한다. 500분의 몸 바꾼 붇다는 한꺼번에 손을 내밀며 기려 말한다. '진리의 아들이여! 그대는 이제 맑고 깨끗하고, 위없는 도를 이루겠다는 마음을 내었으므로 내가 너를 맞이한다.' 이 일을 볼 때 바로 스스로가 황금 연꽃에 앉아 있는 것을 본다. 앉고 나서 연꽃이 닫히면 세존을 따라가 바로 7가지 보석으로 된 못 속에 나게 된다. 하루 밤낮을 지나면 연꽃이 피고, 7일 안에 붇다를 뵐 수 있다.

비록 붇다 몸을 뵙지만, 모든 생김새와 품위가 또렷하지 않고, 21일이 지나야 비로소 똑똑하게 볼 수 있다. 뭇 목소리를 들으면 모두가 묘한 가르침이다. 시방을 두루 돌아다니며 여러 붇다에게 이바지하면서 여러 붇다로부터 깊고 깊은 가르침을 들으면, 3작은 깔빠를 지나 모든 가르침을 환하게 알게 되어 몹시 기쁜 자리(歡喜地)[1)]에 머물게 된다. 이것을 상품 하(上品下)에 나는 것이라 부르고, 높은 무리(上輩)에 나는 생각이라 부르고, 열넷째 보는 것이라 부른다. 이렇게 보는 것이 바로 보는 것이라 부르고, 달리 보는 것은 삿되게 보는 것이라 부른다."

풀이

(1) 몹시 기쁜 자리(pramuditā-bhūmi, 歡喜地): 쁘라무디다(pramuditā)는 기쁜(joyful), 더할 수 없이 기쁜(extremely delighted), 몹시 행복한(very happy) 같은 뜻이고, 부미(bhūmi)는 땅(earth, ground, 地); 자리(position, 地位)를 뜻하므로 '몹시 기쁜 자리'라고 옮길 수 있다. 한문 경전에서는 소리 따라 파무제타보미(波牟提陀步弭), 뜻에 따라 더할 나위 없이 기쁜 자리(極喜地), 첫 기쁜 자리(初歡喜地)라고 옮겼다. 보살이 닦는 과정에 10가지 믿음(十信), 10가지 머묾(十住), 10가지 닦음(十行), 10가지 회향(十回向)이 있고, 10가지 자리(十地)가 있는데, 기쁜 자리(歡喜地)는 10가지 자리 가운데 첫 자리이고, 52개 단계에서는 41위 단계이다.

4. 중품 상(中品上)에서 나는 사람

한문

佛告[196]阿難及韋提希:「中品上生者, 若有衆生受持五戒, 持八戒齋, 修行諸戒, 不造五逆, 无衆過惡[197];以此善根, 迴向願求生於西方極樂世界。行者[198]臨命終時, 阿弥陁佛與諸比丘, 眷屬圍繞, 放金色光至其人所, 演說苦、空、无常、無我, 讚歎出家得離衆苦。行者見已, 心大歡喜。自見己身坐蓮花臺, 長跪合掌為佛作礼。未舉頭頃即得往生極樂世界, 蓮花尋開。當華敷時, 聞衆音聲讚歎四諦, 應時即得阿羅漢道, 三明、六通、具八解脫;是名中品上生者。

196) 대정신수대장경 주(註): 불고(佛告)가 [敦]에는 부차(復次로 되어 있다.

197) 대정신수대장경 주(註): 악(惡)이 [宋][元][明][流布本]에는 환(患)으로 되어 있다.

198) 대정신수대장경 주(註): 행자(行者)가 [宋][元][明][敦][流布本]에는 없다.

옮긴글

붇다께서 아난다와 바이데히에게 말씀하셨다.

"중품 상(中品上)에 나는 것은 만일 중생이 5계를 받아 지니고, 8가지 삼가는 계(八戒齋)[1]를 지녀 모든 계를 닦으면서, 5가지 큰 죄(五逆罪)[2]를 짓지 않고, 갖가지 허물과 죄악이 없는 경우이고, 이런 좋은 뿌리를 서녘 기쁨나라에 가서 나기를 바라고 구하는 데 회향하는 것이다. 이렇게 닦은 사람은 목숨이 다할 때 아미따바 붇다가 여러 빅슈와 대중에 둘러싸여 황금빛을 그 사람이 있는 곳에 비추며 괴로움(苦), 공(空), 덧없음(無常), 나 없음(無我) 같은 가르침을 주시고, 집을 나와 모든 괴로움을 여읜 것을 찬탄한다. 닦은 사람은 이것을 보고 마음속으로 크게 기뻐하며 자기 몸이 연꽃 자리에 앉아 있는 것을 스스로 보고, 무릎을 꿇고 손 모아 붇다께 절을 올린다. 머리를 아직 다 들기도 전에 바로 기쁨나라에 나면 갑자기 연꽃이 피는데, 꽃이 필 때 여러 목소리가 4가지 진리(四諦)를 찬탄하는 것을 듣게 되고, 그때 바로 아르한 도 얻고, 3가지 얻음(三明)[3], 6가지 꿰뚫어 보는 힘(六通)[4], 8가지 얽매임에서 벗어남(八解脫)[5]을 갖추게 되는데, 이것을 중품 상(中品上)에서 난다고 부른다."

풀이

(1) 8가지 삼가는 계(aṣṭāṅga-samanvāgatopavāsa, Ⓟ aṭṭhaṇga-samannāgata uposatha, 또는 aṭṭhaāgika uposatha, 八關齋戒): 아스탕가(aṣṭāṅga)는 8가지로 이루어진(consisting of eight parts)이란 뜻이고, 싸만바가따(samanvāgata)는 ~을 수반하는(attended by), ~

을 조건으로(provided with)라는 뜻이며, 우빠바싸(upavāsa)는 단식(a fast, fasting), 특히 향수, 꽃, 바르는 약, 치렛거리, 빈랑, 노래, 춤 같은 모든 감각적 즐거움을 삼가는 종교 행위(as a religious act comprising abstinence from all sensual gratification, from perfumes, flowers, unguents, ornaments, betel, music, dancing etc.)이다. 따라서 '8가지 감각적 즐거움을 삼가는 종교적 행위'를 말하는데, '8가지 삼가는 계'라고 옮긴다. 불교에서는 재가 불자가 잠깐 출가하는 것을 배우는 것으로, 하루 밤낮 동안 가정을 떠나 쌍가에 머물면서 출가한 빅슈처럼 생활하는 것을 말한다. 이 경에 나오는 팔계재(八戒齋)는 바로 이 계를 말하며, 팔관재계(八關齋戒), 팔계(八戒), 팔지재계(八支齋戒), 팔금(八禁) 따위로 옮겼다. 팔(八)은 8가지 계를 말하고, 관(關)은 닫는다·잠근다는 뜻으로, 계는 나쁜 짓을 미리 막는 기능을 하므로 8가지 계를 지켜 몸·입·생각으로 짓는 3가지 나쁜 업을 막는다는 뜻이 있다. 그래서 이 행사를 8가지 계(八戒)라고 하는데, 7가지는 계이고, 때아닌 때 밥을 먹지 않는 것은 재(齋)라고 해서 8가지 재계(八齋戒)라고 한다. 우리나라 고리(高麗)시대 이 팔관재계는 국가적으로 실행했던 행사였다.

이 8가지 삼가는 계는 이미 초기 경전인 『숟따니빠따』「담미까경(dhammika-sutta)」에 자세하게 나와 있어 소개한다.

이와 같이 나는 들었다. 한때 세존께서 싸밧티 제따 숲 베품의 동산에 계셨다. 그때 담미까(Dhammika)라는 신자가 500명의 신도들과 함께 세존이 계신 곳을 찾았다. …… [담미까] 가르침을 받으려는 사람은 출가하는 것과 재가자로 있는 것과 어느 쪽이 더 좋은 것입니까? …… [붇다] 이제 집에 있는 사람이 지녀야 할 생활에 대하여 말하리라. 수행승에게만 주는 가르침은 소유에 얽매인 사람들이 지킬 수 없다. 이와 같이 행하는 제자는 훌륭하다.

① 산 것을 죽이거나 남을 시켜 죽여서도 안 된다. 그리고 죽이는 것을 옳다고 인정해서도(同意) 안 된다. 식물이건 동물이건 폭력을 두려워하는 모든 존재에 대해 폭력을 거두어야 한다.

② 그리고, 제자는 주지 않는 것은 무엇이든, 또 어디에 있든, 그것을 갖지 말라. 빼앗거나 빼앗는 것을 옳다고 인정해서도 안 된다. 주지 않는 것은 무엇이든 가져서는 안 된다.

③ 양심적인 지식과 판단력이 있는 사람이라면 타오르는 불구덩이를 피하듯 순결하지 못한 일을 삼가라. 만일 순결을 닦을 수가 없더라도, 남의 아내를 범해서는 안 된다.

④ 모임에 있든, 많은 사람들 가운데 있든, 누구도 남에게 거짓말을 해서는 안 된다. 거짓말하라고 시키거나, 거짓말이 옳다고 시인해서도 안 된다. 모든 근거 없는 말을 해서는 안 된다.

⑤ 또 술을 마셔서는 안 된다. 이 가르침을 기뻐하는 재가자는 술 마시는 것은 끝내 미치게 하는 것임을 알고, 마시게 해도 안 되고, 마시는 것이 옳다고 시인해서도 안 된다. 그러나 어리석은 사람들은 취해서 나쁜 짓을 하고, 또 남들이 제멋대로 난봉이나 부리고 함부로 놀게 하고, 나쁜 짓을 하게 한다. 이 불행의 씨앗을 피하라. (사람을) 미치게 하여 (저 언덕으로 가는 것에 대해) 어둡게(無明) 하는 것인데, 어리석은 사람들은 이를 즐기는 것이다.

⑥ 목숨을 해치지 말라. 주지 않는 것을 갖지 말라. 거짓말을 하지 말라. 술을 마시지 말라. 순결하지 못한 성적 교섭을 떠나라. 그리고 밤에는 때아닌 때의 음식을 먹지 말라.

⑦ 꽃다발을 걸치지 말고 향수를 쓰지 말라.

⑧ 알맞은 깔개를 깐 바닥이나 침대에서 자라.

(2) 5가지 큰 죄(五逆): 『기쁨나라경(無量壽經)』 공덕샘 빅슈(法藏比丘) 18째 바램에 나온 내용으로, 산스크리트본에서는 아난따랴-까리나(ānantarya-kārina)라고 했는데, 아난따랴(ānantarya)는 틈 없음(no interval), 까린(kārin)은 몸가짐(doing), 만들기(making), 결과(effecting), 행함(acting)이란 뜻으로, 틈이 없는 업(無間業)이라고 옮길 수 있다. 틈이 없는 지옥(無間地獄)에 떨어지는 죄이고, 이 죄는 용서할 수 없는 죄(an unpardonable sin) 5가지를 말한다. 일반적으로 초기 불교의 5가지 큰 죄와 대승불교의 5가지 큰 죄로 나눈다.

초기 불교 5가지 죄는 ① 어머니를 죽인 죄(mātṛ-ghāta, 殺母, matricide), ② 아버지를 죽인 죄(pitṛ-ghāta, 殺父, parricide, parricide), ③ 아르한을 죽인 죄(arhad-ghāta, 殺阿羅漢, killing an Arhat), ④ 나쁜 마음을 내 붇다 몸에 피를 흘리게 한 죄(tathāgatasyāntike duṣṭā-citta-rudhirotpādana, 惡心出佛身血, shedding the blood of a buddha), ⑤ 쌍가 화합을 깬 죄(saṃgha-bheda, 破和合僧·鬥亂衆僧, causing divisions among the brotherhood) 같은 5가지로, 앞의 2가지는 은혜의 밭을 버린 것이고, 뒤의 3가지는 덕의 밭을 부숴 버린 것이라 죄가 무거워 틈 없는 지옥(無間地獄)에 떨어지므로 5가지

틈 없는 업(pañca anantarya-karmāṇi, 五無間業)이라고 한다.

대승에서 5가지 큰 죄는 『대살차니건자소설경(大薩遮尼乾子所說經)』에 ① 탑이나 절을 파괴하고, 경이나 불상을 태우고, 3보 물건을 훔치는 것, 또는 그런 일을 다른 사람에게 시키고 마음으로 즐거워하는 것, ② 붇다 제자, 홀로 깨달은 분, 대승 법을 헐뜯어서 방해하는 것, ③ 출가인의 수행을 막아 못 하게 하는 것, ④ 초기 불교의 5가지 큰 죄 가운데 하나를 범하는 것, ⑤ 모든 업보가 없다고 주장하며 10가지 악업을 행하고 후세의 과보를 두려워하지 않고, 다른 사람에게 10가지 악업을 시키는 것이라고 했다.

위의 5가지 큰 죄와 더불어 바른 법(正法=佛法)을 비웃고 헐뜯어 말하는 것도 기쁨나라에 갈 수 없다고 했다.

(3) 3가지 얻음(tri-vidya, Ⓟ ti-vijjā, 三明): 비댜(vidya)는 찾아냄(finding), 배움(acquiring), 얻음(gaining)이란 뜻으로 '3가지 얻음'을 말한다. 한문 경전에서는 3가지 꿰뚫음(三達), 3가지 증명된 가르침(三證法)이라고도 옮겼다. 『대비바사론』(권 120)에는 "숙명명(宿命明)으로 지난 일을 보고 세상이 싫어 떠나는 마음이 생기고, 천안명(天眼明)으로 앞으로 일을 보고 세상이 싫어 떠나는 마음이 생기고, 누진명(漏盡明)으로 싫은 세상을 떠나 니르바나를 즐긴다."라고 되어 있다. 그밖에 숙명명(宿命明)으로 상견(常見)을 끊어 없앨 수 있고, 천안명으로 단견(斷見)을 끊어 없앨 수 있으며, 누진명으로 이 치우침을 멀리 떠나 중도에 머무르게 된다. 다음에 나오는 6가지 꿰뚫어 보는 힘(六通) 가운데 ②, ⑤, ⑥에 해당한다.

(4) 6가지 꿰뚫어 보는 힘(ṣaḍ abhijñā, Ⓟ satta vijjā, 六神通): 압냐(abhijñā)는 아는 것(knowing), 능숙·능란(skillful), 솜씨(clever) 같은 뜻을 가지고 있다. 한문 경전에서는 인간의 힘을 벗어나 걸림 없이 할 수 있는 힘이란 뜻으로, 환히 꿰뚫는(通)·신처럼 꿰뚫는(神通) 힘을 이야기하였다. 그래서 ① 신족통, ② 천안통, ③ 천이통, ④ 타심통, ⑤ 숙명통, ⑥ 누진통을 드는데, 그 가운데 앞에서 본 ② 천안통 ⑤ 숙명통 ⑥ 누진통을 3가지 얻음(三明)이라고 했다.

초기 경전인 『디가 니까야』에 나오는 내용을 보면 다음과 같다. 이 니까야에는 빗자(vijjā)와 같은 뜻인 냐나(ñāṇa)을 썼다.

① 하늘발로 다니는 힘(Ⓟ iddhi-vidha-ñāṇa, 神足通): "하나가 여럿이 되고, 여럿이 하나가 되고, 나타나기도 하고 사라지기도 하고, 아무것도 없는 빈 곳(空間)처럼 담을 통과하고 성벽을 통과하고 산을 통과하고, 물속처럼 땅속을 들어가고, 땅 위에서처럼 물 위에서도 빠지지 않고 걸어 다니고, 날개 달린 새처럼 공중에서 앉은 채 날아다니고, 이처럼 큰 능력을 지녀 달과 해를 손으로 만지고 쓰다듬고, 하느님 나라에 이르기까지 마음먹은 대로 몸을 움직인다."

② 하늘눈으로 보는 힘(divya-cakṣur-jñāna-sākṣātkriyābhiiñā, Ⓟ divvacakkhu-ñāṇa, 天眼通): "인간을 뛰어넘는 맑고 깨끗한 하늘눈으로 중생들을 보아, 죽거나 다시 태어나거나, 천하거나 귀하거나, 아름답거나 추하거나, 행복하거나, 불행하거나, 업보에 따라서 등장하는 중생들에 관하여, '어떤 중생은 몸으로 나쁜 짓을 저지르고, 말로 나쁜 짓을 저지르고, 생각

으로 나쁜 짓을 저지르고, 거룩한 분들을 책잡아서 나쁘게 말하고, 잘못된 생각을 지니고 잘못된 생각에 따라 행동했다. 그래서 그들은 몸이 부서지고 죽은 뒤 괴로운 곳, 나쁜 곳, 비참한 지옥에 태어난 것이다. 그러나 다른 중생들은 몸으로 좋은 일을 하고, 말로 좋은 일을 하고, 생각으로 좋은 일을 하고, 거룩한 분들을 책잡아 나쁘게 말하지 않고, 올바른 견해를 지니고 올바른 견해에 따라 행동했다. 그래서 그들은 몸이 부서지고 죽은 뒤 좋은 곳, 하늘나라에 태어난 것이다.'라고 꿰뚫어 압니다."

③ 하늘귀로 듣는 힘(divya-śrotra-jñāna-sākṣātkriyābhijñā, Ⓟ dibbasota-ñāṇa, 天耳通): "인간을 뛰어넘는 맑고 깨끗한 하늘귀로 멀고 가까운 하늘사람들과 인간의 두 가지 소리를 듣는다."

④ 남의 마음을 꿰뚫어 보는 힘 (para-cetaḥ-paryāya-jñāna-sākṣātkriyābhijparyā-jñāna-sākṣāthkiyābhijñā, Ⓟ parassa cetopariya-ñāṇa, 他心通): "㉠ 탐욕(貪)이 가득 찬 마음은 탐욕이 가득 찼다고 꿰뚫어 알고, 탐욕에서 벗어난 마음은 탐욕에서 벗어났다고 꿰뚫어 압니다. ㉡ 성냄(瞋)으로 가득 찬 마음은 성냄으로 가득 찼다고 꿰뚫어 알고, 성냄에서 벗어난 마음은 성냄에서 벗어났다고 꿰뚫어 압니다. ㉢ 어리석음(癡)으로 가득 찬 마음은 어리석음으로 가득 찼다고 꿰뚫어 알고, 어리석음에서 벗어난 마음은 어리석음에서 벗어났다고 꿰뚫어 압니다. ㉣ 한곳에 모인 마음(一心)은 한곳에 모

인 마음이라고 꿰뚫어 알고, 어수선한 마음은 어수선한 마음이라고 꿰뚫어 압니다. ㉤ 깨우쳐 열린(啓發) 마음은 깨우쳐 열린 마음이라고 꿰뚫어 알고, 깨우쳐 열리지 않는 마음은 깨우쳐 열리지 않는 마음이라고 꿰뚫어 압니다. ㉥ 위 있는 마음은 위 있는 마음이라고 꿰뚫어 알고, 위없는 마음은 위없는 마음이라고 꿰뚫어 압니다. ㉦ 싸마디(定)에 든 마음은 싸마디에 든 마음이라고 꿰뚫어 알고, 싸마디에 들지 않은 마음은 싸마디에 들지 않은 마음이라고 꿰뚫어 압니다. ㉧ 굴레를 벗어난(解脫) 사람은 굴레를 벗어났다고 꿰뚫어 알고, 굴레를 벗어나지 못한 사람은 굴레를 벗어나지 못했다고 꿰뚫어 압니다."

⑤ 전생의 삶을 훤히 아는 힘(Ⓟ pubbenivāsānussati-ñāṇa, 宿命通): "수많은 세계가 허물어져 없어지고 수많은 세계가 생겨나는 동안, 그때 나는 '이러한 이름과 이러한 성을 지니고, 이러한 모습을 지니고, 이러한 먹거리를 먹고, 이러한 괴로움과 즐거움을 맛보고, 이러한 목숨을 누렸다. 그곳에서 죽은 뒤 다른 곳에서 태어났는데, 거기서 나는 이러한 이름과 이러한 성을 가졌고, 이러한 모습을 지니고, 이러한 먹거리를 먹고, 이러한 괴로움과 즐거움을 맛보고, 이러한 목숨을 누렸다. 그곳에서 죽은 뒤 여기서 태어났다.'라고 기억합니다."

⑥ 번뇌를 쓸어 없애는 곧바른 앎 (āsrava-kṣaya-jñāna-sākṣātkriyābhijñā, Ⓟ āsavakkhaya-ñāṇa, 漏盡通): 앞에서 얻은 5가지 신통한 힘은 번뇌가 남아 있어 새는 것이 있지만(有漏

通), 번뇌가 완전히 없어져 얻은 힘을 누진통(漏盡通)이라고 하며, 비로소 완전한 깨달음을 얻게 된다. 『디가 니까야』에서는 그 힘을 이렇게 설명한다. "마음이 번뇌를 쓸어 없애는 더할 나위 없는 슬기(漏盡通)쪽으로 기울어집니다. ㉠ '이것은 괴로움이다(苦)'라고 있는 그대로 꿰뚫어 압니다. ㉡ '이것이 괴로움이 생겨나는 까닭이다(集)'라고 있는 그대로 꿰뚫어 압니다. ㉢ '이것이 괴로움이 사라져 없어지는 것이다(滅)'라고 있는 그대로 꿰뚫어 압니다. ㉣ '이것이 괴로움을 쓸어 없애는 길이다(道)'라고 그대로 꿰뚫어 압니다."

(5) 8가지 얽매임에서 벗어남(aṣṭau vimokṣa, Ⓟ aṭṭha vimokkhā, 八解脫): 비목사(vimokṣa)는 영혼의 자유, 곧 얽매임(煩惱)에서 완전히 벗어남(liberation of the soul id est final emancipation)을 뜻한다. 한문 경전에서는 해탈(解脫)이라고 옮겼는데 『시공 불교사전』에는 다음과 같은 8가지를 들고 있다. ① 내유색상관외색해탈(內有色想觀外色解脫): 마음속에 있는 빛깔이나 모양에 관한 생각을 버리기 위해 바깥 대상의 빛깔이나 모양에 대하여 부정관(不淨觀)을 닦음. ② 내무색상관외색해탈(內無色想觀外色解脫): 마음속에 빛깔이나 모양에 관한 생각은 없지만 그 상태를 유지하기 위해 부정관(不淨觀)을 계속 닦음. ③ 정해탈신작증구족주(淨解脫身作證具足住): 부정관(不淨觀)을 버리고 바깥 대상의 빛깔이나 모양에 대하여 청정한 방면을 주시하여도 탐욕이 일어나지 않고, 그 상태를 몸으로 완전히 체득하여 안주함. ④ 공무변처해탈(空無邊處解脫): 형상

에 관한 생각을 완전히 버리고 허공은 무한하다고 주시하는 선정으로 들어감. ⑤ 식무변처해탈(識無邊處解脫): 허공은 무한하다고 주시하는 선정을 버리고 마음의 작용은 무한하다고 주시하는 선정으로 들어감. ⑥ 무소유처해탈(無所有處解脫): 마음의 작용은 무한하다고 주시하는 선정을 버리고 존재하는 것은 없다고 주시하는 선정으로 들어감. ⑦ 비상비비상처해탈(非想非非想處解脫): 존재하는 것은 없다고 주시하는 선정을 버리고 생각이 있는 것도 아니고 생각이 없는 것도 아닌 경지의 선정으로 들어감. ⑧ 멸수상정해탈(滅受想定解脫): 모든 마음 작용이 소멸된 선정으로 들어감.

5. 중품 중(中品中)에서 나는 사람

한문

「中品中生者, 若有衆生, 若一日一夜持[199]八戒齋, 若一日一夜持沙弥戒, 若一日一夜持具足戒, 威儀无缺。以此功德, 迴向願求生極樂國。戒香薰修, 如此行者命欲終時, 見阿弥陁佛與諸眷屬放金色光, 持七寶蓮花至行者前, 行者自聞[200]空中有聲, 讚言:『善男子! 如汝善人, 隨順三世諸佛教故, 我來迎汝。』行者自見坐蓮花上, 蓮花即合, 生於西方極樂世界。在寶池中, 經於七日蓮花乃[201]敷。花既敷已, 開目合

199) 대정신수대장경 주(註): 지(持)가 [敦][流布本]에는 수지(受持)로 되어 있다.

200) 대정신수대장경 주(註): 문(聞)이 [敦]에는 견(見)으로 되어 있다.

201) 대정신수대장경 주(註): 내(乃)가 [敦]에는 개(開)로 되어 있다.

掌, 讚歎世尊。聞法歡喜, 得須陁洹, 經半劫已成阿羅漢；是名中品中生者。

옮긴 글

"중품 중(中品中)에 난다는 것은 어떤 중생이 하루 밤낮 8가지 계를 지니고, 하루 밤낮 사미계를 지니고, 하루 밤낮 구족계를 지녀 몸가짐에 흠이 없는 경우로, 이 공덕을 기쁨나라 가서 나는 데 회향하는 것이다. 계의 향이 몸에 밴 닦는 사람은 목숨이 다할 때 아미따바 붇다와 여러 대중이 황금빛을 내며 7가지 보석 연꽃을 가지고 닦는 사람 앞에 이른다. 닦는 사람은 공중에서 '선남자여, 그대처럼 착한 사람은 3세의 모든 붇다의 가르침을 따랐기 때문에 내가 그대를 맞이하러 왔다.'라고 기리는 소리를 스스로 듣게 된다. 닦는 사람은 스스로 연꽃 위에 앉아 있는 것을 보고, 연꽃이 닫히면 서녘 기쁨나라에 가서 나게 된다. 보석 연못에서 7일을 지나 연꽃이 피게 되고, 연꽃이 피면 눈을 뜨고 손을 모으고 세존을 찬탄한다. 가르침을 듣고 기뻐하며, 흐름에 든 경지(須陁洹)[1]를 얻고, 반 깔빠(半劫)를 지나면 아르한이 된다. 이것을 중품 중(中品中)에서 난다고 한다."

풀이

(1) 흐름에 든 경지(srota-āpanna, Ⓟ sotāpanna, 須陀洹): 쓰로따(srota)는 쓰로따스(srotas)의 겹씨 앞가지로, 흐름(the current, stream)이나 강(a river)을 뜻하고, 아빤나(āpanna)는 들어간다

(entered, got in)는 뜻이므로 '흐름에 든(預流)'이라고 옮길 수 있다. 붇다 제자들이 4가지 거룩한 진리(四聖諦)를 닦아 얻는 4가지 열매 가운데 첫째 열매이다. 한문 경전에서 수타반나(須陀般那), 수루다아반나(須氀多阿半那), 솔로타아발랑(窣路陀阿鉢囊), 솔로다아반나(窣路多阿半那)라고 옮겼고, 줄여서 수타원(須陀洹)이라고 많이 쓰는데, 이 경에서는 수타원(須陁洹)이라고 썼다. 뜻으로는 옛 번역에서는 흐름에 든다(入流), 흐름에 이른다(至流), 거꾸로 흐른다(逆流)라고 옮겼고, 새로운 번역에서는 흐름에 참여하다(預流)라고 옮겨서, 처음으로 성인에 들어간다는 뜻으로 쓰였다. 우리말로 '흐름에 든 경지', 소리 나는 대로 '쓰로따빤나'라고 옮긴다.

6. 중품 하(中品下)에서 나는 사람

한문

「中品下生者, 若有善男子、善女人, 孝養父母, 行世仁義[202], 此人命欲終時, 遇善知識為其廣説阿弥陁佛國土樂事, 亦説法藏比丘四十八大[203]願。聞此事已, 尋即命終。譬如壮[204]士屈伸臂頃, 即生西方極樂

202) 대정신수대장경 주(註): 의(義)가 [宋][元][明][敦][流布本]에는 자(慈)로 되어 있다.

203) 대정신수대장경 주(註): 대(大)가 [元][明][流布本]에는 없다.

204) 壯의 속자.

世界。生[205)]經七日，遇[206)]觀世音及大勢至，聞法歡喜得須陁洹[207)]。過[208)]一小劫，成阿羅漢。是名中品下生者。是名中輩生想，名第十五觀。作是觀者，名為正觀。若他觀者，名為邪觀[209)]。」

옮긴 글

"중품 하(中品下)에서 나는 것이란, 만약 어떤 선남·선녀[1)]가 어버이에게 효도하고(孝養) 받들어 모시며, 세간에서 어질고 의롭게 살면(仁義) 이 사람은 목숨이 다할 때 좋은 동무[2)]가 아미따바 붇다 나라의 즐거운 일과 공덕샘 빅슈의 48가지 큰 바램을 널리 말해주고, 이 말을 듣고 바로 목숨이 끝나게 되면, 마치 힘센 사람이 팔을 한 번 굽혔다 펴는 사이에 바로 서녘 기쁨나라에 나게 된다. 나서 7일이 지나면 소리 보는 보디쌑바와 큰 힘 이룬 보디쌑바를 만나 가르침을 듣고 기뻐하며 흐름에 든 경지(須陁洹)를 얻고, 1작은 깔빠를 지나면 아르한을 이룬다. 이것을 중품 하(中品下)에서 난다고 부르고, 이것을 중품(中輩)에서 난다고 부르고, 열다섯째 보는 것이라 부른다. 이렇게 보는 것을 바로 보는 것이라 하고, 달리 보는 것은 삿되게 보는 것이라 한다."

---

205) 대정신수대장경 주(註): 생(生)이 [宋][元][明]에는 없다.

206) 대정신수대장경 주(註): 우(遇)가 [宋][元][明]에는 이우(已遇)로 되어 있다.

207) 대정신수대장경 주(註): 득수타원(得須陁洹)이 [敦][流布本]에는 없다.

208) 대정신수대장경 주(註): 과(過)가 [流布本]에는 경(經)으로 되어 있다.

209) 대정신수대장경 주(註): 작시~사관(作是…邪觀) 16자가 [宋][元][明][敦][流布本]에는 없다.

풀이

(1) 선남·선녀(kula-putra 善男, kula-duhitṛi·kula-dhītā 善女) : 원래 산스크리트에서는 좋은 집안에서 태어난(a son of a noble family), 명문 출신 또는 집안이 좋은(high-born) 남자와 여자를 말한다. 선남자·선여인(善男子·善女人)이라고도 옮기지만 한국어 사전에는 대부분 선남·선녀가 으뜸 올림말로 올려져 있다. 붇다 당시 좋은 집안이란 4가지 카스트 가운데 브랗마나(brāhmaṇa, 婆羅門)를 말하는 것으로, 승려나 학자 집안을 말한다.

불교 경전 가운데는 출가하지 않고 붇다의 가르침을 닦으며 선행을 하는 사람들을 일컫고 있다. 『승만경』에는 선남선녀의 조건으로 아집(我執)을 버리고 붇다께 마음 깊이 귀의하는 것이 조건이라고 했고, 규기(窺基)는 『아미따경통찬』에서 산스크리트의 우빠싸까(upāsaka, 優婆塞) 우빠씨까(upāsikā, 優婆夷), 곧 5계를 지키며 집에서 닦는 남녀를 말한다고 하였다. 『잡아함경』에는 빅슈(比丘)도 선남자라고 부르고, 큰 탈것(大乘) 경전에는 보디쌑바나 빅슈를 선남자라고 부르는 경우가 많다. 명나라 연지대사는 『아미따경소』에서 '선(善)'이란 지난 살이(宿生)에서 심은 좋은 씨앗(善因)과 이승(今生)에서 선근을 쌓는 무리를 말하는 것으로, 이승에서 붇다의 가르침을 들은 사람은 반드시 지난 살이(宿世)에 선근을 쌓고 닦은 것이기 때문에 선남·선녀라고 한다고 했다(『불광대사전』). 현재는 보통 일반 신도들을 선남선녀라고 부른다.

『불교학대사전』(홍법원)에서 '선남자(善男子) 선여인(善女人)'을 찾아보면 3가지 뜻이 있다. ① 선(善)은 전세에 10선을 닦은 선인(善

因)이 있다는 것. 곧 전세의 선인으로 금세에 불법을 듣고 신행(信行)을 하는 공덕을 짓는 남녀라는 뜻으로 선남자 선여인이라고 한다. ② 도덕심이 강한 남녀라는 뜻으로도 쓰인다. ③ 붇다와 보디쌑바의 이름을 듣고 믿는 마음(信心)을 내 염불하는 남녀. 같은 사전에서 '선남선녀(善男善女)'를 찾아보면 '선남자·선여인의 약칭'이라고 되어 있다. 우리 사전에 일찍이 표제어로 선남·선녀가 올라 있는 것을 보면 옛날 절에서 재가불자를 부를 때 사용했다고 본다. 그러므로 여자 불자들을 '보살'이라 부르는 것보다는 '선녀(善女)'가 낫지 않을까 생각한다.

『우리말큰사전』에 보면 늙은 여자 신도를 대접하여 '보살할미'라 하였고, '남의 집 노파를 비꼬는 말'로 쓰였기 때문에 그렇게 좋게 시작된 것이 아니다. 평안북도에 '데님은(저놈의) 보살은 안 나타나는 데가 없단 말이야.'라는 말이 있는데(『우리말큰사전』), 비꼬아 말하는 것이라는 것을 알 수 있다. 그런 데다 우리가 신앙의 대상으로 삼고 있는 '보디쌑바(菩薩)'와 같아 너무 함부로 쓰이는 것 같아 선남·선녀를 제안해 본다. 우리나라에서는 부를 때 흔히 '님' 자를 붙이는데, '선녀님'은 괜찮지만 '선남님'은 'ㅁ' 받침이 이어져 발음하기 어려우면 '선사(善士)'도 좋을 것으로 보인다. 우리말 사전에 '좋은 일을 하는 인사'라는 뜻이 있고, 한어에는 '출가하기 이전의 남자 신도'라는 뜻으로 정확한 표현이기 때문이다.

(2) 좋은 동무(kalyāṇamitra, Ⓟ kalyāṇa-mitta, 善知識) : 깔야나(kalyāṇa)는 빠빠(pāpa)의 반대말로 좋은 행실(good conduct),

덕·덕행(virtue)이란 뜻이므로 벗(a friend)·동무·함께하는 사람(companion)·동료(associate, 同僚)와 겹씨를 만들면, 좋은 동무가 된다. 한문 경전에서는 가라밀(迦羅蜜)·가리야낭밀달라(迦里也曩蜜怛羅)라고 옮겼고, 뜻으로는 지식(知識)·좋은 벗(善友)·친한 벗(親友)·뛰어난 벗(勝友)·좋고 친한 벗(善親友)이라고 옮겼다.

※ 경전에 선지식(善知識)이라는 말이 많이 나오는데, 수행자를 좋은 길로 이끌어 주는 뛰어난 스승이란 개념으로 쓰였다. 그런데 산스크리트 미뜨라(mitra)에는 스승이나 뛰어난 고승이란 뜻이 없고, 벗(a friend), 동무·함께하는 사람(companion)·동료(associate, 同僚)라는 뜻이다. 실제 한문 경전에도 지식(知識)·좋은 벗(善友)·친한 벗(親友)·뛰어난 벗(勝友)·좋고 친한 벗(善親友)이라고 옮겼고, 스승이란 뜻이 없다. 『한어대사전』에도 지식(知識)은 스승보다는 '서로 아는 사람(相識的人)'이나 '벗(朋人)'이라고 되어 있지 스승이란 뜻이 없다.

그러나 『우리말 큰사전』에는 "사람을 불도로 교화, 선도하는 중. 부처님의 가르침을 믿게 전도하는 중"이라고 해서 스님이라고 했고, 『한국민족문화대백과사전』에도 "선지식은 성품이 바르고 덕행을 갖추어 수행자를 바른길로 이끌어 주는 불교 지도자"라고 했다. 그러므로 산스크리트 뜻대로 '뛰어난 동무', '덕 있는 동무'로 옮겼을 때 '동무'라는 낱말의 뜻이 지금 쓰이고 있는 뜻과 맞지 않아 어려움이 있다. 동무는 ① 벗이란 뜻 말고도 ② 어떤 일을 하는 데 서로 짝이 되거나 함께하는 사람이란 뜻이 있어 '뛰어난 동무'로 옮기고 싶었다. 그러나 착한 동무라는 낱말이 '나쁜 동무(pāpa-mitra, 惡知識)'의 반대말이므로 '뛰어난'을 쓸 수 없어 '좋은 동무'로 옮겼다. 동아시아와 달리 인두(印度)에서는 수행을 이끌어 주는 분을 쉽게 벗이나 동무로 불렀기 때문이라고 본다. 초기 경전에 보면 붇다도 상대를 '벗이여'라고 부르는 경우가 많다.

7. 하품 상(下品上)에서 나는 사람

한문

佛告[210]阿難及韋提希:「下品上生者, 或有衆生作衆惡業, 雖不誹謗方等經典, 如此愚人, 多造惡法[211], 无有慚愧, 命欲終時遇善知識, 為讚[212]大乘十二部經首題名字。以聞如是諸經名故, 除却千劫極重惡業。智者復教合掌叉手, 稱南无阿弥陁佛。稱佛名故, 除五十億劫生死之罪。尒時彼佛, 即遣化佛[213], 化觀世音, 化大勢至, 至行者前, 讚言:『善哉[214]!善男子!汝[215]稱佛名故諸罪消滅, 我來迎汝。』作是語已[216], 行者即見化佛光明, 遍滿其室, 見已歡喜, 即便命終。乘寶蓮

210) 대정신수대장경 주(註): 불고(佛告)가 [敦]에는 부차(復次)로 되어 있다.
211) 대정신수대장경 주(註): 악법(惡法)이 [敦][流布本]에는 중악(衆惡)으로 되어 있다.
212) 대정신수대장경 주(註): 찬(讚)이 [宋][元][明]에는 설(說)로 되어 있다.
213) 대정신수대장경 주(註): 화불(化佛)이 [敦]에는 없다.
214) 대정신수대장경 주(註): 선재(善哉)가 [宋][元][明][敦][流布本]에는 없다.
215) 대정신수대장경 주(註): 여(汝)가 [宋][元][明]에는 이여(以汝)로 되어 있다.
216) 대정신수대장경 주(註): 이(已)가 [明]에는 일(日)로 되어 있다.

花, 隨化佛後, 生寶池中, 經七七日蓮花乃敷。當花敷時, 大悲觀世音菩薩, 及大勢至菩薩[217], 放大光明, 住其人前, 為說甚深十二部經。聞已信解, 發无上道心。經十小劫, 具百法明門, 得入初地 ; 是名下品上生者 ; 得聞佛名、法名及聞僧名, 聞三寶名即得往生[218]。」

옮긴 글

붇다께서 아난다와 바이데히에게 말씀하셨다.

"하품 상(下品上)에서 나는 것은 어떤 중생이 온갖 나쁜 업을 짓고, 비록 큰 탈것(大乘) 경전을 헐뜯지 않았더라도, 이 어리석은 사람처럼 나쁜 업을 많이 짓고도 부끄러워하지 않는 경우로, 그런 사람이 목숨을 마치려 할 때 좋은 동무(善知識)를 만나 큰 탈 것(大乘) 12가지 경[1]의 머리 제목 이름을 찬탄한다. 이처럼 여러 경의 이름을 들었기 때문에 1,000깔빠의 더할 나위 없이 무거운 나쁜 업이 없어진다. 또 슬기로운 사람이 두 손을 모아 마주 잡고 나모 아미따불(南无阿弥陁佛)이라 부르도록 가르치면, 붇다 이름을 들었기 때문에 50억 깔빠의 나고 죽는 죄가 없어진다.

이때 그 붇다는 바로 몸 바꾼 붇다, 몸 바꾼 소리 보는 보디쌑바, 몸 바꾼 큰 힘 이룬 보디쌑바를 보내 닦는 사람 앞에 이르러 기리어 말한다. '훌륭하다, 선남이여, 그대가 붇다의 이름을 불러 모든 죄가 없어졌으므로 내가 그대를 맞이하러 왔다.'라고 말을 마치자, 닦는 사람은 몸 바꾼 붇다의 밝은 빛이 그 방에 두루 가득

217) 대정신수대장경 주(註): 급대세지보살(及大勢至菩薩)이 [敦]에는 없다.

218) 대정신수대장경 주(註): 득문~왕생(得聞…往生) 18자가 [宋][元][明]에는 없다.

찬 것을 보고 나서 바로 목숨을 마친다. 보석 연꽃을 타고 몸 바꾼 붇다를 따라 보석 연못에 나서 49일이 지나면 연꽃이 핀다. 꽃이 필 때 자비로운 소리 보는 보디쌑바와 큰 힘 이룬 보디쌑바가 크고 밝은 빛을 내 그 사람 앞에 머무르게 하고 깊고 깊은 12부경을 설하시면, 들은 뒤 믿고 깨우쳐 위없는 도를 깨닫겠다는 마음을 낸다. 10작은 깔빠를 지나면 갖가지 법문을 모두 꿰뚫은 첫자리(初地)[2]에 들어간다. 이것을 하품 상에서 나는 것이라 부르며, 붇다·가르침·쌍가의 이름을 듣게 되고, 3가지 보물의 이름을 들었으므로 가서 나게 된다."

풀이

(1) 앞에서 보았듯이 십이부경(十二部經)이란 『무량수경』『금강경』 같은 경전 12권이 아니라, 경(sūtra, 契經), 게야(geya, Ⓟ geyya 應頌), 가타(gāthā, 偈頌), 스스로 말함(udāna, 自說), 붇다 전생 이야기 (jātaka, 闍陀伽) 같은 12가지 경전 구성 형식(dvādaśāṅga-buddha-vacana, 十二部經)을 말한다. 따라서 여기서 말하는 경의 머리 제목이 이런 경전 구성 형식인지는 논의가 필요하다. 옮긴이는 확신이 서지 않아 그냥 '경 머리 제목'이라고만 옮겼다.

(2) 상품에서 풀이한 몹시 기쁜 자리(pramuditā-bhūmi, 歡喜地)를 말한다.

8. 하품 중(下品中)에서 나는 사람

한문

佛告[219]阿難及韋提希:「下品中生者, 或有衆生, 毀犯五戒、八戒及具足戒, 如此愚人, 偷僧祇物, 盜現前僧物, 不淨說法, 无有慚愧, 以諸惡法[220]而自莊嚴。如此罪人, 以惡業故應墮地獄。命欲終時, 地獄衆火一時俱至, 遇善知識以大慈悲, 即為讚說阿弥陁佛十力威德, 廣讚[221]彼佛光明神力, 亦讚戒、定、慧、解脫、解脫知見。此人聞已, 除八十億劫生死之罪。地獄猛火化為涼[222]風, 吹諸天華。華上皆有化佛菩薩, 迎接此人。如一念頃, 即得往生七寶池中蓮花之內, 經於六劫, 蓮花乃敷。當華敷時[223], 觀世音、大勢至, 以梵音聲安慰彼人, 為說大乘甚深經典。聞此法已, 應時即發无上道心。是名下品中生者。」

옮긴 글

붇다께서 아난다와 바이데히에게 말씀하셨다.

"하품 중(下品中)에서 나는 것은 어떤 중생이 5가지 계(五戒)·8가지 계·구족계를 범한 경우이다. 이런 어리석은 사람은 쌍가 물건을 몰래 훔치고, 바로 눈앞에서도 쌍가 물건을 훔치며, 어긋난 가르침을 설하고도 부끄러워하지 않고, 갖가지 나쁜 법으로 스스로

---

219) 대정신수대장경 주(註): 불고(佛告)가 [敦]에는 부차(復次)로 되어 있다.

220) 대정신수대장경 주(註): 법(法)이 [宋][元][明][敦][流布本]에는 업(業)으로 되어 있다.

221) 대정신수대장경 주(註): 찬(讚)이 [敦]에는 위(為), [流布本]에는 설(說)로 되어 있다.

222) 대정신수대장경 주(註): 량(涼이 [元][明][敦][流布本]에는 청량(清涼)으로 되어 있다.

223) 대정신수대장경 주(註): 당화부시(當華敷時)가 [宋][元][明][敦]에는 없다.

를 꾸민다. 이런 죄를 지은 사람은 그 나쁜 업 때문에 반드시 지옥에 떨어져야 한다. 목숨이 다할 때 지옥의 갖가지 불들이 한꺼번에 몰려오지만, 좋은 동무(善知識)가 큰 사랑과 가여워하는 마음으로 바로 아미따바 붇다가 가진 10가지 힘의 위엄과 덕을 기려 말하고, 그 붇다가 내는 밝은 빛이 가진 위신력을 널리 기리고, 아울러 계·정·혜·해탈·해탈지견을 기린다. 이 사람이 듣고 나면 80억 깔빠 나고 죽는 죄가 없어진다. 지옥의 세차게 타는 불이 서늘바람이 되고, 갖가지 하늘 꽃이 나부낀다.

꽃 위에 모두 몸 바꾼 붇다와 보디쌑바가 이 사람을 맞이하여, 한 생각 하는 사이에 바로 7가지 보석으로 된 연못 속 연꽃 안에 가서 나게 된다. 6깔빠가 지나면 연꽃이 피고, 연꽃이 필 때 소리 보는 보디쌑바와 큰 힘 이룬 보디쌑바가 맑은 목소리로 그 사람을 편안하게 위로하며 큰 탈것의 깊고 깊은 경전을 설해 준다. 이 가르침을 듣고 나면 바로 위없는 도를 이루겠다는 마음을 낸다. 이것을 하품 중(下品中)에 나는 것이라고 부른다."

9. 하품 하(下品下)에서 나는 사람

한문

佛告阿難及韋提希:「下品下生者, 或有衆生作不善業, 五逆、十惡, 具諸不善。如此愚人以惡業故, 應墮惡道, 經歷多劫, 受苦无窮。如此[224]愚人臨命終時, 遇善知識, 種種安慰, 為說妙法, 教令念佛, 彼[225]人苦逼不遑念佛。善友告言:『汝若不能念彼佛[226]者, 應稱歸命[227]无量壽佛。』如是至心 令聲不絕, 具足十念, 稱南无阿弥陁[228]佛。稱佛名故, 於念念中, 除八十億劫生死之罪。命終之時[229]見金蓮花, 猶如日輪, 住其人前, 如一念頃, 即得往生[230]極樂世界。於蓮花中滿十二大劫, 蓮花方開[231]。當花敷時[232], 觀世音、大勢至以大悲音聲, 即為其人廣說[233]實相, 除滅罪法。聞已歡喜, 應時即發菩提之心;是名下品下生者。是名下輩生想, 名第十六觀。」

224) 대정신수대장경 주(註): 차(此(가 [敦]에는 이(以)로 되어 있다.

225) 대정신수대장경 주(註): 피(彼)가 [流布本]에는 차(此)로 되어 있다.

226) 대정신수대장경 주(註): 피불(彼佛)이 [敦][流布本]에는 없다.

227) 대정신수대장경 주(註): 귀명(歸命)이 [元][明][敦][流布本]에는 없다.

228) 대정신수대장경 주(註): 아미타(阿弥陁)가 [敦]에는 없다.

229) 대정신수대장경 주(註): 時[大], 後[敦]에는 후(後)로 되어 있다.

230) 대정신수대장경 주(註): 왕(往)이 [宋]에는 생(生)으로 되어 있다.

231) 대정신수대장경 주(註): 개(開)가 [元]에는 문(聞)으로 되어 있다.

232) 대정신수대장경 주(註): 당화부시(當花敷時)가 [元][明][敦][流布本]에는 없고, [宋]에는 시(時)로 되어 있다.

233) 대정신수대장경 주(註): 즉위기인광설(即為其人廣說)이 [元][明][敦][流布本]에는 위기광설제법(為其廣說諸法)으로 되어 있다.

옮긴 글

붇다께서 아난다와 바이데히에게 말씀하셨다.

"하품 하(下品下)에서 나는 것은 어떤 중생이 좋지 않은 업·5가지 큰 죄(五逆)·10가지 나쁜 업을 지어 갖가지 좋지 않은 업을 다 갖춘 경우이다. 이 어리석은 사람은 이 나쁜 업 때문에 반드시 나쁜 길에 떨어져 수많은 깔빠 동안 끝없는 괴로움을 받아야 한다. 이런 어리석은 사람이 목숨이 다할 때 만난 좋은 동무(善知識)가 여러 가지로 편안하게 위로하고 참된 법을 이야기해 주면서 붇다를 염하도록(念佛) 가르친다. 만약 그 사람이 괴로움이 닥쳐 붇다를 염할(念佛) 겨를이 없으면, 좋은 동무가 일러 말한다: 그대가 만약 그 붇다를 염(念)할 수 없으면 반드시 '아미따바 붇다께 귀의합니다(南无阿弥陁佛)'라고 불러야(稱) 한다. 이처럼 마음 깊이 소리가 끊이지 않고 10념(念)을 다 채우며 나모아미따불(南无阿弥陁佛)을 부르면, 붇다의 이름을 불렀으므로 생각 생각(念念) 속에서 80억 깔빠 나고 죽는 죄가 없어진다. 목숨이 다할 때 황금 연꽃을 보면 마치 해바퀴처럼 그 사람 앞에 머물고, 한 생각 하는 사이에 바로 기쁨나라에 가서 나게 된다. 연꽃 속에서 12큰 깔빠가 다 차면 연꽃이 활짝 피고, 꽃이 필 때 소리 보는 보디쌑바와 큰 힘 이룬 보디쌑바가 큰 사랑과 가여워하는 목소리로 그 사람을 위하여 널리 법의 실상과 죄를 없애는 법을 설하게 되고, 듣고 나면 기쁨에 넘쳐 바로 깨닫겠다는 마음(菩提心)을 낸다. 이것이 하품 하에 나는 것이라 부르고, 이것을 하품(下輩)에서 나는 생각이라 부르고, 열여섯째 보는 것이라 부른다."

Ⅳ. 마무리

한문

尒時世尊[234]說是語時, 韋提希與五百侍女, 聞佛所說, 應時即見極樂世界廣長之相, 得見佛身及二菩薩。心生歡喜, 歎未曾有, 豁[235]然大悟, 得[236]無生忍。五百侍女發阿耨多羅三藐三菩提心, 願生彼國。世尊悉記, 皆當往生, 生彼國已, 獲[237]得諸佛現前三昧。無量諸天, 發无上道心。

옮긴 글

붇다께서 이 말씀을 하실 때 바이데히와 500명 시녀들은 붇다께서 말씀하신 바를 들은 뒤, 바로 기쁨나라의 넓고 긴 모습을 보고, 붇다의 몸과 두 보디쌑바를 볼 수 있었다. 마음에 기쁨이 넘쳐 일찍이 없었던 일을 찬탄하자 갑자기 크게 깨닫고 나고 죽는 것을 여읜 경지를 얻었다. 500명의 시녀들은 아눋따라-싸먁-삼보디를 얻겠다는 마음을 내고 그 나라에 가서 나기를 바랐다.

붇다께서 "모두 반드시 기쁨나라에 가서 나게 될 것이며, 그 나라에 가면 여러 붇다가 눈앞에 나타나는 싸마디를 얻을 것이다."

234) 대정신수대장경 주(註): 이시세존(尒時世尊)이 [宋][元][明][敦][流布本]에는 없다.

235) 대정신수대장경 주(註): 활(豁)이 [敦][流布本]에는 곽(廓)으로 되어 있다.

236) 대정신수대장경 주(註): 득(得)이 [宋][元][明][敦]에는 체(逮)로 되어 있다.

237) 대정신수대장경 주(註): 획(獲)이 [敦][流布本]에는 없다.

라는 예언을 하셨다. 헤아릴 수 없이 많은 하늘사람이 위없는 도를 이루겠다는 마음을 냈다.

한문

尒時阿難, 即従座起, 前[238]白佛言 :「世尊! 當何名此經? 此法之要, 當云何受持?」佛告阿難 :「此經名『觀極樂國土無量壽佛觀世音菩薩大勢至菩薩』, 亦名『淨除業障生諸佛前』。汝當[239]受持, 无令忘失! 行此三昧者, 現身得見無量壽佛及二大士。若善男子及[240]善女人, 但聞佛名、二菩薩名, 除無量刧生死之罪, 何況憶念! 若念佛者, 當知此人即[241]是人中芬[242]陁利花, 觀世音菩薩、大勢至菩薩為其勝友, 當坐道場, 生諸佛家。」佛告阿難 :「汝好持是語。持是語者, 即是持無量壽佛名。」佛說此語時, 尊者目連[243]、尊者[244]阿難及韋提希等, 聞佛所說, 皆大歡喜。

옮긴 글

이때 아난다가 자리에서 일어나 붇다께 사뢰었다.

"붇다시여, 이 경 이름을 무엇이라고 해야 하며, 가르침의 고갱이는 어떻게 받아 지녀야 합니까?"

---

238) 대정신수대장경 주(註): 전(前)이 [宋][元][明]에는 없다.

239) 대정신수대장경 주(註): 당(當) [CB]에는 없고, 대정신수대장경에는 등(等)으로 되어 있다.

240) 대정신수대장경 주(註): 급(及)이 [敎][流布本]에는 없다.

241) 대정신수대장경 주(註): 즉(即)이 [流布本]에는 없다.

242) 대정신수대장경 주(註): 분(芬)이 [宋][元][明][敎][流布本]에는 분(分)으로 되어 있다.

243) 대정신수대장경 주(註): 목련(目連)이 [宋][元][明][敎][流布本]에는 목건련(目☒連)으로 되어 있다.

244) 대정신수대장경 주(註): 존자(尊者)가 [敎][流布本]에는 없다.

붇다께서 아난다에게 이르셨다.

"이 경 이름은 『기쁨나라(極樂國土) 아미따바 붇다(無量壽佛)·소리 보는 보디쌑바(觀世音菩薩)·큰 힘 이룬 보디쌑바(大勢至菩薩)를 보는 경』이고, 또 다른 이름은 『업장을 맑혀 없애고 여러 붇다 앞에 나는(淨除業障生諸佛前) 경』이다. 그대는 잘 받아 지니고 잃어버려서는 안 된다. 이 싸마디를 닦는 사람은 현재의 몸으로 아미따바 붇다와 두 보디쌑바를 볼 수 있다. 선남·선녀가 붇다 이름과 두 보디쌑바의 이름만 들어도 헤아릴 수 없는 깔빠의 나고 죽는 업을 없애는데, 하물며 마음에 새기고 잊지 않고 기억하면(憶念) 어떠하겠느냐! 염불하는 사람은 '이 사람은 사람 속의 뿐다리까[1]이고, 소리 보는 보디쌑바와 큰 힘 이룬 보디쌑바가 뛰어난 동무(勝友, 善知識)이므로, 닦고 있는 그 자리에 앉아 여러 붇다 나라에 나게 된다'라는 것을 알아야 한다."

붇다께서 아난다에게 알리셨다.

"그대는 이 말을 잘 간직하여라. 이 말을 간직하는 사람은 바로 아미따바 붇다의 이름을 간직하는 것이다."

붇다가 이 말씀을 하실 때 마운갈라나 존자, 아난다 존자 및 바이데히는 말씀하신 바를 듣고 모두 크게 기뻐하였다.

풀이

(1) 뿐다리까(puṇḍarīka): 연꽃(a lotus-flower), 특히 하얀 연꽃(especially a white lotus, 白葉華, 白蓮華)를 말한다. 한자로 음을 따서

분타리화(分陁利華) 분다리가(分陀利迦) 따위로 옮겼다.

한문

尒時世尊, 足步虛空, 還耆闍崛山。尒時, 阿難廣為大衆說如上事。無量人、天[245]、龍[246]、神、夜叉, 聞佛所說, 皆大歡喜, 礼佛而退。

옮긴글

이때 붇다께서 발로 허공을 걸으시어 독수리봉으로 돌아오셨다. 그리고 아난다가 대중들에게 앞에 있었던 일을 널리 이야기하니, 헤아릴 수 없이 많은 사람·하늘사람·용·신·약사[1)]들이 붇다가 말씀하신 바를 듣고 크게 기뻐하며 붇다께 절을 올리고 물러났다.

풀이

(1) 약사(yakśa, Ⓟ yakkha, 夜叉): 8부 대중 가운데 하나. 흔히 나찰(羅刹, rākśasa)이라고도 부른다. 한문에서는 야차(夜叉)·약차(藥叉)·열차(悅叉)·열차(閱叉)·야차(野叉)라고 옮겼는데, 모두 약사를 옮긴 말이다. 우리나라에서는 야차라고 부른다. 여성 약사를 약시니(yakṣiṇī, 夜叉女)라고 한다. 사(śa)를 '샤'라고 옮기지 않는 것은 까샤빠(kāśyapa), 비빠샤나(vipaśyana)와 구별하기 위해서다.

〈 기쁨나라 보는 경 끝 〉

---

245) 대정신수대장경 주(註): 인천(人天)이 [元][明][敎][流布本]에는 제천(諸天)으로 되어 있다.

246) 대정신수대장경 주(註): 용신(龍神)이 [元][明][敎]에는 용(龍), [流布本]에는 급용(及龍)으로 되어 있다.

2편
기쁨나라(極樂) 곁뿌리 4경 1론

Ⅰ. 『바로 붇다 보는 싸마디 경(般舟三昧經)』

1. 「묻는 품(問事品)」

2. 「닦는 품(修行品)」

Ⅱ. 『대불정수능엄경』 5권

「큰 힘 이룬 보디쌑바(大勢至菩薩)의 염불로 깨달음(念佛圓通)」

Ⅲ. 『크넓은 꽃으로 꾸민 붇다 경(大方廣佛華嚴經)』

「두루 어진 보디쌑바의 10가지 바램 품(普賢行願品)」

Ⅳ. 『참법 연꽃 경(妙法蓮華經)』과 아미따바 붇다 (3품)

1. 3권 7장 「화성에 비유하는 품(化城譬喩品)」

2. 6권 23장 「약임금 보디쌑바 이야기 품(藥王菩薩本事品)」

3. 7권 25장 「소리 보는 보디쌑바 너른 문 품(觀世音菩薩普門品)」

Ⅴ. 『기쁨나라경 강론(無量壽經講論)과 기쁨나라 가기 바라는 게송(願生偈)』

1. 게송(偈頌)

2. 강론(講論)

I.『바로 붇다 보는 싸마디 경(般舟三昧經)』

Pratyutpanne-buddha-sammukhāvasthita-samādhi Sūtra

로까끄세마(Lokakṣema, 支婁迦讖) 옮김

1.「묻는 품(問事品)」

한문

佛在羅閱祇摩訶桓迦憐, 摩訶比丘僧五百人, 皆得阿羅漢, 獨阿難未. 爾時, 有菩薩名颰陀和, 與五百菩薩俱皆持五戒, 晡時至佛所前, 以頭面著佛足, 却坐一面. 并與五百沙門俱至佛所, 前為佛作禮, 却坐一面.

颰陀和菩薩問佛言：菩薩當作何等三昧? 所得智慧如大海, 如須彌山, 所聞者不疑, 終不失人中之將, 自致成佛終不還, 終不生愚癡之處. 豫知去來之事, 未曾離佛時, 若於夢中亦不離佛. 端正姝好[247], 於衆中顏色無比, 少小常在尊貴大姓家生, 若其父母·兄弟·宗親·知識無不敬愛者. 高才廣博, 所議作者 與衆絕異, 自守節度, 常內慚色 終不自大, 常有慈哀. 智慮通達於智中明. 無有與等者. 威神無比, 精進難及, 入諸經中, 多入諸經中, 諸經中無不解. 安樂, 入禪

247) 고려대장경의 단정주호(端政姝好)와 달리【宋】【元】【明】경전에는 단정수호(端正殊好)라고 되어 있다.『중아함』을 비롯하여 3~4군데 단정주호(端政姝好)가 나오고, 단정수호(端正殊好)도 몇 가지 경에 나오지만 아함부를 비롯하여 본연부, 법화부, 반야부, 화엄부 같은 수십 가지 경전에 단정주호(端正姝好)가 나와 이에 따라 옮긴다.

·入定·入空·無想[248]·無所著, 於是三事中不恐, 多為人說經, 便隨護之. 在所欲生何所, 自恣無異, 本功德力, 所信力多, 所至到處. 其筋力強, 無不欲愛力, 無不有根力, 明於所向力·明於所念力·明於所視力·明於所信力·明於所願力. 在所問如大海, 無有減盡時, 如月盛滿時悉遍照, 無有不感明者, 如日初出時, 如炬火在所照一 無所罣礙. 不著心如虛空無所止, 如金剛鑽無所不入, 安如須彌山不可動, 如門閫正住堅. 心軟如鵠毛, 無有麁爽[249], 身無所慕樂, 於山川如野獸[250], 常自守, 不與人從事. 若沙門道人多所教授皆護視, 若有輕嬈者終無瞋恚心, 一切諸魔不能動. 解於諸經, 入諸慧中. 學諸佛法, 無有能為作師者, 威力聖意, 無有能動搖者. 深入之行常隨無所行, 常柔軟, 於經中常悲, 承事於諸佛無有厭. 所行種種功德悉逮及, 所行常至·所信常政, 無有能亂者, 所行常淨潔, 臨事能決, 無有難. 清淨於智, 慧悉明, 得所樂行, 盡於五蓋, 智慧所行稍稍追成佛之境界. 莊嚴諸國土, 於戒中清淨阿羅漢·辟支佛心, 所作為者皆究竟, 所作功德常在上首, 教授人民亦然. 於菩薩中所教授無有厭, 當所作者度無有極, 一切餘道無有能及者. 未嘗離佛·不見佛, 常念諸佛如父母無異, 稍稍得諸佛威神, 悉得諸經, 明眼所視無所罣礙, 諸佛悉在前立. 譬如幻師自在所化, 作諸法, 不豫計念, 便成法, 亦無所從來, 亦無所從去. 如化作, 念過去·當來·今現在如夢中, 所有分身悉遍至諸佛剎. 如日照水中影悉遍見, 所念悉得如嚮, 不來,

248) 【宋】【元】【明】 경장에는 무소상(無所想).

249) 【宋】【元】 장경에 '버릴 기(棄)'로 되어 있는데, 뜻이 더 알맞아 이 글자를 골랐다.

250) 【元】【明】 장경에 '짐승 수(獸)' 자 대신에 '사슴 록(鹿)'으로 되어 있어 이에 따른다.

亦不去. 生, 死如影之分, 便所想識如空, 於法中無想, 莫不歸仰者. 一切平等無有異, 於經中悉知. 心不可計, 一切諸利[251]心不著, 無所適念; 出於諸佛刹, 無所復罣礙. 悉入諸陀憐[252]尼門, 於諸經中聞一知萬, 諸佛所說經悉能受持. 侍諸佛悉得諸佛力, 悉得佛威神, 勇猛無所難, 行步如猛師子無所畏. 於諸國土無不用言者, 所聞者未曾有忘時, 一切諸佛之議等無有異. 悉了知本, 無經不恐, 欲得諸經便自知說, 如諸佛終無厭. 為世間人之師, 無不依附者, 其行方幅無有諂偽; 諸刹照明[253]朗, 不著於三處, 所行無所罣礙.於衆輩中無所適, 於本際法中無所慕, 持薩芸若教人入佛道中, 未曾恐怖, 無有畏懼時. 悉曉知佛諸經所有卷, 所在衆會中無不蒙福者. 見佛極大慈歡喜, 所學諸佛經通利, 於大衆中無所畏, 於大衆中無有能過者, 名聲極遠. 破壞諸疑難無不解, 於經中極尊, 於師子座上坐自在, 如諸佛法教, 悉曉知佛萬種語, 悉入萬億音. 愛重諸佛經, 常念在左右側, 未曾離於諸佛慈. 於佛經中樂行, 常隨佛出入, 常在善知識邊, 無有厭極時. 於十方諸佛刹無所適止, 悉逮得願行; 度脫十方萬民, 智慧珍寶悉逮得經藏. 身如虛空無有想, 教人求菩薩道, 使佛種不斷. 行菩薩道未曾離摩訶衍, 逮得摩訶僧那僧涅極曠大道, 疾逮得一切智. 諸佛皆稱譽, 近佛十力地, 一切所想悉入中, 一切所計悉了知, 世間之變悉曉知, 成敗之事, 生者, 滅者悉曉知. 入經海寶開第一之藏悉布施、悉於諸刹行願亦不在中止, 極大變化如佛所樂行。心

251) 【元】 경장에 이(利)로 되어 있는데 문맥으로 봐 옳은 것 같아 그것을 골랐다.

252) 【宋】【元】 경장에는 타라니(陀羅尼)로 되어 있어 이에 따른다.

253) 【宋】【元】【明】 경장의 '안(眼)'을 따름.

一反念, 佛悉在前立, 一切適不復願、適無所生處；十方不可計佛刹悉見, 聞諸佛所說經；一一佛比丘僧悉見。

是時, 不持仙道、羅漢、辟支佛眼視, 不於是間終生彼間佛刹爾乃見, 便於是間坐悉見諸佛、悉聞諸佛所說經、悉皆受。譬如我今於佛前面見佛菩薩, 如是未曾離佛、未曾不聞經。

佛告颰陀和菩薩:「善哉善哉! 所問者多所度脫、多所安隱, 於世間人民不可復計, 天上、天下悉安之。

佛言:「今現在佛悉在前立三昧, 其有行是三昧, 若所問者悉可得。」

佛告颰陀和菩薩:「一法行, 常當習持、常當守, 不復隨餘法, 諸功德中最第一。何等為第一法行? 是三昧名現在佛悉在前立三昧。」

옮긴 글

붇다께서 라자가하(Rājagaha, 羅閱祇) 마하환가련(摩訶桓迦憐)에 계실 때 큰 빅슈 쌍가 5백 명은 모두 아르한(arhan, 阿羅漢) 과를 얻었으나, 오직 아난다 존자만 그 과에 이르지 못하였다.

그때 바드라 빨(Bhadra-pāl, 颰陀和)이라는 보디쌑바가 있었는데, 다른 보디쌑바 500명과 함께 5계를 받아 지니고 있었다. 보디쌑바들은 해 질 무렵 붇다 계시는 곳에 나아가서 붇다 발에 머리를 조아려 절하고 물러나 한쪽에 앉았다. 5백 명 스라마나(śramaṇa, 沙門)[1]도 함께 붇다 계시는 곳에 이르러 먼저 붇다께 절하고 한쪽에 물러나 앉았다.

바드라 빨(颰陀和) 보디쌑바(菩薩)가 붇다께 여쭈었다.

1) "보디쌀바는 어떤 싸마디(三昧)를 얻어야 얻는 지혜가 큰 바다와 같으며 쑤메루산(須彌山)[2]과 같아 들은 것을 의심하지 않고 마침내 사람 가운데 뛰어난 지도자가 될 수 있으며, 스스로 붇다가 되어 다시 돌아오지 않고, 마침내 어리석은 곳에 다시 태어나지 않겠습니까?

2) 가고 오는 일을 미리 알며, 붇다를 떠나는 일이 없고, 꿈속에서라도 부처님을 떠나지 않을 수 있겠습니까?

3) 단정하고 아름다워 사람들 가운데서 얼굴빛이 비할 수 없고, 어려서는 항상 존귀하고 큰 집안에 태어나고, 그 어버이·형과 아우·일가붙이·알고 지내는 이들이 존중하고 사랑할 수 있겠습니까?

4) 뛰어난 재주와 넓은 지식으로 논란을 일으키는 사람과 크게 다르고, 스스로 절도를 지켜 늘 안으로는 부끄러워하고, 결코 스스로 큰 체하지 않으며, 언제나 도타운 사랑 베풀 수 있겠습니까?

5) 지혜가 막힘없이 환히 통해 그 밝기가 다른 무리와 같지 않고, 불가사의한 힘이 견줄 데 없고, 힘써 나아감을 따라가기 어려워, 모든 경전에 들어가 갖가지 경전을 읽어도, 그 많은 경전의 뜻을 모르는 것이 없도록 하겠습니까?

6) 편안하고 즐겁게 선(禪)을 수행하여 싸마디(定)에 들고 공(空)에 들어, 생각하는 바도, 집착하는 바도 없어지고, 이처럼 3가지 일에 두려움 없이 중생에게 경전을 많이 설하여 보호할 수 있겠습니까?

7) 태어나고자 하는 곳이 어디든 자기 마음대로 되고, 본지의 공덕력과 믿는 힘이 많아, 가는 곳마다 몸은 힘이 강하고, 사랑하는 힘 내지 않을 때가 없고, 근력(根力)[3]이 없을 때가 없고, 보는 것이 뚜렷하고, 믿는 것이 뚜렷하고, 바라는 것이 뚜렷하겠습니까?

8) 묻는 것이 큰 바다와 같아, 줄거나 다할 때가 없으며, 달이 가득 차면 두루 비추어 밝음을 느끼지 않는 자가 없듯이, 해가 처음 떠오를 때처럼, 횃불이 비추듯이 걸리어 가로막는 것이 없겠습니까?

9) 집착하지 않는 마음은 허공과 같이 머무는 바가 없으며, 다이아몬드 칼(金剛鑽)[4] 같아서 못 들어가는 곳이 없고, 안전하기가 쑤메루 산과 같아 움직이지 않고, 문지방처럼 바르고 굳게 머물 수 있겠습니까?

10) 마음은 고니 털처럼 부드러워 어수선하거나 그만두지 않고, 몸은 노는 일에 빠지지 않고 산과 강에 노니는 사슴과 같아, 늘

스스로를 지켜 예삿일에 빠진 사람들과 함께하지 않겠습니까?

11) 스라마나(沙門)나 도인이 가르쳐 주면 모두 따라 하고, 깔보고 놀려도 끝까지 화내지 않아, 어떤 마라(魔羅)도 일어나지 않게 하겠습니까?

12) 모든 경전 깨쳐 갖가지 슬기에 들고, 온갖 붇다의 가르침 배워 다른 스승 필요 없게 되어, 큰 힘과 거룩한 뜻을 흔들 자가 없게 하겠습니까?

13) 깊이 닦을 때는 닦는 것이 없어 늘 부드럽고, 경을 볼 때는 늘 가여운 마음 가져, 모든 붇다가 한 일을 잇되 싫어함이 없겠습니까?

14) 갖가지 닦은 공덕이 모두 따라와, 늘 지극한 닦음과 믿음에 흔들림이 없어, 하는 일 말끔하고, 맡은 일 모두 풀어내 어려움이 없겠습니까?

15) 슬기가 맑고 밝아, 편안히 수행하고 5가지 번뇌(五蓋)를 여의고, 그 슬기(智慧)로 하는 수행이 차츰 붇다의 경계에 이르겠습니까?

16) 여러 국토를 장엄하게 꾸미고, 계를 맑게 지키는 아르한과

벽지불[5]의 마음으로, 짓는 것은 모두 끝까지 이루고, 지은 공덕은 늘 높고 으뜸이며, 중생을 가르치는 일도 또한 그럴 수 있겠습니까?

17) 보살 가운데 가르침을 싫어하는 자가 없고, 꼭 해야 할 것은 그냥 두는 법이 없으며, 다른 모든 도(道)도 다 이루는 자가 없겠습니까?

18) 일찍이 붇다를 떠나지 않고, 붇다를 보지 못하였지만, 모든 붇다를 어버이처럼 늘 염(念)하고, 차츰 여러 붇다의 불가사의한 힘을 얻고, 여러 경을 모두 얻어, 밝은 눈으로 보는 데 걸림이 없고, 모든 붇다가 다 눈앞에 나타나게 되겠습니까?

19) 마술사가 마음대로 변하듯 여러 법을 만들어, 미리 헤아리지 않아도 문득 법을 이루고, 오는 바도 없고, 가는 바도 없게 할 수 있습니까?

20) 꿈속에서 과거·미래·현재를 생각처럼 만들 듯, 가지고 있는 모든 분신(分身)이 온갖 붇다나라에 두루 이르러, 해가 비추면 물속에 그림자가 두루 나타나듯, 생각하는 것은 메아리처럼 모두 얻고, 오지도 가지도 않게 할 수 있습니까?

21) 나고 죽음을 마치 그림자 나누는 것처럼, 생각하고 아는 것

이 문득 공함과 같아, 법 속에 헛된 생각이 없어 귀의하지 않는 사람이 없게 되겠습니까?

22) 모든 것이 평등하고 차이가 없어 경을 보면 모두 알고 마음은 헤아릴 수 없어, 온갖 이로운 것에 마음이 쏠리거나 생각이 가지 않아 모든 붇다 나라를 나와도 다시 걸리는 것이 없겠습니까?

23) 여러 다라니문(陀羅尼門)에 모두 들어가 경전 하나를 들으면 모두 알고, 모든 붇다가 설하신 경을 다 받아 지닐 수 있겠습니까?

24) 모든 붇다 모시고 붇다 힘 모두 얻고, 붇다 위신력 모두 얻어, 용맹정진하는 데 어려움이 없어 사나운 사자처럼 가는 데 두려움이 없겠습니까?

25) 모든 나라에서 이 말을 쓰지 않은 사람이 없고, 이 말을 들은 사람은 한 번도 잊은 적이 없을 때, 모든 붇다가 뜻하는 바와 다름이 없겠습니까?

26) 본디 경전이 없었음을 알아 두려워하지 않고, 모든 경전을 얻으려고만 하면 문득 스스로 알아서 설하고, 모든 붇다가 끝까지 싫어하는 마음이 없듯이 세상 사람의 스승이 되면, 귀

의하여 오지 않은 사람이 없고, 가는 곳마다 알랑거림이나 거짓이 없고, 모든 나라에 밝은 눈을 비추어 (몸·입·생각 같은) 3가지 것(三處)에 쏠리지 않고 하는 일에 걸림이 없겠습니까?

27) 중생에게 이르지 않는 곳이 없고, 본디 법(本際法)에 바라는 바가 없이 모든 슬기(一切智)[6] 가지고 사람들에게 붇다 길에 들도록 가르침에 두려울 때가 없겠습니까?

28) 붇다와 가지고 있는 경을 모두 환히 알아, 모임에 온 중생 가운데 복 받지 않은 사람이 없고, 붇다의 더할 수 없이 큰 사랑을 보고, 배운 여러 경의 이치를 꿰뚫어, 큰 무리 속에서 두려운 것이 없고, 큰 무리 속에서 넘어설 사람이 없어 이름이 아주 멀리 날릴 수 있게 되겠습니까?

29) 모든 의심스럽고 어려운 것을 깨트리고 깨치지 않는 것이 없어, 경전에서 가장 높은 사람 되어 사자자리에 거침없이 앉아 모든 붇다가 가르침을 주는 것처럼, 붇다의 만 가지 말씀을 훤히 알아 모두가 만억 소리에 들어가겠습니까?

30) 모든 붇다 경전을 소중하게 여겨 늘 곁에서 염하여 여러 붇다의 사랑이 떠난 적이 없고, 붇다 경전 따라 즐거이 행하며, 늘 붇다 따라 드나들고, 늘 스승 곁에 있는 것을 싫어하는 때가 없어 시방 여러 붇다나라 가서 머무는 바가 없이

모든 바라는 바를 얻어 시방의 모든 사람이 번뇌에서 벗어나게 하고, 슬기와 보배가 모든 경장을 얻을 수 있겠습니까?

31) 몸은 허공처럼 상(想)이 없고, 사람들이 보디쌑바의 길을 구하도록 가르쳐 붇다의 씨가 끊어지지 않게 할 수 있겠습니까?

32) 보디쌑바의 도를 행하여 마하야나(摩訶衍)[7]를 떠난 적이 없게 하고, 또한 마하-쌈나하-쌈나다(mahā-saṃnāha-saṃnaddha, 큰 다짐)[8]란 더할 수 없이 크넓은 도를 얻고, 모든 슬기(Sarva-jña, 一切智)를 얻을 수 있겠습니까?

33) 모든 붇다가 칭찬하고, 붇다의 10가지 힘(十力地)[9]에 가까이 가서 모든 생각 안으로 다 들어가고, 모든 헤아리는 것을 다 알고, 모든 세상 변화를 훤히 알고, 이루고 못 이루는 것, 나고 죽는 것을 모두 훤히 알 수 있겠습니까?

34) 모든 경전이란 보배의 바다에 들어가 가장 뛰어난 경전을 열어 모두 보시하고, 모든 (붇다) 나라에 가는 바램도 멈추지 않고, 붇다가 즐겨 행하듯 더할 수 없이 크게 변화하겠습니까?

35) 마음을 한번 돌이켜 염하면, 붇다가 모두 눈앞에 나타나고, 모든 것 이루어져, 더 바라는 바가 없고, 마침내 태어날 곳

이 없게 되면, 시방의 헤아릴 수 없는 붇다나라(佛剎)를 다 보고, 모든 붇다가 설하신 경을 들으며, 붇다와 빅슈들을 낱낱이 볼 수 있겠습니까?

36) 그때 신선도(仙道)·아르한(阿羅漢)·쁘라떼까 붇다(辟支佛)의 안식(眼識)을 갖지 않아, 이 세상에서 삶을 마치고 저 붇다나라에 태어나 (붇다를) 보는 것이 아니라, 바로 이 세상에 앉아서 모든 붇다들을 다 보고, 모든 붇다가 설하는 경을 듣고 다 받을 수 있겠습니까?

37) 비유하면, 제가 지금 붇다 눈앞에서 붇다와 보디쌑바를 보는 것처럼 붇다를 떠난 적이 없고, 경전을 듣지 않은 적이 없게 되겠습니까?

붇다가 바드라 빨(Bhadra-pāl, 颰陀和) 보디쌑바에게 말씀하셨다.

"맞다, 맞다! 묻는 것이 얽매임을 벗어난 것도 많고, 겉으로 드러나지 않는 것도 많아서 세상 사람들이 다시 헤아릴 수 없게 하고, 하늘 위아래가 모두 편안해지는구나. ……."

붇다가 말씀하셨다.

"지금 바로 붇다가 눈앞에 나타나는 싸마디(現在佛悉在前立三昧)[10]를 닦는 사람이 있다면 그대가 물은 것을 모두 얻을 수 있다."

붇다가 바드라 빨(Bhadra-pāl) 보디쌑바에게 말씀하셨다.

"가르침에 대한 으뜸가는 수행(一法行)은 늘 익히고 지녀 반드시 지켜야 하고, 다시 다른 가르침을 따르지 않는 것이 여러 공덕 가운데 가장 으뜸가는 것이다. (그렇다면) 가르침에 대한 으뜸가는 수행법(一法行)은 어떤 것인가? 그 싸마디의 이름은 〈지금 바로 붇다가 눈앞에 나타나는 싸마디(現在佛悉在前立三昧)〉라고 한다."

풀이

(1) 스라마나(śramaṇa, Ⓟ samaṇa, 沙門) · ① 고행이나 고행하는 사람(one who performs acts of mortification or austerity), 고행자(an ascetic), 승려(monk), 열성가(devotee), 종교적인 탁발승(religious mendicant) 등. ② 스님이나 탁발 스님 (붇다 자신과 자이나교 수행자도 스라마나다) 한문 경전 소리로 실라미나(室羅末拏)·사라마나(舍囉摩拏)·실마나나(喹摩那拏) 사가만낭(沙迦懣囊)라고 옮겼다. 또는 서역 사투리(꾸차어 samāne, 우전어·于闐語 samanā) 읽는 법에 따라 사문나(沙門那)·사문나(沙聞那)·사문(娑門)·상문(桑門)·상문(喪門)이라 옮겼고, 뜻으로는 부지런히 일함(勤勞)·힘들인 공로(功勞)·바쁘게 일함(劬勞)·부지런하고 간절함(勤懇)·고요한 뜻(靜志)·맑은 뜻(淨志)·멈춤(息止)·마음 멈춤(息心)·나쁜 짓 멈춤(息惡)·열심히 멈춤(勤息)·닦음(修道)·가난한 길(貧道)·고달픈 길(乏道)이라고 옮겼는데, 출가자를 부르는 말이다.

스라마나(śramaṇa)는 이미 불교 성립 이전에 쓰인 용어이다. 브랗만교에서는 브랗마나의 4가지 단계의 삶(āśrama, 四住期)이 있다. ① 브랗마 배우는 시기(brahmacārin, 梵行期): 학생 시기(8~20

살)를 말하는데, 아이가 8살이 되면 집을 떠나, 스승으로부터 베다(veda, 바라문교 경전)와 제사 의식을 배운다. ② 집에 사는 시기(gṛhastha, 家住期): 가정생활을 하면서 결혼하고 조상의 제사도 지내며 세속의 일을 한다. ③ 숲에서 닦는 시기(vānaprastha, 林棲期): 나이가 들어 아들딸들이 다 크면 집을 버리고 산속에 숨어 살며 여러 가지 어려운 수행을 하여 몸과 마음을 닦아 영혼 해탈을 준비하는 시기. ④ 떠나는 시기(saṃnyāsin, 遁世期): 모든 재산을 버리고 여기저기 떠돌아다니며 얻어먹으며 살아간다. 5가지 계율을 철저하게 지킨다. 이 마지막 시기의 브랗마나를 빅슈(bhikṣu, 比丘)·스라마나(śramaṇa, 沙門)·떠돌이(parivrājaka, 流行者)라고 불렀다. 불교 경전에서도 이 3가지 낱말을 그대로 쓰고 있는데, 브랗마나(婆羅門)가 아닌 모든 수행자를 스라마나(śramaṇa, 沙門)나 떠돌이(parivrājaka, 流行者)라고 부르고, 붇다로부터 구족계를 받은 제자를 빅슈(bhikṣu, 比丘)라고 불렀다.

(2) 쑤메루산(Sumeru, 須彌山): 쑤메루는 메루(meru)에 앞가지(接頭語) 쑤-(su-)를 붙여 쑤메루(sumeru)라고 하였는데, 고대 인두의 세계관에서 세계 한가운데 있는 산을 말한다. 이 쑤메루산(須彌山)을 중심으로 7개의 산과 8개의 바다가 있고, 또 그것을 큰 바다(대함해, 大鹹海)와 큰 산(철위산, 鐵圍山)이 둘러싸고 있다고 보았다. 우리가 흔히 말하는 수미산(須彌山)은 산스크리트 쑤메루(sumeru)의 소리를 따서 한자로 옮긴 낱말인데, 한자 상고음에서 미(彌)자가 메르[miăr(Bernhard Karlgren) mjier(周法高)]에 가깝다.

현재의 북경음으로는 須彌가 수미(xumi)라고 읽지만, 상고음으로는 슈미에르(siumjier)에 가깝다. 뜻글자인 한자의 어려움에 비해 산스크리트와 같은 소리글인 한글로는 쑤메루(sumeru)라고 쉽게 적을 수 있으므로 앞으로 수미(須彌)는 쑤메루로 쓰는 것이 바람직하다고 본다. 한글의 [시]은 영어의 [ʃ(sh)]에 가까운 소리가 나고, [씨]은 [s]에 가까운 소리를 내기 때문에 수메르가 아닌 쑤메루라고 읽는 것이 본디 소리에 가장 가깝다.

(3) 뿌리 힘(根力): 믿음 뿌리(信根)·정진 뿌리(精進根)·염 뿌리(念根)·싸마디 뿌리(定根)·슬기 뿌리(慧根) 같은 5가지 뿌리.

(4) 다이아몬드 칼(金剛鑽): 찬(鑽)은 이름씨로 나무에서 구멍을 파는 '끌'을 말하고 움직씨로는 '뚫다', '자르다'라는 뜻이 있는데, 끌이라는 낱말이 많이 쓰이지 않아 '자르다'는 뜻을 살려 '칼'이라고 옮겼다. 다이아몬드(金剛石)은 수정을 비롯한 단단한 것을 다룰 때 쓰는 연장으로, 불교에서는 마음의 괴로움(煩惱)·헛된 생각(妄想)을 깨부수는 도구를 나타내기 위해 다이아몬드(金剛)라는 낱말을 많이 썼다. 『금강경(金剛經)』이 가장 큰 보기다.

(5) 쁘라떼까 붇다(pratyeka-buddha, 辟支佛): 쁘라떼까(pratyeka)는 각각(each one), 각각 혼자(each single one), 각자 모두(every one)라는 뜻인데, 소리로 패지가(貝支迦), 벽지(辟支)라고 옮겼고, 뜻으로는 연으로 깨달음(緣覺), 홀로 깨달음(獨覺)이라고 옮겼다. 스승

없이 홀로 깨달은 분을 말하는데 『대지도론(大智度論)』(권 18)에 따르면 다음 2가지 뜻이 있다. ① 불법이 이미 없어져 붇다가 없는 세상에 태어나 전생에 수행한 인연으로 스스로 슬기를 얻어 깨달은 분. ② 다른 분에게 듣지 않고 스스로 깨달은 분으로, 12연기의 이치를 꿰뚫어 깨달음을 이룬 분이다.

(6) 모든 슬기(Sarva-jña, 一切智): 싸르바(sarva)는 모든(whole), 전부(entire), 온(all), 온갖(every) 같은 뜻으로 한문 경전에서는 소리로 살리부(薩哩嚩), 뜻으로 모든 것(一切), 모든(諸), 다(総), 전체(全)라고 옮겼다. 즈냐(jña)는 지적인(intelligent), 넋을 지닌(having a soul), 슬기로운(wise); 슬기롭고 아는 것이 많은 사람(a wise and learned man)이란 뜻으로 한문 경전으로는 슬기(智)라고 옮겼다. 싸르바 즈냐(Sarva-jña)는 모든 것 아는(all-knowing), 무엇이든 알고 있는(omniscient, 全知)이란 뜻으로, 한문 경전에서는 소리로 살운약(薩芸若), 살운약(薩云若), 살운연(薩芸然), 살파약(薩婆若), 살벌약(薩伐若)이라고 옮기고, 뜻으로 두루 앎(徧知), 모든 것을 앎(一切知), 모든 슬기(一切智)라고 옮겼다. 소리로는 싸르바-즈냐, 뜻으로는 모든 슬기라고 옮긴다.

(7) 마하야나(mahā-yāna, 摩訶衍): 마하(mahā)는 큰(great), 힘(might), 강한(strong), 넉넉함(abundant)을 뜻하고, 야나(yāna): 모든 탈것·(a vehicle of any kind), 마차(carriage), 수레·짐마차(waggon), 배(vessel), 돛배(ship), 가마(litter), (한 사람 타는) 가마(palanquin); 불

교에서는 앎에 이르기 위한 탈것이나 방법(the vehicle or method of arriving at knowledge); 여행(a journey, travel)을 뜻한다. 두 낱말의 겹씨 마하야나(mahāyāna)는 큰 탈것(great vehicle)을 말하며, 한문 경전에서는 소리로 마하연나(摩訶衍那)라고 옮기고 마하연(摩訶衍)이라 줄여 쓰기도 한다. 뜻으로는 큰 탈것(大乘), 맨 위 탈것(最上乘)이라고 옮겼다.

(8) 마하-쌈나하-쌈나다(mahā-saṃnāha-saṃnaddha, 摩訶僧那僧涅): saṃnāha는 매다(tying up), (특히 갑옷과 투구를) 차다(girding on (especially armour), 전투를 위한 무장(arming for battle)이라는 뜻이고, 쌈나다(saṃnaddha)는 무장한(armed), 갑옷을 입은(mailed), 갖추다·입다(equipped), 차려입다(accoutred)라는 뜻으로, 거의 같은 뜻으로 갑옷과 투구로 전투할 준비를 마쳤다는 뜻이다. 한문 경전에서는 소리로 승나승열(僧那僧涅)이라 했는데, 쌈나하(saṃnāha)는 '너른 다짐(弘誓)', '큰 다짐(大誓)'이라고 옮겼고, 쌈나다(saṃnaddha)는 '스스로 다짐(自誓)'이라고 옮겼다. 합하여 보디쌑바의 4가지 큰 다짐(四弘誓願)을 가리킨다. 소리로는 마하-쌈나하-쌈나다(mahā-saṃnāha-saṃnaddha, 摩訶僧那僧涅)로 옮기고, 뜻으로는 '(보디쌑바의) 큰 다짐(弘誓)'이라고 옮긴다.

(9) 붇다의 10가지 힘(daśa balāni, 十力地): 10가지 슬기 힘(十種智力), 여래의 10가지 힘(如來十力)이라고도 한다. ① 도리와 도리 아닌 것을 아는 힘(處非處智力), ② 업이 새 업을 짓는 것을 아는 힘

(業異熟智力), ③ 고요한 생각(靜慮)·벗어남(解脫)·싸마디(等持)·더 깊은 싸마디(amāpatti, 等至)를 아는 힘, ④ (중생) 바탕의 높낮이를 아는 힘(根上下智力), ⑤ (중생의) 갖가지 인식을 아는 힘(種種勝解智力), ⑥ (중생의) 갖가지 경계를 아는 힘(種種界智力), ⑦ 니르바나로 가는 길을 아는 힘(遍趣行智力), ⑧ 자신의 전생을 아는 힘(宿住隨念智力), ⑨ 죽은 뒤 태어날 곳을 아는 힘(死生智力), ⑩ 모든 번뇌가 사라진 것을 아는 힘(漏盡智力).

(10) 이 싸마디가 이 경의 이름인 『반주삼매경』의 본디 이름이고, 이 경의 가장 중요한 주제이다.

2. 「닦는 품(修行品)」

한문

佛告颰陀和菩薩:「若有菩薩所念現在定意向十方佛, 若有定意, 一切得菩薩高行。「何等為定意? 從念佛因緣, 向佛念, 意不亂, 從得黠, 不捨精進。與善知識共行空 — 除睡眠不聚會 — 避惡知識, 近善知識, 不亂精進。飯知足、不貪衣、不惜壽命, 子身避親屬、離鄉里, 習等意、得悲意, 心護行, 棄蓋習禪。不隨色、不受陰、不入衰, 不念四大、不失意、不貪性, 解不淨。不捨十方人、活十方人, 十方人計為是我所、十方人計為非我所。一切欲受, 不貿戒, 習空行, 欲諷經。不中犯戒、不失定意、不疑法、不諍佛、不却法、不亂比丘僧。離妄語，助道德家，避癡人世間語，不喜不欲，聞道語，具欲聞亦喜。從因緣畜生生，不欲聞六味。習為五習，為離十惡；為習十善，為曉九惱；行八精進、捨八懈怠，為習八便；為習九思，八道家念。又不著禪聞，不貢高、棄自大，聽說法、欲聞經、欲行法，不隨歲計、不受身想。離十方人，不欲受、不貪壽，為了陰不隨惑。為不隨所有求無為 不欲生死、大畏生死，計陰如賊、計四大如蛇，十二衰計空。久在三界不安隱，莫忘得無為。不欲貪欲，願棄生死；不隨人諍，不欲墮生死。常立佛前，受身計如夢。以受信不復疑，意無有異，一切滅思想 — 過去事、未來事、今現在事等意。「常念諸佛功德，自歸為依佛，定意得自在，不隨佛身相法。一切一計不與天下諍，所作不諍，從因緣生受了。從佛地度，得可法中，法中得下，以了空意計人，亦不有、亦不滅。自證無為，黠眼以淨，一切不二覺，意不在中邊。一切佛為一念入，無有疑黠、無有能呵。自得曉覺意故，佛黠不從他人待。得善知識計如佛，無有異意。一切在菩薩，無有離時，縱一切魔不能動；一切人如鏡中像，見一切佛如晝；一切從法行，為入清淨菩薩行如是。」

佛言：「持是行法故致三昧，便得三昧現在諸佛悉在前立。何因致現在諸佛悉在前立三昧？如是，颰陀和！其有比丘、比丘尼、優婆塞、優婆夷，持戒完具，獨一處止，心念西方阿彌陀佛今現在。隨所聞，當念去是間千億萬佛刹，其國名須摩提，在眾菩薩中央說經，一切常念阿彌陀佛。」

佛告颰陀和：「譬如人臥出於夢中，見所有金銀、珍寶、父母、兄弟、妻子、親屬、知識，相與娛樂，喜樂無輩。其覺已為人說之，後自淚出，念夢中所見。如是, 颰陀和！菩薩若沙門白衣所聞西方阿彌陀佛刹, 當念彼方佛, 不得缺戒, 一心念 若一晝夜、若七日七夜 過七日以後見阿彌陀佛, 於覺不見, 於夢中見之。譬如人夢中所見, 不知晝、不知夜, 亦不知內、不知外, 不用在冥中故不見、不用有所蔽礙故不見。「如是, 颰陀和！菩薩心當作是念。時諸佛國界名大山須彌山, 其有幽冥之處悉為開闢, 目亦不蔽、心亦不礙。是菩薩摩訶薩, 不持天眼徹視、不持天耳徹聽、不持神足到其佛刹、不於是間終生彼間佛刹乃見, 便於是間坐見阿彌陀佛, 聞所說經悉受得, 從三昧中悉能具足, 為人說之。「譬若有人聞墮舍利國中有婬女人名須門, 若復有人聞婬女人阿凡和梨, 若復有人聞優陂洹作婬女人。是時各各思念之。其人未曾見此三女人, 聞之婬意即為動, 便於夢中各往到其所。是時三人皆在羅閱祇國同時念, 各於夢中到是婬女人所與共棲宿, 其覺已各自念之。」

佛告颰陀和:「我持三人以付, 若持是事為人說經, 使解此慧至不退轉地得無上正真道, 然後得佛號曰善覺。如是, 颰陀和！菩薩於是間國土聞阿彌陀佛, 數數念, 用是念故見阿彌陀佛。見佛已從問:『當持何等法生阿彌陀佛國？』爾時, 阿彌陀佛語是菩薩言:『欲來生我國者, 常念我, 數數常當守念, 莫有休息, 如是得來生我國。』」

佛言:「是菩薩用是念佛故, 當得生阿彌陀佛國。常當念如是佛身有三十二相悉具足, 光明徹照, 端正無比。在比丘僧中說經, 說經不壞敗色。何等為不壞敗色？痛痒、思想, 生死、識、魂神, 地、水、火、風, 世間、天上, 上至梵摩訶梵, 不壞敗色。用念佛故得空三昧, 如是為念佛。」

佛告颰陀和:「菩薩於三昧中誰當證者？我弟子摩訶迦葉、因坻達菩薩、須真天子及時知是三昧者, 有行得是三昧者是為證。何等為證？證是三昧知為空定。」

佛告颰陀和:「乃往去時有佛名須波日。時有人行出入大空澤中, 不得飲食, 飢渴而臥出, 便於夢中得香甘美食, 飲食已。其覺腹中空, 自念:『一切所有皆如夢耶?』」

佛言:「其人用念空故, 便逮得無所從生法樂, 即逮得阿惟越致。如是, 颰陀和! 菩薩其所向方聞現在佛, 常念所向方, 欲見佛即念佛, 不當念有, 亦無我所立。如想空當念佛立, 如以珍寶倚琉璃上, 菩薩如是見十方無央數佛清淨。譬如人遠出到他郡國, 念本鄉里、家室、親屬、財產。其人於夢中歸到故鄉里, 見家室、親屬, 喜共言語。於夢中見[*]以, 覺為知識說之:『我歸到故鄉里, 見我家室親屬。』」

佛言:「菩薩如是其所向方聞佛名, 常念所向方欲見佛, 菩薩一切見佛, 如持珍寶著琉璃上。譬如比丘觀死人骨著前, 有觀青時、有觀白時、有觀赤時、有觀黑時。其骨無有持來者、亦無有是骨、亦無所從來, 是意所作想有耳。菩薩如是持佛威神力於三昧中立, 在所欲見何方佛, 欲見即見。何以故如是? 颰陀和! 是三昧佛力所成。持佛威神於三昧中立者有三事: 持佛威神力、持佛三昧力、持本功德力, 用是三事故得見佛。譬若, 颰陀和! 年少之人端正姝好莊嚴已, 如持淨器盛好麻油、如持好器盛淨水、如新磨鏡、如無瑕水精, 欲自見影, 於是自照悉自見影。云何, 颰陀和! 其所麻油、水鏡、水精, 其人自照, 寧有影從外入中不?」

颰陀和言:「不也。天中天! 用麻油、水精、水鏡淨潔故, 自見其影耳。其影亦不從中出、亦不從外入。」

佛言:「善哉善哉! 颰陀和! 如是, 颰陀和! 色清淨, 所有者清淨, 欲見佛即見。見即問, 問即報, 聞經大歡喜, 作是念:『佛從何所來? 我為到何所?』自念:『佛無所從來, 我亦無所至。』自念:『三處 —欲處、色處、無想處— 是三處意所為耳。我所念即見, 心作佛、心自見, 心是佛、心是怛薩阿竭, 心是我身, 心見佛, 心不自知心、心不自見心, 心有想為癡、心無想是泥洹。是法無可樂者, 皆念所為, 設使念為空耳, 設有念者亦了無所有。』如是, 颰陀和! 菩薩在三昧中立者所見如是。」

佛爾時頌偈曰:

心者不知心, 有心不見心,
心起想則癡, 無想是泥洹。
是法無堅固, 常立在於念,
以解見空者, 一切無想念。

옮긴 글

붇다가 바드라 빨(Bhadra-pāl) 보디쌑바에게 말씀하셨다.

"어떤 보디쌑바가 <현재 바로 시방 붇다를 보는 싸마디(定意)>[1]를 염(念)하여 그 싸마디(定意)가 이루어지면, 보디쌑바가 높은 수행을 통해 모든 것을 얻은 것이다.

무엇을 싸마디(定意)라고 하는가? 염불(念佛)[2] 인연에 따라서 붇다를 염(念)하여 마음이 어지럽지 않은 것이다. 기억하는 힘(聰明)을 얻어 정진을 버리지 않고 좋은 동무(善知識)와 더불어 공(空)을 닦으며, 잠을 줄이고 모임에 가지 않으며, 나쁜 동무(惡知識)을 피하고 좋은 동무(善知識)를 가까이하며, 정진이 흐트러지지 않고 음식은 만족할 줄을 알며, 의복을 탐내지 않고 목숨을 아끼지 않아야 한다.

홀로 친족을 피해 고향을 떠나 평등한 마음을 익히고, 가여워하는 마음을 얻어 보살피는 수행을 하고, 장애물(蓋)[3]을 없애고, 댜나(dhyāna, 禪)[4]를 익히는 것이다. 물질(色)을 따르지 않고, 5가지 기본 요소(5蘊)를 받지 않고, 늙어 가지 않고, 4대(大)에 얽매이지 않고, 뜻을 잃지 않고, 색을 탐하지 않고, 깨끗하지 못한 것(不淨)을 안다. 시방 사람 버리지 않고 시방 사람 살리며, 시방 사람 헤아려 나처럼 생각하되, 시방 사람을 내 것으로 생각하지 않아야 한다. 온갖 욕망 때문에 계를 버리지 않고 공행(空行)[5]을 익히며, 계를 범하지 않고 경을 외우고, 싸마디를 잃지 않으며, 불법(佛法)을 의심치 않으며, 붇다에 대해서 논쟁하지 않으며, 불법을 저버리지 않으며, 비구승을 산란케 하지 않아야 한다. 헛된 말을 여의고 덕 있는 사람을 도우며, 어리석은 사람들의 세속적인 말을 멀리하여 즐기지도, 들으려고도 하지 말 것이며, 붇다의 가르침에 대해서는 모두 즐거이 들으려고 해야 한다.

인연 따라 짐승으로 태어나니, 6가지 맛(六味)은[6] 듣지도 말고, (해탈을 위해) 5가지를 익히고(五習)[7], 10가지 나쁜 것(十惡)에서 벗어나기 위해서 10가지 좋은 것(十善)을 익혀야 한다. 9가지 번뇌(九惱)[8]를 밝히기 위하여 8가지 정진(八精進)을 행하며, 8가지 게으름(八懈怠)을 버려야 한다. 8가지 방편(八便)을 익히고, 9가지 사유(九思)와 8가지 도가의 염법(八道家念)을 익혀야 한다. 또한 댜나(禪)에 관한 것만 들으려 집착하지 말며, 교만하지 말며, 자만심을 버려

설법을 듣고 경전의 가르침을 듣고자 하며, 불법 닦기를 원하며, 세간의 이익에 따르지 말며, 자신 몸만 생각하지 말고, 시방 사람을 여의고 홀로 깨달음 얻기를 원하지 말며, 목숨에 집착하지 말고, 5가지 기본 요소를 깨달아 미혹을 따르면 안 된다. 있는 것(所有) 따르지 말고 무위(無爲)를 구하며, 생사를 바라지 않으나 생사를 크게 두려워하고, 5가지 기본 요소(五蘊)를 도둑처럼 여기고 4대를 뱀처럼 여기며, 12가지 약해짐(十二衰)[9]을 공한 것이라고 생각해야 한다. 오랫동안 삼계에 머무는 것이 안온하지 못하므로 무위를 얻는 것을 잊어서는 안 된다. 탐욕을 바라지 말며, 생사 버리기를 원하고, 사람들과 다투지 말며, 나고 죽음에 떨어지는 것을 바라지 말라.

늘 붇다 앞에 서서, 이 몸 받은 것을 꿈처럼 생각하고 믿음으로써 다시 의심하지 말며, 그 뜻이 변함없어야 한다. 모든 과거나 미래나 현재의 일에 관한 생각을 버려야 한다. 늘 여러 붇다의 공덕을 염(念)하고, 스스로 귀의하여 붇다께 의지해야 하며, 싸마디(定意)로 마음대로 할 수 있는 능력을 얻어야 하고, 붇다의 겉모습에 따라서는 안 된다. 모든 것이 하나이니 천하와 다투지 말고, 행할 때도 다투지 말며, 인연에 따라 받아들여야 한다. 붇다의 경지(佛地 = 十地 가운데 가장 높은 경계)에 따라 제도하니, 중도의 법을 얻어 공에 이른 마음으로 사람을 유(有)도 아니고 멸(滅)도 아니라고 생각하라. 스스로 무위를 깨달아 슬기로운 눈으로 맑아지면 모든 깨달음이 둘이 아니며, 마음은 가운데와 변두리가 없다.

모든 붇다는 일념(一念)으로 들어가는 것이니, 의심하거나 나무랄 데가 없다. 스스로 얻은 깨달은 마음이므로 붇다의 슬기는 다른 사람을 의지하는 것이 아니며, 좋은 동무(善知識)을 만나면 붇다라고 여겨야지 다르게 생각하지 말라. 모든 보디쌑바는 떨어져 있을 때가 없으므로 어떤 마라(魔羅)도 일어날 수가 없다. 모든 사람을 거울 속에 모습처럼 보고, 모든 붇다를 그림처럼 보며, 모든 것을 법에 따라 행하면, 이처럼 맑고 깨끗한 보디쌑바 행에 들어가리라."

붇다가 말씀하셨다.

"이러한 수행법을 지키면 싸마디에 이르게 되어, '지금 바로 모든 붇다가 눈앞에 나타나는(現在諸佛悉在前立)' 싸마디를 얻을 것이다. 어떻게 해야 '지금 바로 모든 붇다가 눈앞에 나타나는 싸마디(現在諸佛悉在前立三昧)'를 얻을 수 있는가? 바드라 빨이여, 이처럼 빅슈·빅슈니·우빠싸까[10]·우빠씨까[11]가 계를 제대로 지키고 홀로 한곳에 머물러서 마음으로 서녘 아미따바 붇다가 지금 현재 계신다고 염(念)해야 한다. 들은 대로 천억만 붇다나라를 지나면 쑤카바띠(Sukhāvati)[12]라는 붇다나라가 있고, 무리 한가운데서 보디쌑바가 경을 설하고, 모두 쉬지 않고 아미따바 붇다를 염하고 있다고 염(念)해야 한다."

붇다가 바드라 빨(Bhadra-pāl)에게 말씀하셨다.

"비유하면, 누군가 잠이 들어 꿈속에서 온갖 금·은·보배를 보고 어버이·형과 아우·아내와 자식·친족·아는 이들과 함께 즐겁게 놀아 그 기쁨과 즐거움이 비할 데가 없지만 그 꿈에서 깨어나면 사람들에게 이야기하고 나서, 스스로 눈물을 흘리며 꿈속에서 본 것을 생각할 것이다.

바드라 빨(Bhadra-pāl)이여, 이처럼 보디쌑바나 스라마나(沙門)나 재가신도가 서녘 아미따 붇다 나라에 관해 들으면, 반드시 그 나라 붇다를 염하고 계를 어기지 말아야 한다. 한 마음(一心)으로 하루 밤낮이나 7일 밤낮을 염(念)하면, 7일이 지난 뒤 아미따바 붇다를 볼 것이며, 깨어 있을 때 보지 못한다면 꿈속에서 볼 것이다. 비유하면, 사람이 꿈속에서 보는 것처럼 밤인지 낮인지 알지 못하고 안인지 밖인지도 알지 못하며, 어둠 속에 있어도 보지 못하는 것도 아니고 막혀 있어 장벽이 있다고 보지 못하는 것도 아니다.

바드라 빨(Bhadra-pāl)이여, 이처럼 보살은 마음으로 이렇게 염(念)해야 한다. 그때 붇다 나라 쑤메루산(須彌山)이라는 큰 산의 깊고 어두운 곳이 모두 환히 열릴 것이니, 눈에 가린 것이 없고 마음에도 걸림이 없으리라. 이런 큰 보디쌑바는 천안통을 갖지 않고도 꿰뚫어 보고, 천이통을 가지지 않고도 모두 들으며, 신족통을 가지지 않고도 그 붇다 나라에 이르니, 이 세상에서 목숨을 마치고 그 붇다나라에 태어나 (붇다를) 뵙는 것이 아니라, 바로 이곳에 앉아서 아미따바 붇다를 뵙고, 경전 설하시는 것을 듣고 모두 받아 알게 되니, 싸마디 속에서 모두 잘 갖추어 그것을 사람들을 위해 설한다.

비유하면, 어떤 사람은 바이살리(Vaiśālī, 毘舍離)[13]에 쑤마나

(Sumanā, 須門)라는 논다니(婬女)가 있다는 소문을 듣고, 또 어떤 사람은 암라빠리(Āmrapālī, 阿凡和梨)라는 논다니가 있다는 소문을 듣고, 또 어떤 사람은 운빨라바르나(Utpalavarṇā, 優陂洹)라는 논다니가 있다는 소문을 들었다. 이때 소문만 듣고 만나 본 적이 없는 세 사람이 동시에 논다니를 생각하자 음란한 생각이 일어나 이내 꿈속에서 저마다 따로 그 논다니 있는 곳으로 갔다. 그때 그 세 사람은 모두 라자그리하(Rājagṛha 羅閱祇國)에서 동시에 생각하였지만 각자 꿈속에서 논다니가 있는 곳에서 함께 잠을 자고, 잠에서 깨어난 뒤에 각자 그 일을 생각하는 것과 같다."

붇다가 바드라 빨(Bhadra-pāl)에게 말씀하셨다.

"내가 이 세 사람을 가지고 이야기했듯이, 너도 이 일을 가지고 사람들에게 경을 설명하여이 슬기를 깨치고 물러서지 않는 자리에 이르러 위없이 바른 도(無上正眞道)를 얻게 하여라. 그리고 붇다가 되면 그 이름을 선각(善覺)이라고 하리라.

바드라 빨(Bhadra-pāl)이여, 이와 같이 보디쌑바가 이 세상 나라에서 아미따바 붇다에 대해서 듣고 끊임없이 염(念)하면 그처럼 염했기 때문에 아미따바 붇다를 보게 될 것이다. 붇다를 뵙고 묻기를, '어떠한 법을 지녀야 아미따바 붇다 나라에 날 수 있습니까?'라고 하면, 아미따바 붇다가 보살에게 '내 나라에 나고자 하는 사람은 늘 나를 염하되, 수없이(數數) 염하여 쉬지 않으면 이처럼 내 나라에 나게 될 것이다'라고 말할 것이다."

붇다가 말씀하셨다.

"보살이 이처럼 염불하므로 반드시 아미따바 붇다 나라에 태어난다. 늘 이처럼 붇다 몸(佛身)은 32가지 모습을 모두 갖추고 밝은 빛을 훤히 비추는데, 무엇과도 비할 데 없는 단정한 모습으로 빅슈 쌍가(比丘僧)[14]에서 경을 설하며 '색이 무너지지 않는다(不壞敗色)'라고 염해야 한다. '색이 무너지지 않는다'는 것은 무엇인가? 괴로움·사상(思想)·나고 죽음(生死)·식(識)·혼(魂)·신(神)·지수화풍(地水火風)과 세간과 천상, 그리고 위로는 범천과 대범천에 이르기까지 색이 허물어지지 않는다는 것이다. 또 염불하면 공싸마디(空三昧)[15]를 얻으니 그처럼 염불해야 한다."

붇다가 바드라 빨(Bhadra-pāl)에게 말씀하셨다.

"싸마디 속에서 깨달음을 얻은 보디쌑바가 누구인가? 나의 제자인 마하까샤빠(Mahākāśyapa)·인드라구나(Indraguṇa.因坻達) 보디쌑바·수진(須眞) 천자, 그때 싸마디를 알고 있는 사람, 싸마디를 얻은 사람들이 모두 깨달음을 얻었다. 무엇을 깨달았는가? 이 싸마디가 되면 공싸마디(空定)를 알게 됨을 깨달은 것이다."

붇다가 바드라 빨(Bhadra-pāl)에게 말씀하셨다.

"먼 옛날에 수파일(須波日)이라는 붇다가 계셨다. 그때 어떤 사람이 넓은 늪지대(大空澤)를 헤매다가 음식을 얻지 못하여 목마르고 굶주려 누워 있다가 잠이 들었다. 그는 꿈속에서 향내 나고 맛있는 밥을 얻어먹었으나, 꿈을 깬 뒤, 배가 고프다는 것을 알고, 스스로 '모든 것은 다 꿈과 같다'라는 것을 깨달았다."

붇다가 말씀하셨다.

"그 사람이 공(空)을 염했으므로 문득 '업 따라 태어남이 없는(無所從生)'이란 가르침의 기쁨(法樂)을 얻어 물러서지 않는 자리(阿鞞跋致)[16]를 얻은 것이다. 바드라 빨이여, 이처럼 보디쌑바가 향하는 곳에는 바로 붇다가 계신다는 것을 듣고 늘 그쪽을 향하여 붇다 뵙기를 바라며 염불(念佛)하되, 붇다가 '있다(有)'고 염하지 말고, 서 있는 나도 없다고 염해야 한다. 상(想)이 공한 것처럼 붇다가 서 있는 것을 염하되 진귀한 보배가 유리 위에 있는 것처럼 하면, 보디쌑바는 그처럼 시방의 헤아릴 수 없이 많은 붇다의 맑고 깨끗함을 보게 된다. 비유하면, 사람이 멀리 다른 나라에 가서 고향의 가족과 친족과 재산을 생각하면, 그 사람은 꿈속에서 고향에 돌아가 가족과 친족을 만나 보고 함께 기뻐하며 이야기하는 것과 같다. 그는 깨어나서 꿈속에서 본 것을 아는 이들에게 말하며 '내가 고향에 가서 나의 가족과 친족을 만나 보았다'라고 한 것과 같다."

붇다가 말씀하셨다.

"보디쌑바도 이처럼 그가 향하는 곳의 붇다 이름을 듣고 늘 향하는 쪽 염하면서 붇다를 뵙고자 하면, 그 보디쌑바는 모든 붇다를 뵐 수 있으니, 이는 유리 위에 나타난 진귀한 보물을 보는 것과 같다. 비유하자면, 어떤 비구가 죽은 사람의 뼈를 앞에 두고 보는 것과 같아서 푸르게 보일 때도 있고, 희게 보일 때도 있고, 붉게 보일 때도 있고, 검게 보일 때도 있다. 그 뼈는 가져온 사람도 없고, 그 뼈도 없고, 온 바도 없는데, 마음이 만들어 낸 상(想)이 있는 것이다. 보디쌑바는 이처럼 붇다의 위신력을 가지고 삼매 속에 서서 어느 곳 부처님이든 보려 하면 바로 보게 된다.

왜 그렇게 되는가? 바드라 빨이여, 이 싸마디는 붇다 힘으로 이루어졌기 때문이다. 붇다 위신력으로 싸마디에 드는 사람은 3가지 것을 가지게 되는데, 붇다의 위신력(威神力)·붇다의 싸마디 힘(三昧力)·붇다의 바램으로 쌓은 공덕의 힘(本願功德力)을 가지게 된다. 이 3가지 것 때문에 붇다를 뵐 수 있다.

바드라 빨이여, 비유해 보면, 나이 어린 사람이 단정하고 예쁘게 꾸미고 깨끗한 그릇에 좋은 삼기름(麻油)을 담거나, 좋은 그릇에 깨끗한 물을 채우거나, 바로 닦은 거울이나 티 없는 수정에 자신의 모습을 보려고 자신을 비추면 모든 것이 저절로 나타나는 것과 같다.

바드라 빨이여, 어떻게 생각하느냐? 삼기름이나 물이나 거울이나 수정에 사람이 저절로 나타난다면, 정말 그 모습이 밖에서 안으로 들어온 것이라고 할 수 있겠느냐?"

바드라 빨이 말씀드렸다.

"그렇지 않습니다, 하늘 가운데 하늘이시여. 삼기름이나 수정이나 물이나 거울이 깨끗하기 때문에 절로 그 모습이 드러났을 뿐입니다. 그 모습 역시 안에서 나온 것도 아니며, 밖에서 들어간 것도 아닙니다."

붇다가 말씀하셨다.

"훌륭하고 훌륭하다. 바드라 빨이여, 그와 같다. 바드라 빨이여, 감각 기관(色)이 맑고 깨끗하면 그 대상도 맑고 깨끗하니, 붇다를 뵙고자 하면 바로 뵐 수 있다. 붇다를 뵐 때 바로 여쭈면 묻자마자 바로 대답할 것이며, 그러면 가르침을 듣고 크게 기뻐하며 이렇게 생각할 것이다. '부처님께서는 어디서 오셨고, 나는 어디로 가는가?' 또 생각하기를, '붇다가 오신 곳이 없고 나 역시 가는 곳이 없다'라고 하고, 또 '욕망이 있는 세계(欲界)·모습이 있는 세계(色界)·모습이 없는 세계(無色界)란 3가지 세계는 뜻으로 만들어졌을 뿐이다. 내가 생각하는 대로 본다. 마음이 붇다를 만들고 마음이 스스로 보므로 마음이 붇다이고, 마음이 여래이며, 마음이 나의 몸이다. 마음이 붇다를 보지만, 마음은 스스로 그 마음을 알지 못하며 스스로 마음을 보지 못한다. 마음에 상(想)이 있는 것을 어리석음이라 하고, 마음에 상(想)이 없는 것을 니르바나(涅槃)라고 한다. 이런 법은 즐거워할 것도 없다. 모두 생각(念)이 만들어 내는 것이다. '만일 헛된 생각(妄念)이 없어지면 생각하는 자가 있더라도 또한 없는 것임을 분명히 안다'라고 생각할 것이다.

바드라 빨이여, 이처럼 싸마디 속에 서 있는 보디쌑바가 보는 것도 이와 같다."

붇다가 게송을 읊으셨다.

마음이 마음을 알지 못하니

마음으로 마음을 보지 못하고,
마음에 상(想)을 일으키면 어리석고
상(想)이 없으면 니르바나라네.

이 법은 단단하지 않아
늘 생각에 자리 잡고 있으나,
공(空)을 깨치고 보는 자는
아무런 생각(想念)이 없다네.

풀이

(1) 한문 정의(定意)는 싸마디(samādhi)를 뜻으로 옮긴 것이다. 한문 경전에서 싸마디(samādhi)는 등지(等持)·정(定)·정정(正定)·정의(定意)·조직정(調直定)·정심행처(正心行處) 따위로 옮겼다.

(2) 염불(念佛): 『아미따경』 산스크리트 원문에서 '염불(念佛)'은 2가지 낱말로 표현했다.

① 붇다(buddha)+마나씨까라(manasikāra)이다. 마나씨+까라(manasi+kāra)에서 마나씨(Manasi)는 마나스(manas)란 낱말로, 겹낱말(合成語)을 만들 때 처격(處格)으로 쓰인 것이다. 마나스(manas)는 마음(mind), 생각(think); '생각하다', '마음에 그리다', '마음에 새기다'라는 뜻인데, 한문 경전에서는 뜻(意), 의(意), 식(識), 뜻과 생각(意念), 마음(心意·心·心識)처럼 아주 많이 쓰인 낱말이다. 마나씨까라(manasi-kāra)는 "take

--- to heart"이 되어 "---(붇다)를 마음에 새기다, 진지하게 생각하다, 통감하다"라는 뜻이 된다.

② 붇다+아누-씀리띠(buddhānusmṛti). 붇다아누(buddhānu)에서 [ā]는 붇다(buddha)의 a와 아누(anu)의 a가 이어져 겹치는 이은소리(連音)가 되면서 긴소리(長音) ā가 된 것이다. 아누(anu)는 영어의 with나 after 같은 다양한 뜻을 가진 앞가지(接頭語)이다. 씀리띠(smṛti)는 기억(remembrance, 記憶)이라는 뜻이다. 산스크리트 사전에 아누(anu)+씀리띠(smṛti)가 (지난 일을) 생각해 내다(to remember), 불러일으키다(recollect)라는 뜻으로 쓰인다고 되어 있다. 여기서는 붇다를 생각하는 것이지만 '이미 생각하고 있던 것을 잊지 않고 계속 생각해 낸다는 뜻(憶念, 마음에 떠올리다, 마음에 불러일으키다, 생각해 내다)'이 강하다. 빨리어로는 싸띠(sati)인데, 『빠알리-한글사전』(전재성)에 기억, 새김, 챙김, 주시, 주의를 기울임, 인식, 염(念), 억념(憶念) 같은 갖가지 뜻을 들고 있다. 붇다가 가장 중요하게 강조한 수행법인 '4가지 새기는 것(四念處)'도 씀리띠-우빠스타나(smṛty-upasthāna, Ⓟ sati-paṭṭhāna)라고 해서 씀리띠(smṛti, Ⓟ sati)를 쓴다.

홍법원 『불교학대사전』과 불광출판사 『불교대사전』에서는 아미따경에 나온 이 두 가지 낱말에 대해 "아미따경 가운데 염불(念佛)·염법(念法)·염승(念僧)이라고 번역한 「염불(念佛)」의 산스크리트 원어가 처음에는 붇다마나씨까라(buddhamanasikāra)이고 나중에는 붇다누씀리띠(buddhānusmṛti)인데, 앞 낱말은 '생각을 내다(作意)', '마음을 일으키다(起心)'라는 뜻이고, 뒤 낱말은 '단단히 기억한다(憶念, 意念)'라는 뜻이다"라고 해서 붇다마나씨까라(buddhamanasikāra)는 처음 마음을 일으키고 마음에 하나씩 새겨나가는 것이고, 붇다누슴리띠(buddhānusmṛti)는 그렇게 새긴 것을 '단단히 기억해서 잊지 않고 생각해 내는 것'을 뜻한다고 설명하였다.

(3) 5가지 장애물(pañca āvaraṇānim, 五蓋): 아바라나(āvaraṇa)는 덮개(covering); 장애물·방해물(an obstruction), 가로막음(interruption); 벽·담(a wall), 바깥 빗장(an outer bar)이나 울타리(fence) 같은 뜻을 가졌다. 수행하는 것과 관련하여 장애물(an obstruction)이 가장 알맞아 골랐다. 한문 경전에서는 '참마음을 덮는다(覆蓋心性)'라는 뜻에서 덮개(蓋)나 뚜껑(覆蓋)이라고 옮겼는데, 바른 법을 일어나지 못하게 하는 5가지 번뇌를 말한다. ① 탐내는 장애물(rāga-āvaraṇa, 貪欲蓋)은 5가지 탐내는 것(五欲)을 말한다. 라가(rāga)는 '격렬한 바램(vehement desire of)'이나 불타오름(inflammation)이란 뜻으로 참마음을 일어나지 못하게 한다. ② 화내는 장애물(pratigha-āvaraṇa, 瞋恚蓋)은 화내고(anger), 노어워하고(wrath), 몹시 미워하는(enmity) 장애물로 참마음이 일어나지 못하게 한다. ③ 심하게 게으르거나 조는 장애물(styāna-middha-āvaraṇa, 睡眠蓋·惛眠蓋)은 큰·엄청난·심한(gross) 게으름(sloth, indolence, 惛沈)과 졸음·졸림(sleepiness, 睡眠)을 말한다. 둘 다 참마음이 적극 활동하지 못하게 한다. ④ 뽐내고 죄짓는 장애물

(auddhatya-kaukṛtya-āvaraṇa, 掉擧惡作蓋)에서 아둗댜따(auddhatya)는 우쭐하거나 뽐내는 것(self-exaltation, 掉擧)을 말하고, 까우끄리땨(kaukṛtya)는 죄짓는 것(evil doing, 惡作)을 말하는 것으로, 모두 참마음을 덮는 일들이다. ⑤ 의심하는 장애물(vicikitsā-āvaraṇa, 疑蓋)에서 비찌끼차(vicikitsā)는 의심(doubt)하거나 잘못(error, mistake)하는 것으로 제대로 마음먹는 데 큰 장애물이 된다.

(4) 댜나(dhyāna, Ⓟ jhāna, 禪): 명상·묵상(meditation), 사색(thought), 숙고(reflection), 특히 깊고 집약적인 종교적 명상(especially profound and abstract religious meditation). 한문 경전에서는 소리로 선나(禪那)·타연나(馱衍那)·지아나(持阿那)라고 옮기고, 뜻으로는 조용히 생각함(靜慮: 상을 멈추고 염을 이어 가 하나의 경계에만 집중하게 하는 것), 곰곰이 생각함 익히기(思惟修習), 나쁜 것 버리기(棄惡: 욕계의 5가지 장애 같은 모든 나쁜 것을 다 버리는 것), 공덕숲(功德叢林: 선이 씨가 되어 슬기·신통·4가지 무량심 같은 공덕이 생긴다). 여기서는 소리 나는 대로 댜나(dhyāna)라고 옮긴다.

(5) 공행(空行): 빅슈가 지켜야 할 7가지(七守)에 그 뜻이 나온다. 첫째, 맑고 깨끗함(淸淨)을 지켜야 하니 변하는 물질과 마음(有爲法)을 즐기지 않아야 하고, 둘째, 욕심 없음(無欲)을 지켜야 하니 이익을 기르는 일을 탐하지 않아야 하고, 셋째, 참음(忍辱)을 지켜야 하니 송사로 다투지 말아야 하고, 넷째, 공행(空行)을 지켜야 하니 많은 사람 모이는 곳에 가지 말아야 하고, 다섯째, 법의 뜻

(法意)을 지켜야 하니 많은 생각을 일으키지 않아야 하고, 여섯째, 한 마음(一心)을 지켜야 하니 좌선하여 싸마디(定意)에 들어야 하고, 일곱째, 아낌(約損)을 지켜야 하니, 옷은 거칠게, 먹는 것은 적게, 풀로 짠 깔개에서 자야 한다. (동진(東晉) 때 옮겨진 『반니환경(般泥洹經)』).

(6) 6가지 맛(六味): 단맛(甘)·신맛(醋)·짠맛(鹹)·매운맛(辛)·쓴맛(苦), 싱거운 맛(淡) 같은 6가지로 먹는 것을 탐하지 말라는 뜻이다.

(7) 5가지 익혀야 할 법(五習法): 마음의 해탈을 위해 익혀야 할 5가지로, ① 좋은 동무(善知識)를 만나 함께 화합한다. ② 계를 지킨다. ③ 마음을 부드럽게 하여 장애물을 없애 설해야 할 것을 설하고 끊을 것은 끊어야 한다. ④ 늘 정진하여 나쁜 것을 끊고 좋은 것을 익혀야 한다. ⑤ 슬기를 닦아(修行智慧) 깨달음 얻어 괴로움을 여읜다. (『중아함경』「습상응품(習相應品)」 16)

(8) 9가지 번뇌(九惱): 붇다가 전생에 지은 업 때문에 현세에서 겪은 9가지 재난. ① 전생에 사기꾼일 때 사슴 같은 논다니와 즐기다가 그 논다니를 죽이고 벽지불에게 책임을 떠넘겼다. 그 과보로 현세에 논다니 쑨다리(Sundarī)로부터 비방(誹謗)을 받았다. ② 전생에 비구일 때 무승(無勝)비구가 선환(善幻) 여인으로부터 이바지를 받자, 둘이 서로 통했다고 비방하였다. 그 과보로 붇다가 설법할 때 찐짜마나비까(Ciñcā-mānavika)라는 여인에게 비방을

받았다. ③ 전생에 쑤마띠(Sumati)였을 때 재산 분배 문제로 이복 동생을 절벽에서 돌을 굴려 죽였다. 그 과보로 데바닫다가 돌을 굴려 엄지발가락이 상했다. ④ 전생에 배 때문에 다른 부족 우두머리 발을 금창으로 찔렀다. 그 과보로 나무에 다리를 찔렸다. ⑤ 전생에 사꺄족이 연못 고기를 잡았을 때 어린아이가 막대로 고기 머리를 때렸다. 그 과보로 꼬살라(Kauśala) 나라 비루다까(Virūḍaka, 琉璃王)가 사꺄족을 멸할 때 머리앓이를 하였다. ⑥ 전생에 왕이 여래와 제자들에게 이바지하자 욕하고 500명 아이들에게 말 먹이만 먹게 하였다. 그 과보로 90일 동안 500명 제자들과 말 먹이만 먹어야 했다. ⑦ 붇다가 아라파가(阿羅婆伽) 숲에서 동지 앞뒤로 8일 밤 동안 추위를 견디지 못하고 새끼로 옷 3벌을 만들어 입고 추위를 막았다. ⑧ 전생에 벗이 여래께 경의를 표하자고 했는데 3번 거절하였다. 그 과보로 6년 괴로운 수행을 해야 했다. ⑨ 브랗마나 마을에 들어가 먹을 것을 빌었으나 얻지 못하였다.

(9) 12가지 약해짐(十二衰) 『아함구해십이인연경(阿含口解十二因緣經)』에 따르면, 나를 구성하는 5가지 기본 요소(五蘊)가 늙어 가면서 6가지가 성장이 멈추니(六止), 땅(地), 물(水), 불(火), 바람(風)·공(空)·식(識)이고, 여기에 더해, 약해져 가는 모습(色), 소리(聲), 냄새(香), 맛(味), 맞닿음(細滑=觸), 하고픈 생각(念欲) 더해져 12가지 약해짐(十二衰)이라고 하였다.

(10) 우빠싸까(upāsaka, 優婆塞): 우빠싸까(upāsaka)는 예배(worshipping), 예배하는 사람(a worshipper), 신도·따르는 사람(follower)이란 뜻으로 불교에서는 출가하여 수행하는 빅슈에 대하여 출가하지 않고 집에서 붇다의 가르침을 믿고 따르는 신도를 말한다. 한문 경전에서는 소리 나는 대로 우파새(優婆塞) 말고도 오파색가(烏波索迦)·우파사가(優波娑迦)·이보새(伊蒲塞), 뜻으로는 가까이 섬김(近事)·가까이 섬기는 남자(近事男)·가까이 받드는 남자(近善男)·믿는 이(信士)·믿는 남자(信男)·맑은 믿는 이(淸信士)라고 옮겼다.

(11) 우빠씨까(upāsikā)는 여자 평신도(a lay female votary)를 말하며, 한문 경전에서는 소리로 우바이(優婆夷) 우파사가(優婆私訶)·우파사(優婆斯)·우파사가(優波賜迦)로, 뜻으로 맑은 믿는 여자(淸信女)·가까이 받드는 여자(近善女)·가까이 섬기는 여자(近事女)·가까이 머무는 여자(近宿女)·믿는 여자(信女)라고 옮겼다.

(12) 앞에서 본 기쁨나라(極樂).

(13) CBETA 한문 원문에는 타사리국(墮舍離國)이라고 되어 있으나 산스크리트 원문에 따라 바이샬리(Vaiśālī, 毘舍離)로 옮겼다. 바이샬리(Vaiśālī, 毘舍離): 옛날 인두 16개 나라 가운데 하나이고, 6개 큰 성 가운데 하나이다. 한문 경전에는 소리로 폐사리(吠舍離)·비야리(毘耶離)·비사리(毘舍離)·벽사리(薜舍離)·비사모야(鞞奢某

夜)·비관라(鞞貫羅)·유야(維耶)·유사(維邪), 뜻으로는 넓고 넓음(廣博), 넓고 장엄함(廣嚴)이라고 옮겼다. 릿차비(Licchavi, 離車子)족이 사는 곳으로 당시 크게 발달한 도시였다. 붇다가 여러 차례 가서 설법하였고, 모두 불교를 열심히 믿었기 때문에 붇다가 마지막 가는 길에 마가다 나라가 이곳을 침략하려고 하자 막아 주었던 곳이다.

(14) 빅슈쌍가(bhikṣu-saṃgha Ⓟ bhikkhū-saṅgha, 比丘僧): 빅슈쌍가를 한문 경전에서 비구승(比丘僧)이라고 옮겼다. 그런데 한국에서는 <비구=스님>, <승(僧)=스님>으로 쓰이기 때문에 <비구승=스님>이라고 옮긴다. 그러나 여기서 승(僧)은 스님이란 뜻이 아니고 쌍가(saṁgha 僧伽)를 옮긴 것이다. 쌍가(saṁgha 僧伽)는 어떤 목적을 위해 함께 사는 사람들(any number of people living together for a certain purpose), 사회(a society), 조합(association), 떼(company), 공동체(community)를 뜻한다. 우리말로 하면 무리, 모임, 동아리 같은 단체를 말하는 것이다. 그런데 쌍가(saṁga)를 승가(僧伽)라고 옮긴 뒤 운(韻)을 맞추기 위해 '불타(佛陀)→불(佛)'로 줄인 것처럼 '승가(僧伽)→승(僧)'으로 줄여 쓰게 되었다. 그러다 어느 사이 승(僧)이 수행자를 뜻하는 빅슈(比丘 또는 苾芻) 대신 쓰이면서 잘못 정착된 것이다.

산스크리트의 saṁgha(쌍가)란 '무리'를 뜻하는 것으로 여기서는 '불법을 믿고 불도를 행하는 사람들의 무리(集團)'를 말한다. 빅슈들로 구성된 쌍가는 빅슈쌍가(bhikṣu-saṃgha), 빅슈니(比丘尼)들로 이루어진 쌍가는 빅슈니쌍가(bhikṣuṇī-saṃgha), 성문들이 모인 쌍가를 성문쌍가(śrāvaka-saṃgha)라고 한다. 나중에는 붇다(佛), 붇다의 가르침(法)과 함께 3보(三寶) 가운데 하나인 쌍가보(saṃgha-ratna, 僧寶)가 되었다. 붇다 생전의 기록인 잡아함경에도 이미 3보(三寶)에 귀의한다는 내용이 나오는데, 이때 쌍가보(僧寶)에 속한 제자들은 대부분 이미 아르한과를 얻은 성문들이었다. 그러므로 현재 한국에서 삼보에 귀의하면서 '거룩한 스님들께 귀의합니다'라고 하는 것은 다시 생각해 보아야 한다. 3보의 하나인 쌍가(僧伽)는 스님들이란 뜻이 아니기 때문이다. 마치 학교(學校)란 선생님들을 뜻하는 것이 아니라 선생님을 비롯한 모든 구성원을 포함한 조직 자체를 이야기하는 것과 마찬가지다.

(15) 공(空) 싸마디(śūnyatā-samādhi, 空三昧): 3가지 싸마디(trayaḥ samādhayaḥ) P tayo samādhī, 三三昧) 가운데 첫 싸마디다. 『증일아함경(增一阿含經)』 권 16에 따른 3가지 싸마디는 다음과 같다.

① 공(空) 싸마디(śūnyatā-samādhi, 空三昧): 일체 모든 현상(一切諸法)이 다 공함(śūnyatā)을 보는 것을 말한다. 4가지 거룩한 진리(四聖諦) 가운데 괴로움이란 진리(苦諦), 곧 '모든 것이 다 괴로움이다'라는 진리에 나오는 4가지 모습(行相) 가운데 공(空)과 무아(無我)라는 두 가지 모습을 보는 것과 상응하는 싸마디이다. 이 싸마디를 통해 모든 현상이 인연으로 일어나며, 나(我)와 나의 것(我所), 두 가지가 모두 공함(空)을 본다.

② 상(相) 없는 싸마디(animitta-samādhi, 無相三昧): 모든 것에 상(想)

과 염(念)이 없고, 볼 수 없으며, 4가지 거룩한 진리 가운데 괴로움이 없어지는 진리(滅諦)와 관계하여 그 사라짐(滅)·고요(靜)·신묘(妙)·떠남(離) 같은 4가지의 모습에 상응하는 싸마디이다. 니르바나는 5가지 바깥 경계 모습(色)·소리(聲)·향내(香)·맛(味)·맞닿음(觸) 같은 5가지 생각되는 것(法)을 떠나며, 남녀 2가지 모습(二相) 및 나서(生) 머물다(住) 사라지는(滅) 3가지 유위법(三有爲)이 떠나므로 상이 없다(無相)고 부른다.

③ 원(願) 없는 싸마디(apraṇihita-samādhi, 無願三昧): 지음이 없는 싸마디(無作三昧) 또는 일어남이 없는 싸마디(無起三昧)라고도 한다. 모든 것에 대해 바라고 구하는 바가 없어, 4가지 거룩한 진리 가운데 괴로움이 생겨나는 진리(集諦)에서 괴로움에 관한 진리(苦諦)의 괴로움(苦)과 무상(無常)이라는 두 모습(二行相)과 괴로움이 생겨나는 진리(集諦)의 씨앗(因)·생겨남(集)·태어남(生)·연줄(緣)이라는 4가지 모습(四行相)과 관계되는 싸마디를 말한다. 덧없음(無常), 괴로움(苦)과 그 까닭(因) 따위를 싫어해야 하고, 도(道)란 뗏목과 같아 버려야 마땅한데, 그것은 이 싸마디로만 가능하므로 '바램이 없는(無願)'이라는 이름을 얻었다.

(16) 물러서지 않는 자리(avinivartanīya, 阿鞞跋致) 산스크리트의 아비니바르따니야(avinivartanīya)는 아비니바르띤(avinivartin)의 복수 주격 형용사로 '뒤로 돌아가지 않는(not turning back)', '(전쟁에서) 도망하지 않는(not fugitive)'다는 뜻이다. 한문 경전에서는 불퇴

(不退), 불퇴위(不退位), 불퇴전(不退轉), 불퇴지(不退地)라고 옮긴다. 불도를 구하는 마음이 굳고 단단하여 나쁜 길(惡道)로 넘어가지 않는 것을 뜻하는 말로, 경전에서는 보디쌑바 경지에서 다시는 물러서지 않고 반드시 붇다가 되는 것이 결정되어 의심할 여지가 없는 자리(境地)라는 뜻으로 쓰였다. 꾸마라지바는 뜻으로 옮기지 않고 소리 나는 대로 아비발치(阿鞞跋致)라고 옮겼는데, 6세기 음으로 apibuati(아삐봐띠)이기 때문에 아비니바르띤(avinivartin)을 옮긴 것이라는 것을 알 수 있다. 그러나 본디 소리인 '아비니바르띤'과 너무 차이가 많으므로 뜻으로 옮겼다.

Ⅱ. 『대불정수능엄경』 5권
「큰 힘 이룬 보디쌑바(大勢至菩薩)의 염불로 깨달음 (念佛圓通)」

한문

大勢至法王子與其同倫五十二菩薩, 即從座起, 頂禮佛足而白佛言: 「我憶往昔恒河沙劫, 有佛出世名無量光, 十二如來相繼一劫, 其最後佛名超日月光。彼佛教我念佛三昧:『譬如有人, 一專為憶, 一人專忘, 如是二人若逢不逢, 或見非見。二人相憶, 二憶念深, 如是乃至從生至生, 同於形影不相乖異。十方如來憐念眾生, 如母憶子, 若子逃逝, 雖憶何為! 子若憶母如母憶時, 母子歷生不相違遠。若眾生心憶佛念佛, 現前當來必定見佛、去佛不遠, 不假方便自得心開。如染香人, 身有香氣, 此則名曰香光莊嚴。』我本因地, 以念佛心入無生忍。今於此界, 攝念佛人歸於淨土。佛問圓通, 我無選擇都攝六根, 淨念相繼得三摩地, 斯為第一!」(CBETA)

옮긴 글

큰 힘 이룬(大勢至) 법왕자[1]는 함께 온[2] 52명 보디쌑바[3]들과 더불어 자리에서 일어나 붇다(Buddha, 佛陀)[4] 발에 머리를 조아려 절하고 붇다께 말씀드렸다.

"제가 지난 옛날을 돌이켜 보면, 옛날 강가강(恆河) 모래알처럼 많은 깔빠(劫)[5] 이전에 붇다께서 세상에 오셨는데, 이름이 '그지없는 빛(無量光)'[6]이었고, 그 뒤 12분 여래께서 1깔빠 동안 이어오셨는데 마지막 붇다 이름은 '해달 뛰어넘은 빛(超日月光)'[7]이셨습니다. 그 붇다께서 저에게 염불 싸마디(三昧)[8]에 대해 이렇게 가르쳐 주셨습니다.

「비유하자면, 한 사람은 오로지 (상대를) 생각하는 데, 한 사람은 완전히 잊어버리고 있다면, 이 두 사람은 만나도 만나지 못한 것이고, 보더라도 보지 못한 것이다. 그런데 두 사람이 서로 생각하여 두 사람 생각이 깊어지면, 이 두 사람은 이생에서 저 생에 이르도록 형체에 그림자 따르듯 서로 어긋나지 않을 것이다.

시방 여래가 중생을 가엽게 생각하는 것도 어머니가 아들을 생각하는 것과 같은 것이지만 아들이 달아나 버린다면 아들을 생각한들 무슨 소용이 있겠는가! 만약 아들이 어머니 생각하길 어머니가 아들 생각하듯 한다면, 어머니와 아들은 여러 생을 지내더라도 서로 어긋나 멀리 떨어지지 않을 것이다.

(이처럼) 만약 중생의 마음에 붇다를 잊지 않고 생각하며(憶佛) 염불한다면, 지금이나 다음 생에 반드시 붇다를 보게 되며, 붇다와의 거리가 멀지 않아 방편을 빌리지 않고 저절로 마음이 열리는 것이니, 마치 향을 물들이는 일을 하는 사람 몸에서는 향기가 나는 것과 같다. 이것을 일러 '향내 나는 빛으로 꾸미는 일(香光莊嚴)'이라 한다.」

저는 본디 태어나 살던 곳(因地)에서 수행할 때 염불하는 마음으로 나고 죽음을 여읜 경지(無生忍)[9]에 들어갔고, 지금 이 세상에서는 염불하는 이들을 이끌어 (기쁨나라) 정토로 돌아가게 하고 있습니다.

붇다께서 저에게 원통(圓通)을 물으시니, 저는 어떤 것도 가리지 않고 오로지 (눈·귀·코·혀·몸·마음 같은) 6가지 감각기관(六根)을 모두 굳게 지키고, 맑은 염불이 서로 이어지게 하여(淨念相繼) 싸마디를 얻는 것이 으뜸입니다."

풀이

(1) 큰 힘 이룬(大勢至, Mahā-sthāma-prāpta)은 앞에서 이미 보았고, 법왕자(法王子)는 산스크리트 꾸마라부따(kumārabhūta)을 말하는 것으로, 꾸마라(kumāra)는 왕자, 아들이란 뜻이고, 부타(bhūta)도 아들(son), 아이(child)란 뜻이다. 왕자는 보디쌑바(菩薩)를 달리 부르는 말이다. 보디쌑바가 붇다 자리를 이어받게 되므로 붇다는 법왕이고, 보디쌑바는 왕자가 되므로 법왕자가 된 것이다. 한문 경전에서는 소리로 구마라부다(究摩羅浮多), 구마라부(鳩摩羅浮)라고 옮겼고, 뜻으로 아이(child)란 뜻을 살려 동진(童眞)이라고도 옮겼다.

(2) 원문에서 동륜(同倫)이란 동료와 같은 뜻이다. 큰 힘 이룬 보디쌑바가 함께 머무는 곳은 기쁨나라(極樂)이므로 기쁨나라에서 온 52명의 보디쌑바들이라고 할 수 있다.

(3) 보디쌑바(bodhisattva, Ⓟ bodhi-satta, 菩薩): 우리가 흔히 많이 부르는 '보살(菩薩)'은 산스크리트 보디쌑바(bodhisattva)를 소리 나는 대로 옮긴 것이다. 처음 한문으로 옮길 때 보리살타(菩提薩埵), 보제색다(菩提索多)·모지살달박(冒地薩怛縛)이라고 옮겼는데, 2자로 줄이면서 보살(菩薩)이 되었다.

보디(菩提)는 산스크리트에서 지혜를 뜻하는 보디(bodhi)를 옮긴 것인데, 한국에서는 '보리'라고 읽는다(보디심(菩提心)=보리심). 한자에서 '제(提)' 자는 지금도 [ti]나 [di]로 읽지 '리(ri, li)'로 읽은 보기가 없다. 그렇다면 한국에서는 왜 '디=리'로 읽게 되었는가? 조선시대까지는 '뎨'로 읽어 '보뎨'라고 읽었는데, 만일 '보뎨'를 입천장소리되기(口蓋音化)로 하면 '보졔'가 되어 여자 성기와 비슷한 소리가 나기 때문에 '보리'로 하지 않았는가 하는 생각이 든다. 자세한 것은 '서길수, 「반야심주(般若心呪) 소릿값(音價)에 관한 연구」, 한국불교학회 『한국불교학』 (96), 2020.' 볼 것.

보제살타(菩提薩埵)·보제색다(菩提索多)·모지살달박(冒地薩怛縛)들은 모두 보디쌑바(bodhisattva)에 가까운 소리를 냈을 것이다. 많이 변화했다는 현재 중화인민공화국의 보통화에서도 菩提薩埵=뿌띠싸뚜어(pu-di-sa-duo)로 원음에 제법 가깝다. 그것을 한국식 한자 소리로 읽기 때문에 '보리살타'라는 전혀 다른 낱말이 되어 버린다. 그런데다 한어(漢語)에서는 운이나 글자 수를 맞추기 위해 낱말을 줄이는 습관이 있어 보디살타(菩提薩埵)를 보살(菩薩)로 줄여서 썼고, 그것이 우리나라에 와서는 보디쌑바=보살이라는 낱말로 쓰이게 되었다. 현재 영어에서도

Bodhisattva[bòudisǽtvə, -wə]로 일반화되고, 그밖에 다른 언어에도 사전에 올림말로 올라 국제화되고 있으므로 우리도 본디 소리와 너무 다른 '보살(Bosal)'이란 낱말 대신 보디쌑바를 써야 한다고 보고, 이 경에서는 소리 나는 대로 보디쌑바라고 옮긴다. 산스크리트에서 쌑바(sattva)는 생명·사람(being), 존재(existence)를 나타내는 낱말로, 불교에서는 중생(衆生)이나 유정(有情)이라는 말로 옮겼다. 그러므로 보디쌑바는 '지혜를 깨치려는 중생'이라는 뜻인데 한자에서는 '도를 구하는, 큰 깨우침을 구하는 사람(求道求大覺之人)·도를 구하는 큰마음을 가진 사람(求道之大心人)이라고 새겼다. 현재 불교학회에서는 '보디사뜨와'를 썼는데 -satt-는 한 소리마디이므로 쌑으로 줄였고, -va는 빠니니문법에서 /v/ 소리는 입술소리라고 했으므로 /바/로 했다. /와/는 두 입술이 완전히 벌어져 버려 입술소리가 될 수 없고, /v/는 아랫입술을 약간 대기 때문에 입술소리에 가깝다. 조선시대는 정확하게 /ㅸ=v/라고 썼으나 지금은 그 닿소리가 없어져 비슷한 /바/로 하였다. 앞으로 /ㅸ=v/가 다시 쓰일 것을 기대한다.

(4) 붇다(Buddha, 빨리어=Ⓟ 같음, 佛陀, 佛): 산스크리트 본에는 바가받(bhagavat, Ⓟ bhagavā·bhagavant, 世尊)이라고 되어 있는데, 꾸마라지바는 '불(佛)'이라고 옮기고, 현장(玄奘)은 '박가범(薄伽梵)'이라고 원문에 쓰인 낱말을 그대로 소리 나는 대로 옮겼다. 그밖에 이 경에는 따타가따(tathāgata, Ⓟ 같음, 如來)라는 낱말도 많이 나오는데, 현장은 여래(如來)라고 옮기고 꾸마라지바는 이 낱말

도 붇다(佛)라고 옮겼다. 다시 말해, 바가반(世尊)이나 따타가따(如來)나 모두 붇다로 옮겼는데, 이 두 가지는 모두 붇다의 10가지 이름 가운데 하나이기 때문에 여기서는 꾸마라지바의 뜻대로 붇다로 통일한다.

꾸마라지바가 옮긴 '불(佛)'이란 불타(佛陀)를 줄여서 쓰는 말인데, 불타(佛陀)는 산스크리트 붇다(Buddha)를 소리 나는 대로 옮긴 것이다. 꾸마라지바를 비롯한 수많은 역경가들이 번역할 당시(6세기 앞뒤)는 '佛陀=budə=부더'로 원음인 붇더(Buddha)와 거의 같은 소리를 냈다. 본디 산스크리트의 [a] 소리는 영어의 썬(sun)을 읽을 때 'u'의 소릿값인 어[ʌ]이기 때문에 Buddha는 (붇)더[dʌ]에 가깝다. 그러나 오늘날의 한어(漢語) 사전에는 '붇다(Buddha)=포투어(fótuó)'라는 완전히 다른 소릿값으로 정착되었다. 중화인민공화국은 현재도 크게 8개 권역으로 나뉘어 쓰이는 말이 서로 통하지 않을 정도로 심하게 달라 표준어인 보통화를 쓰지 않으면 대화가 어려운 실정이다. 따라서 같은 한자를 쓰더라도 지역에 따라 전혀 다른 소리를 냈을 것이고, 시대에 따라 서울이 변하면서 소리도 달라질 수밖에 없는 것이다. 지금의 보통화는 북경을 비롯한 하북(河北) 지역 말을 으뜸으로 삼았기 때문에 경을 옮길 당시의 서울인 낙양이나 장안(현재의 西安) 말과는 다를 수밖에 없고, 아울러 1,500년이란 세월이 흐르면서 한문 읽는 법 자체가 완전히 변해 버린 것이다. 한편, 한문이 갖는 속성 때문에 소리 나는 대로 옮긴 외래어들을 한 글자나 두 글자로 줄여서 쓰면서 불타(佛陀)→불(佛)로 줄여서 쓰기 시작하였고, 이에 따라 fótuó(佛

陀)=fó(佛)란 낱말로 자리 잡게 되었으며, 오늘날의 작은 한어(漢語) 사전에는 아예 붇다(佛陀)라는 낱말이 사라져 '붇다(Buddha)=포(fó)'라고만 쓰이는 사전이 대부분이다.

이 점은 한국에서도 마찬가지다. 붇다(Buddha)=불타(Bulta, 佛陀)로 바뀌고, 줄여서 붇다(Buddha)=불(Bul, 佛)이라는 완전히 다른 낱말로 바뀌어 버렸다. 그런 데다 한국에서는 다시 '부처' 또는 '부처님'이라는 낱말이 생기게 되었다. 그렇다면 이 '부처'라는 낱말은 어디서 비롯된 것인가? 바로 붇다(佛陀)를 우리식으로 읽는 과정에서 생겨난 낱말이다. 훈민정음이 반포된 뒤 얼마 되지 않아 훈민정음으로 옮겨진 『아미따경언해』를 보면 '불타(佛陀)=부텨'라고 쓰고 있다. 그리고 나중에 입천장소리되기(口蓋音化) 과정을 거쳐 '부텨→부처'로 바뀐 것이다. 그러므로 한국에서는 '붇다(Buddha)=부처(Buchŏ)'가 되어 두 번째 소리마디(音節)가 완전히 바뀌어 버리고, 거기다 높임의 뜻을 나타내는 '-님'을 덧붙여 '붇다(Buddha)=부처님(Buchŏnim)'이 된 것이다.

학자들에 의해 산스크리트와 빨리어로 된 문헌이 발굴되고 연구되면서 비로소 1,500년 전 한자로 옮긴 본디 소리가 밝혀지기 시작하였다. 그리고 불타·불·부텨·붓다·붇다 같은 갖가지 바뀐 소리들의 본디 소리가 붇다(Buddha)라는 것도 밝혀졌다. 특히 붇다(Buddha)라는 낱말은 이미 영어를 비롯하여 많은 나라에서 사전에 실려 국제적으로 일반화되었기 때문에 앞으로 한국에서도 이런 추세에 따라 본디 소리에 가까운 '붇다'를 쓰는 것이 바람직하다고 생각한다.

최근 한국에서도 '붇다'와 '붓다'라는 두 가지 낱말이 많이 쓰이고 있다. 글쓴이는 그 가운데 본디 소리와 가장 가까운 '붇다'를 쓰기로 하였으며, 읽는 이들에게도 '붇다'를 추천하는데, 그 이유는 다음과 같다.

① 산스크리트에서는 bu+ddha라는 두 글자로 구성되지만, 실제로 우리가 읽을 때 Bud-dha라는 두 소리마디(音節)로 읽는 것이 쉽다. 첫 소리마디 Bud을 훈민정음(앞으로는 정음으로 줄여 '바른 소리'라 한다)으로 옮기면 첫소리(初聲) 'b=ㅂ', 가운뎃소리(中聲=홀소리) 'u=우', 끝소리(받침, 終聲) 'd=ㄷ'이기 때문에 'bud=붇'으로 옮겨야만 바른 소리 맞춤법에 맞다. 그래야만 본디 소리에 가장 가깝고, 아울러 바른 소리로 옮긴 '붇'을 다시 산스크리트로 옮길 때도 정확하게 'bud'이라고 되돌릴 수 있기 때문이다. 이 점은 소리문자(表音文字)인 한글이 갖는 빼어난 점으로, 뜻글자(表意文字)인 한어와 음절글자인 일본어로는 불가능한 일이기 때문에 우리는 자부심을 가지고 이런 한글의 장점을 잘 살려야 할 것이다.

② 많이 쓰이고 있는 '붓다'는 ㅅ이 '부'와 '다'의 '사잇소리'로 잘못 알고 쓴 것이기 때문이다. 사잇소리란 2개 이상의 이름씨(名詞)를 붙여 만든 겹이름씨(複合名詞) 따위에서 두 말(形態素) 사이에서 덧나는 소리를 말한다. 곧 앞말의 끝소리가 홀소리인 경우는 'ㅅ'을 받치어 적고, 닿소리인 경우는 이를 표시하지 않는다(홀소리 보기: 냇가, 콧날, 잇몸, 촛불 / 닿소리 보기: 손등, 길가, 들것). 그러나 붇다(bud-dha)는 하나의 이름씨이

고, 2개의 이름씨를 붙여 만든 겹이름씨가 아니므로 사잇소리를 쓸 수가 없기 때문에 '붓다'는 잘못 옮겨 적은 것이다.

③ 한국말에서 '붓다'보다 '붇다'의 뜻이 더 바람직하다. '붓다'는 '살가죽이 퉁퉁 부어오르다', '액체나 가루 따위를 쏟다'는 뜻이고, '붇다'는 '물에 젖어 부피가 커지다', '분량이 늘어나다'는 뜻이다.

(5) 깔빠(劫, kalpa): 산스크리트 깔빠(kalpa)를 한자로 겁파(劫簸)라고 옮겼는데 흔히 줄여서 겁(劫)이라고 쓴다. 6세기 고대음으로 劫簸는 '꺕빠'로 읽었기 때문에 본디 소리인 깔빠(kalpa)에 가까웠다. 그러나 현대 북경음에서는 지에뽀(jiepo)라고 읽어 전혀 다른 소리가 나고, 더구나 나중에는 어려운 po(簸) 자를 떼어 내 버리고 jie(劫)라는 글자만 쓰면서 처음 옮길 때 '소리 나는 대로 옮긴다'라는 뜻이 완전히 사라져 버렸다. 한국에서는 그렇게 줄인 낱말을 다시 한국식으로 '겁'이라고 읽어서 그 낱말로 굳어진 것이다. 여기서는 본디 발음과 너무 큰 차이가 나기 때문에 본디 발음인 '깔빠'를 써서 처음 옮길 때의 소리에 가깝게 하였다.

산-영 사전에서는 깔빠를 이렇게 설명한다. "전설적인 기간이다. 브랗마(brahmā)의 하루, 또는 1,000 유가(yuga), 한세상의 지속 기간을 측정하는 단위인 4천×3억 2천만 년의 기간이다. 브랗마(brahmā)의 한 달은 그러한 깔빠(kalpa) 30개를 곱한 것이라고 보며, 마하바라따(Mahābhārata)에 따르면 브랗마(brahmā)의 12개월이 그의 1년인데, 그의 생애 100년 가운데 50년이 지나, 우리는 지금 51년째인 스베따바라하(śvetavārāha) 깔빠에 있다고 본다. 한 깔빠(kalpa)가 지나면 세상이 사라져 없어진다." 그러나 불교의 깔빠는 다르다.

불교에서 깔빠(劫, kalpa)에 대해서는 수많은 설이 있지만 가장 많이 쓰는 『지도론(智度論)』 5권의 설만 소개한다. '사방 40리 성안에 겨자(芥子)를 가득 채우고 백 년마다 한 알씩 집어내어, 그 겨자가 다 없어져도 깔빠는 다하지 않는다.', '둘레 사방 40리 되는 바위를 백 년마다 한 번씩 얇은 옷으로 스쳐서 마침내 그 바위가 닳아 없어지더라도 겁은 다하지 않는다.' 사전에는 '천지가 한 번 개벽한 때부터 다음 개벽할 때까지의 동안이란 뜻으로, 계산할 수 없는 무한히 긴 시간(『우리말 큰사전』, 『민중국어사전』)'이라고 설명하고 있다.

(6) 헤아릴 수 없는 빛(無量光, Amitābha): 아미따(Amita) + 아바(ābha)의 합성어로 아미따는 헤아릴 수 없이·잴 수 없이 많고 큰 것이고, 아바는 빛(光)을 뜻하므로 '헤아릴 수 없는 빛'이란 뜻이고, 한문으로는 무량광(無量光)으로 옮긴다. 아미따불과 같은 이름이다. 한문으로 무량(無量)은 헤아릴 수 없다는 뜻인데, 무한(無限)하다는 뜻이다. 그런데 세조가 직접 옮긴 『아미따경』에 이 무량하다, 무한하다를 '그지없다'라고 옮겼다. 우리나라에서 그 어떤 역경가보다 뛰어난 번역이었다. 그래서 우리말큰사전을 찾아보니 '무한하다=그지없다'라고 되어 있고, 그지없다=이루 다 말할 것 없다(한문: 무한하다, 한없다)라고 되어 있다. 그래서 '그지없는

빛'으로 옮겼다.

(7) 해달 빛 뛰어넘은 (超日月光): 해·달빛을 뛰어넘는다는 아미따불의 12가지 빛 가운데 하나다. 여기서는 붇다의 이름으로 쓰였다.

(8) 싸마디(samādhi, 三昧): 산-영 사전에는 "생각의 집중, 심오하거나 추상적인 명상(concentration of the thoughts, profound or abstract meditation), 특정 대상에 대한 강렬한 명상. 관찰자와 명상 대상을 동일시하기 위한 것이다. 요가의 여덟 번째이자 마지막 단계이고, 불교도의 싸마디는 댜나(禪, dhyāna)의 네 번째이자 마지막 단계이다."이다.

한문 경전에서는 소리 나는 대로 삼매(三昧). 삼마제(三摩提), 삼마제(三摩帝)라고 옮기고, 뜻으로 등지(等持)·정(定)·정정(正定)·정의(定意)·조직정(調直定)·정심행처(正心行處)라고 옮겼다. 마음을 어떤 한곳(또는 한 경계)에 정(定)한 안정상태를 말한다.

(9) 나고 죽음 여읜 경계(無生法忍 anutpattika-dharma-kṣānti):

① '안웃빧띠까(anutpattika)' 뜻: 안웃빧띠까(anutpattika)는 안(an)+웃빧띠까(utpattika)의 겹씨(합성어)다. 웃빧띠(utpatti)는 생산(production), genesis(내력), 유래(origin), 태어남(birth)을 나타내는 여성명사인데, 경전에서는 특히 나고 죽는 문제에 적용하기 때문에 태어남(生)이라는 낱말로 쓰였다. 이 낱말에 앞

가지 /an-/을 합하면 '안 태어나는(不生, not birthed)', '태어남이 없는(無生, non-birth)' 같은 뜻이 된다. 여기서는 '태어남(生)'과 '태어남이 없는(無生)' 문제를 아우른 것이라고 볼 수 있다.

② 이해하기 어려운 '법인(法忍)'이란 뜻: '태어남이 없으면(無生) 죽지 않는다(不死)'라는 가르침은 12연기법에서 뚜렷하게 하였으므로 더 설명할 필요가 없다. 그러나 법인(法忍)에서 참을 '인(忍)'은 쉽게 이해하기 어렵다. 산스크리트에서 끄샨띠(kṣānti)는 참음(endurance), 너그러움(forbearance), 끈기(patience), 끈기 있게 기다림(patiently waiting) 같은 뜻이 있고, 한문 불경에서는 참다(忍)·욕된 것을 참음(忍辱), 참는 것을 즐기다(安忍)·참아 내다(堪忍), 참아 낼 수 있는(能堪忍), 견디어 내다(和忍), 참고 정진하다(忍加行)처럼 여러 가지로 옮겼다. 그러나 다르마-끄산띠(dharma-kṣānti)를 직역한 '법인(法忍)'의 참뜻이 쉽게 이해되지 않는다.

③ 산스크리트-영어사전의 해석은 더 이해가 안 간다: 산스크리트 사전에는 안웃빧띠까-다르마-끄산띠(anutpattika-dharma-kṣānti)를 다음과 같이 3가지로 풀이하고 있다. ① 아직 일어나지 않은 결과에 대해 생각을 버림(resignation to consequences which have not yet arisen), ② 미래 상태에 대한 준비(preparation for a future state), ③ 아직 일어나지 않은 상태를 받아들임(acquiescence in the state which is still future).

④ 한어(漢語) 계통 사전의 설명: 『불광사전』에 법인(法忍)을 이렇게 설명하였다. "갖가지 법인(法忍)이 있는데, 2인(二忍), 3인(三

忍), 6인(六忍), 10인(十忍) 따위가 있다. 태어나는 법인(生法忍)은 2인(二忍) 가운데 하나인데, ⓐ 마음의 법이 아닌 춥고 더움, 비바람, 목마르고 배고픔, 늙어 병들어 죽음 같은 것에 대해 끈기 있게 참고 번뇌를 일으키거나 원망하지 않고, ⓑ 마음 법인 화냄, 근심 같은 번뇌를 일으키지 않고 끈기 있게 기다리는 경계를 말한다." 그러나 확 와닿는 해석이 아니다.

⑤ 경전의 뜻에 따른 옮김: 전체 경전의 뜻에 따라 나름대로 해석해 보면, 태어나고 태어나지 않는 문제 때문에 번뇌를 일으키지 않고 벗어난 것을 '참는다'로 옮겼다고 볼 수 있고, 끄산띠(kṣānti)에 '벗어나다', '여의다' 같은 뜻이 있었지 않았나 하는 생각에 글쓴이는 '나고 죽음 여읜 경계(無生法忍 anutpattika-dharma-kṣānti)'라고 옮겼다. 앞으로 논의가 필요한 옮김이다.

▣ 보정의 꼬리말

1. 『능엄경』은 아난이 여인의 꼬임에 넘어간 것을 본 붇다가 다시는 그런 일이 없도록 어떻게 하면 원통을 이룰 수 있는가에 대해 말씀하시는 가운데 25명의 보디쌑바들이 자기 경험을 이야기하고 문수 보디쌑바가 아난에게는 마지막 25번째 '소리 보는 보디쌑바(觀音菩薩)'의 '듣는 것을 통한 원통(耳根圓通)'이 으뜸이라고 천거한다. 염불행자에게 짧은 대답이지만 24번째 「염불원통」을 본받는 것으로 충분하고 『능엄경』을 '정토경전'으로 여길 필요는 없다고 본다.

2. 『수능엄경』을 읽고- 염불원통과 이근원통 (2008-12-11)

능엄경에서는 원통을 이루기 위해 반드시 삼매(三昧)에 들어가야 한다고 하였으며, 삼매에 들어가는 25가지 길을 소개하고 있다.

즉, 6진+6근+6식+7대=25가지 경계를 통해서 각각 삼매로 들어갔다고 한다.

1) 6진(塵): 색(色)진, 성(聲)진, 향(香)진, 미(味)진, 촉(觸)진, 법(法)진
2) 6근(根): 안(眼)근, 이(耳)근, 비(鼻)근, 설(舌)근, 신(身)근, 의(意)근
3) 6식(識): 안(眼)식, 이(耳)식, 비(鼻)식, 설(舌)식, 신(身)식, 의(意)식
4) 7대(大): 지(地), 수(水), 화(火), 풍(風), 허공(虛空), <견(見)·문(聞)·각(覺)·지(知)>, 식심(識心)

1) 6진(塵)에서 벗어나 삼매에 들어간 예

색(色)진 - 교진나 5비구

성(聲)진 - 우파니사타

향(香)진 - 향엄동자

미(味)진 - 약왕·약상 두 법왕자

촉(觸)진 - 발타라제

법(法)진 - 마하가섭·자금광

2) 6근(根)에서 벗어나 삼매로 들어간 예

안(眼)근 - 아나율타

이(耳)근 - 소리 보는 보디쌑바

비(鼻)근 - 주리반특가

설(舌)근 - 교범바제

신(身)근 - 필릉가바차

의(意)근 - 수보리

3) 6식(識)에서 벗어나 삼매로 들어간 예

안(眼)식 - 사리불

이(耳)식 - 두루 어진 보디쌑바

비(鼻)식 - 손타라난타

설(舌)식 - 부르나

신(身)식 - 우바리

의(意)식 - 대목건련

4) 7대(大)에서 벗어나 삼매로 들어간 예

지(地) - 오추슬마

수(水) - 지지(持地) 보디쌑바

화(火) - 월광동자

풍(風) - 유리광법왕자

허공(虛空) - 허공장 보디쌑바

견(見)·문(聞)·각(覺)·지(知) - 대세지법왕자

식심(識心) - 마이뜨레야(唯識)

능엄경에 보면, 먼저 부처님이 아난에게 18계와 7대를 설명하시고, 이어서 법회에 참석한 제자들과 보디쌑바들이 차례로 25가지를 통해서 삼매에 들어간 경험을 이야기한다. 그런데 25가지 가운데 두 가지를 순서에서 빼 맨 마지막에 놓는다.

즉, 7대 가운데 6대로 설명했던 '견·문·각·지'를 맨 마지막으로 빼서 큰 힘 이룬 보디쌑바의 염불삼매로 연결했으며, 6근 가운데 이근(耳根)은 아주 뒤로 옮겨 다른 장(章)을 설치하였다. 이것은 이 두 경계가 대단히 중요하다는 것을 뜻한다.

소리 보는 보디쌑바의 이근원통을 따로 빼내 하나의 장을 설치한 것은 능엄경이 소리 보는 보디쌑바를 얼마나 중요하게 내세우는지 알 수 있다. 여기에 능엄경을 주요 경으로 삼고 있는 한국불교에서 소리 보는 보디쌑바가 차지하는 위치를 알 수 있다.

우리가 잘 알고 있듯이 서녘 정토에서는 소리 보는 보디쌑바와 큰 힘 이룬 보디쌑바가 아미따바 붇다를 좌우에서 모시고 있다는 것을 알 수 있다. 그런데 이 두 보디쌑바를 능엄경에서는 모두 중요하게 다루고 있고, 마이뜨레야(彌勒) 보디쌑바도 "저는 오직 마음만 유식(唯識)이라는 것을 알게 되었고, 식(識)의 성품으로 무량여래(無量如來)가 나오셨으며, 이제 수기를 받아 보불처(補佛處)에 있게 되었습니다."라고 한 것을 보면 모두가 서녘 정토와 관련을 가지고 있다.

관정 스님의 『극락세계 여행기』를 보면 소리 보는 보디쌑바가 정토선(淨土禪)을 가르쳐 주시면서 "사람들이 두 반으로 나누어서 염불하는 것을 말한다."라고 했으며, "귀의 감각 기관은 영감이 가장 뛰어나기 때문에 귀 안에서 스스로 염불을 하게 되는데, 이는 곧 마음으로 염불하는 것과 같은 것이다."라고 하셨다. 이렇게 보면 정토선은 큰 힘 이룬 보디쌑바의 염불원통(念佛圓通)과 소리 보는 보디쌑바의 이근원통(耳根圓通)을 결합한 최상의 수행법이라는 것을 알 수 있었다.[254)]

3. 『수능엄경』을 읽고(2)- 50마(魔)의 세계 (2008-12-11)

1) 신통과 원통: 5가지 신통을 해도 누진통을 못 하면 원통이 아니다.

50마(魔)에 보니
마왕들도 누진통을 못해서 그랬지,
이미 5신통을 해서 달려든다니,
열심히 참선해서 5신통을 한다고 해도
누진통을 못하고 함부로 마음을 내다가는
바로 마왕의 제자가 되기 십상이다.
지금 내 근기에
신통 하나만 얻어도 자만심이 생겨 날뛸 것을 생각하니
모골이 송연하다.

---

254) 참고: 서길수, 「寬淨의 淨土禪 수행법에 관한 연구」(韓國淨土學), 『정토학연구』, 2015. 6.
서길수, 『극락과 염불』, 맑은나라 사람들, 2016.

2) 50마를 보니,

모든 행(行)이 공(空)함을 끝까지 보고,

생멸(生滅)까지 끝냈는데도

미세한 분별심만 남아 있어도

원통을 얻지 못하고, 열반을 등지고,

도원종(倒圓種), 허류과(虛謬果), 단멸종(斷滅種) 같은 마(魔)에 빠져,

"도를 증득했다."

"무상보리를 얻었다."

라고 대망어(大妄語)를 해 무간지옥에 떨어진다니,

'참선으로 원통을 이루기 이렇게 어렵구나!' 하는 것을 통감했다.

3) 그래서 결심했다.

'이승에서는 기쁨나라 가는 곳까지만 공부하고, 그 나머지는 인연의 끄트머리도 일어나지 않는 기쁨나라에 가서 안전하게 공부해야 하겠다고.'

Ⅲ. 『크넓은 꽃으로 꾸민 붇다 경(大方廣佛華嚴經)』

「두루 어진(普賢) 보디쌑바의 10가지 바램 품(普賢行願品)」

한문

又復, 是人臨命終時, 最後刹那一切諸根悉皆散壞, 一切親屬悉皆捨離, 一切威勢悉皆退失, 輔相、大臣、宮城內外, 象馬車乘, 珍寶伏藏, 如是一切無復相隨, 唯此願王不相捨離, 於一切時引導其前。一剎那中即得往生極樂世界,

到已即見阿彌陀佛、文殊師利菩薩、普賢菩薩、觀自在菩薩、彌勒菩薩等, 此諸菩薩色相端嚴, 功德具足, 所共圍遶。其人自見生蓮華中, 蒙佛授記; 得授記已, 經於無數百千萬億那由他劫, 普於十方不可說不可說世界, 以智慧力隨衆生心而為利益。不久當坐菩提道場, 降伏魔軍, 成等正覺, 轉妙法輪。能令佛剎極微塵數世界衆生發菩提心, 隨其根性, 教化成熟, 乃至盡於未來劫海, 廣能利益一切衆生。

善男子! 彼諸衆生若聞、若信此大願王, 受持讀誦, 廣為人說, 所有功德, 除佛世尊餘無知者。是故汝等聞此願王, 莫生疑念, 應當諦受, 受已能讀, 讀已能誦, 誦已能持, 乃至書寫, 廣為人說。是諸人等於一念中, 所有行願皆得成就, 所獲福聚無量無邊。能於煩惱大苦海中拔濟衆生, 令其出離, 皆得往生阿彌陀佛極樂世界。」(CBETA)

옮긴 글

또 이 사람이 목숨을 마치는 마지막 끄사나(刹那)[1]에는 (눈·귀·코·혀·몸·마음 같은) 모든 감각 기관이 다 흩어져 무너지고, 모든 친족이 다 버리고 떠나고, 모든 위세도 잃어버리고, 재상·대신이나 궁성 안팎의 코끼리, 말, 수레, 진귀한 보배, 깊이 감추어 둔 것들이 하나도 따라오지 않지만, 오로지 이 (10가지) 바라는 것(願王)은 서로 떠나지 않고 어느 때나 앞길을 이끌어, 한 끄사나(刹那)에 바로 기쁨나라(極樂世界)에 가서 태어날 것이다.

기쁨나라에 이르면 바로 아미따바[2] 붇다·만주스리(文殊)[3] 보디쌑바, 두루 어진(普賢)[4] 보디쌑바, 거침없이 보는 보디쌑바(觀自在菩薩)[5], 마이뜨레야(彌勒)[6]) 보디쌑바들을 뵈올 것인데, 그 보디쌑바들은 바른 모습과 공덕을 갖추고 아미따바 붇다를 모시고 있다. (기쁨나라에 가서 난) 사람은 제 몸이 절로 연꽃 위에 나서 붇다의 수기(授記)를 받는 장면을 스스로 볼 것이다. 수기를 받고는 헤아릴 수 없는 백천 만억 나유따[7] 끄사나를 지나면서 널리 시방의 이루 다 말할 수 없고 더 말할 수 없는 세계에서 슬기의 힘으로 중생들의 마음을 좇아 이롭게 하다가, 오래지 않아 깨달음의 도장(菩提道場)에 앉아 마라[8] 군대를 누르고 바른 깨달음을 이루어 뛰어난 가르침을 베풀 것이다. 붇다 나라 몇몇 세계 중생들에게 '깨닫겠다는 마음(菩提心)'을 내게 하고, 그 사람의 본성에 따라 가르쳐 완전히 자라게 하며, 미래 몇 끄사나가 다할 때까지 널리 모든 중생을 이롭게 할 수 있을 것이다.

훌륭한 집안 아들이여![9] 저 중생들이 믿음을 가지고 이 10가지 바램을 듣고, 받아 지녀, 읽고 외우며 남을 위하여 이야기해 준다면 그 공덕은 붇다를 빼놓고는 알 사람이 없느니라. 그러므로 그대들은 이 큰 바램(願王)을 듣거든 의심 내지 말고 반드시 받아야 하며, 받아서는 읽고, 읽고는 외우고, 외우고는 항상 지니며, 이어서 베껴 쓰고 남을 위해서 널리 이야기해 주어야 한다.

이렇게 한 사람들은 한 생각 하는 동안에 모든 바램을 다 이룰 것이니, 얻는 복덕은 헤아릴 수 없고 가없으며 번뇌라는 괴로움의 바다에서 중생들을 건져 내, 나고 죽음을 멀리 여의고 모두 다 아미따바 붇다 기쁨 나라(極樂世界)에 가서 태어날 것이다."

풀이

(1) 끄사나(kṣaṇa, Ⓟ khaṇa, 刹那): 한문 경전에서는 소리 나는 대로 찰나(刹那)나 차나(叉拏)라고, 뜻으로는 잠깐을 뜻하는 수유(須臾), 마음에서 생각을 한번 일으키는 순간을 뜻하는 염경(念頃)이라고 옮겼다. 불교에서는 시간을 표시하는 최소 단위로 쓰였다. 무위법(無爲法)은 시간을 뛰어넘은 것이지만 유위법(有爲法)은 끄사나에 태어나, 끄사나에 사라진다. 있다·없다(有無)는 것이 아니라 특정한 것(法)이 일어나, 머물고, 무너지는 시간을 말한다.

아비다르마꼬샤론(阿毗達磨俱舍論)에 따르면 1끄사나(刹那)는 75분의 1초라는 계산이 나온다.

① 하루(1晝夜, 1밤낮) = 30 무후르따(muhūrta) = 24시간

② 1 무흐르따(muhūrta) = 30 라바(lava) = 48분

③ 1 라바(lava, 물방울) = 60 탇-끄싸나(tat-ksaṇa) = 96초(1분 36초)

④ 1 탇-끄싸나(tatksaṇa) = 120 끄싸나(ksaṇa, 찰나, 刹那) =1.6초

⑤ 1 끄싸나(ksaṇa, 찰나, 刹那) = 75분의 1초

(2) 아미따바(Amitābha, 無量光) 붇다(Buddha): 지금까지 모두 '아미타-불'이라고 옮겼는데, '아미따(amita, 阿彌陀)' 붇다라고 옮겼다. 산스크리트 글자에는 ta(따)와 tha(타)라는 전혀 다른 글자가 있다. 그러므로 아미따(amita)를 바른소리(正音)로 옮길 때 'ta=따'로 옮기지 않으면 ami-ta가 아닌 ami-tha가 되어 다른 낱말이 되어 버리기 때문이다. 아미따 붇다는 아미따(amita)+붇다(Buddha)로 모두 산스크리트를 소리 나는 대로 한자로 옮긴 것이다.

산스크리트나 다른 번역본에는 '아미따불'이라는 이름이 없다. 여기서 말하는 아미따불이 산스크리트 원본에서는 '아미따-윳(Amitāyus, 無量壽) 여래(Tathāgata, 如來)' 또는 '아미따-바(Amitābha, 無量光) 여래(Tathāgata, 如來)'라고 나온다. 그런데 꾸마라지바가 두 가지 낱말의 공통 분모인 아미따(Amita, 阿彌陀)에 붇다(Buddha, 佛陀)의 약자인 불(佛) 자를 부쳐 아미따불(阿彌陀佛)이란 새로운 낱말을 만들어 냈다. 그러므로 우리가 아미따불을 부를 때는 반드시 '그지없는 목숨(아미따윳, Amitāyus, 無量壽)', '그지없는 빛(아미따바. Amitābha, 無量光)'이라는 낱말 가운데 '목숨'이나 '빛'을 줄이고 공통분모만 가지고 만든 낱말이라는 것을 마음속에 두고 새겨야 한다. 그렇지 않고, 글자 그대로 새기면 '그지없이 많은(Amita, 無

量) 붇다(Buddha, 佛)'란 엉뚱한 뜻이 되어 버리기 때문이다. 이 번역에서는 아미따바(Amitābha, 無量光) 붇다라고 옮겼다. 아미따윳보다 발음하기 더 쉽기 때문이다.

더 심각한 문제는 '아미따(amita, 阿彌陀)'를 더 줄여서 '미따(mita, 彌陀)'로 쓰고 있다는 것이다. 아미따윳(Amitāyus, 無量壽) → 아미따(Amita) → 미따(mita)로 줄어들면서 그 뜻이 '그지없는 목숨(無量壽) → 그지없는(無量) → 모자란(不足)'으로 변질되어 버린 것이다. 산스크리트에서 미따(mita)란 낱말은 빈약한(scanty, 貧弱)·작은(little, 小)·모자란(short, 不足)·짧은(brief, 短) 같은 뜻이 있다. 결국 '미따불(彌陀佛)'이란 '빈약한 붇다', '작은 붇다', '모자란 붇다', '짧은 붇다'란 말도 안 되는 번역이 되어 버리기 때문에 우리가 흔히 쓰는 '미타불', '미타정사', '미타삼존'이란 말은 삼가는 것이 좋다. 산스크리트에서 앞가지 /a-/는 영어의 /in-/이나 /un-/과 같이 부정(negative), 반대(contrary sence)를 나타내는데, 홀소리(모음) 앞에는 /an-/을 쓴다. 보기: mita(작은·짧은) → a-mita(가없는, 끝없는); sat(좋은) → a-sat(나쁜); ant(끝) → an-ant(끝없는).

아미따를 잘못 읽은 아미타(amitha)도 마찬가지다. 미타(mitha)는 함께(together), 서로(mutually), 상호적(reciprocally), 번갈아(alternately) 같은 뜻이고, 아미타(a-mitha)는 그 반대말인 홀로, 따로, 독단적, 혼자 같은 뜻이다.

(3) 만주스리(Mañjuśri, 文殊) 보디쌑바(菩薩): 한문 경전에서 소리 나는 대로 문수사리(文殊師利), 만수실리(曼殊室利), 만조실리(滿

祖室哩) 같이 옮겼는데, 문수사리(文殊師利)를 줄여서 문수(文殊)라고 한 것이다. 문수사리동진(文殊師利童眞), 유동문수보살(孺童文殊菩薩)이라고도 불렀는데, 4명의 큰 보살 가운데 한 분이다. 뜻으로는 묘덕(妙德), 묘길상(妙吉祥), 묘약(妙樂), 법왕자(法王子)라고 옮겼다. 만주(Mañju)는 아름다운(beautiful), 귀여운·멋진(lovely), 매력적인(charming), 즐거운(pleasant), 향기로운(sweet) 같은 뜻인데, 한문 경전에서는 묘(妙)·묘(玅)·미묘(美妙)·미호(美好)·화창(和暢)·화아(和雅)라고 옮겼다. 스리(śri)는 빛·밝음·빛남(light), 광채·영예·명예·영광(lustre)이란 뜻인데, 한문 경전에서는 환히 빛남(光輝), 아름다운(美); 잘됨(繁榮), 좋은 운수(幸運), 넉넉함(富): 높은 지위(高位), 빛나는 영예(榮光), 점잖고 엄숙함(威嚴)으로 폭 넓게 옮겼다. 여기서는 소리 나는 대로 만주스리 보디쌑바라고 옮긴다.

(4) 싸만따바드라(Samantabhadra, 普賢) 또는 비슈바바드라(Viśvabhadra) 보디쌑바: 한문 경전에서 소리 나는 대로 삼만다발타라(三曼多跋陀羅), 삼만타발타(三曼陀颰陀), 필수발타(邲輸颰陀)로 옮겼다. 싸만따(samanta)는 모든 쪽(十方)에 있는 존재(being on every side), 우주의(universal), 모든(whole), 전부의(entire), 온(all) 같은 뜻을 가지고 있고, 바드라(bhadra)는 축복받은(blessed), 상서로운(auspicious), 행운의(fortunate), 번창한(prosperous), 행복한(happy), 훌륭한(good), 정중한(gracious), 친절한(kind) 같은 많은 뜻이 있는데 한문 경전에서는 '두루 어진(普賢)' 또는 '두루 길한(遍吉)'이라고 옮겼다. 불교에서 4명의 보디쌑바 가운데 한 분이고 만주스리 보

디쌑바와 함께 사꺄무니 붇다를 옆에서 모신다.

(5) 거침없이 보는(Avalokiteśvara, 觀自在) 보디쌑바: 꾸마라지바(Kumārajīva, 鳩摩羅什, 344~413)는 관세음(觀世音) 보살이라고 옮겼고, 현장(玄奘, 602?~664)은 관자재(觀自在) 보살이라고 옮겼는데, 『보현행원품』에서도 관자재보살이라고 했다. 같은 보디쌑바를 이렇게 다르게 옮긴 것은 산스크리트 원본이 달랐기 때문이다.

먼저 아발로카(Avaloka)는 관찰하다(looking upon or at), 보다(look)라는 뜻이고, 뒷가지에 -ita가 붙으면 수동 과거분사가 되어 '본(觀)', '본 것(所觀)'이란 뜻이 되어 이론이 없다. 그러나 그다음 낱말을 읽어 내는 과정에서 다른 해석이 나왔다.

① 꾸마라지바: 쓰바라(svara)는 소리(sound)나 목소리(voice)를 뜻하므로 '소리 보는(觀音)'이라고 옮겼다. 여러 불교 사전에 본디 관세음(觀世音)인데 당 태종 이름이 이세민(李世民)이라, 그 이름을 피하려고 세(世) 자를 빼고 관음(觀音)이라고 했으므로 관세음(觀世音)으로 부르는 것을 추천하고 있지만, 산스크리트 원본에 따르면 '소리를 본다(觀音)'가 완전하므로 관음보살이라고 부르는 것은 아무 문제가 없다. 소리 보는 보디쌑바은 '소리 보는 보디쌑바'로 옮긴다.

② 현장(玄奘): 관자재(Avalokiteśvara, 觀自在)라고 옮겼다. 아발로끼따(Avalokita)+이스바라(iśvara) = 아발로끼떼스바라(Avalokiteśvara, 겹씨 만들 때 a+i=e)이다. 이스바라(iśvara)는 가능하다(able to do), 유능한·능력 있는(capable of)이란 뜻인데,

현장은 '거침없다'라는 뜻인 자재(自在)로 옮겼다. 현장의 옮김이 뛰어나 보여, 우리말로 '거침없이 보는 보디쌑바(觀自在菩薩)'로 옮긴다.

(6) 마이뜨레야(Maitreya, Ⓟ Metteyya, 彌勒): 소리 나는 대로 매달리야(梅呾麗耶) 미달리야(末怛唎耶), 미저구(迷底屨), 이제례(彌帝禮)처럼 다양하게 옮겼지만 모두 당시 음으로는 마이뜨레야에 가까운 음이었다. 뜻으로는 자씨(慈氏)라고 옮겼는데, 산스크리트 사전에 Maitreya는 고유 명사이고, 뜻은 나와 있지 않다. 샤꺄무니가 4,000살이 되면(인간 57억 6천만) 이 세상에 내려와 용화수 아래서 붇다가 되어 3번 설법할 것이라고 예언하였다. 『미륵상생경』과 『미륵하생경』에 따르면, 마이뜨레야는 브랗만 집에서 태어나 붇다의 제자가 되었다. 붇다가 입멸하기 전 보디쌑바의 몸으로 하늘사람을 위해 설법하고 뚜시따하늘(tuṣita, 兜率天)에 머문다고 하였다.

(7) 나유따(nayuta)는 일반적으로 천억을 뜻하지만, 산스크리트-영어 사전에는 myriad, 곧 만(萬)·셀 수 없는·무수한 같은 뜻이라고 했다. 여기서 백천 만억 나유따라는 단위는 우리가 일상생활에서 쓰고 있는 숫자 개념과 단위를 훨씬 넘어 버렸기 때문에 '셀 수 없는'이란 뜻이라고 이해하는 것이 좋을 것이다.

(8) 마라(魔羅, māra): 산스크리트 māra의 소릿값을 따서 한자로

마라(魔羅)라고 옮겼는데, 한자에서는 간단하게 줄여서 쓰는 습관이 있어 흔히 마(魔)라고 줄여서 쓰면서 마라(魔羅)가 마(魔)로 굳어졌다. 산스크리트를 한문으로 옮길 때 뜻에 따라 마(魔)로 옮긴 것으로 잘못 아는 경우가 더 많은데, 소리를 따서 옮긴 것이다. 마라(魔羅)란 불도를 닦는 데 장애가 되는 귀신이나 사물을 말한다. 우리가 흔히 쓰는 마구니는 마라의 무리인 마군(魔群)을 부르다 변한 것이다.

(9) 훌륭한 집 아들(kulaputra, 善男子): 꿀라뿌뜨라(kula-putra)의 꿀라(kula)는 훌륭한 또는 명문 집안이나 가계(a noble or eminent family or race)를 뜻하고 putra는 아들이다. 꿀라뿌뜨라(kulaputra)는 훌륭한 집 아들(a son of a noble family), 훌륭한 젊은이(respectable youth)란 뜻이다. 꿀라뿌뜨리(kula-putrī)는 훌륭한 집 딸(the daughter of a good family)이다.

가타(gāthā, 偈頌)[1)]

한문

願我臨欲命終時　盡除一切諸障礙,
面見彼佛阿彌陀　即得往生安樂剎.

我既往生彼國已　現前成就此大願,
一切圓滿盡無餘　利樂一切衆生界.

彼佛衆會咸清淨　我時於勝蓮華生,
親覩如來無量光　現前授我菩提記.

蒙彼如來授記已　化身無數百俱胝,
智力廣大遍十方　普利一切衆生界.

乃至虛空世界盡　衆生及業煩惱盡,
如是一切無盡時　我願究竟恒無盡.

十方所有無邊剎　莊嚴衆寶供如來,
最勝安樂施天人　經一切剎微塵劫.

若人於此勝願王　一經於耳能生信,

求勝菩提心渴仰　獲勝功德過於彼.

即常遠離惡知識　永離一切諸惡道,
速見如來無量光　具此普賢最勝願.

此人善得勝壽命　此人善來人中生,
此人不久當成就　如彼普賢菩薩行.

往昔由無智慧力　所造極惡五無間,
誦此普賢大願王　一念速疾皆銷滅.

族姓種類及容色　相好智慧咸圓滿,
諸魔外道不能摧　堪為三界所應供.

速詣菩提大樹王　坐已降伏諸魔眾,
成等正覺轉法輪　普利一切諸含識.

若人於此普賢願　讀誦受持及演說,
果報唯佛能證知　決定獲勝菩提道.

若人誦此普賢願　我說少分之善根,
一念一切悉皆圓　成就眾生清淨願.

我此普賢殊勝行 無邊勝福皆迴向,

普願沈溺諸衆生 速往無量光佛刹.

옮긴 글

바라오니 내 목숨 끝날 때
모든 가로막음 다 없어져,
아미따바 붇다 직접 뵙고
기쁨나라(極樂) 가서 나리.

그 나라 가서 나면
그 자리에서 큰 바램 이루고,
온갖 것 남김없이 잘되어
모든 중생 나라 이롭게 하리.

그 붇다 모임 모두 맑고 깨끗해라
나 이때 뛰어난 연꽃 위에 태어나,
몸소 아미따바 붇다 만나 뵈오면
눈앞에서 미래 깨달음 예언 주시리.

붇다 미래 깨달음 예언 받고 나서
수없는 100꼬티[2] 몸으로 바뀌어,
크넓은 슬기로 시방을 두루 다니며
모든 중생 나라 널리 이롭게 하리.

또는 텅 빈 하늘 세계가 다해
중생들의 업과 번뇌가 다 없어지고,
이처럼 모든 것 죽음이 없어질 때
나도 마침내 죽음 없길 바라나이다.

시방에 있는 가없는 나라
보석 꾸며 여래께 이바지해도,
하늘사람에게 가장 좋은 즐거움
띠끌 깔빠 내내 이바지한다 해도,

어떤 사람이 이 뛰어난 바램들을
한 번 듣고 믿음을 낼 수 있어,
뛰어난 깨달음 얻겠다 서두른다면
얻은 공덕 그보다 비할 바 없으리.

늘 나쁜 동무[3] 멀리 여의고
모든 악한 길을 영원히 떠나,
아미따바 붇다 빨리 뵙고
두루 어진 뛰어난 큰 바램 갖추리.

이 사람 뛰어난 목숨 잘 얻고
이 사람 다시 사람으로 잘 태어나,
두루 어진 보디쌑바 큰 바램 행하듯

이 사람도 머지않아 꼭 이루리라.

지난날 슬기로운 힘 없어
5가지 악한 무간죄[4] 지은 것,
두루 어진 보디쌑바 큰 바램 외우면
한 생각 단박에 모든 죄 사라지리.

성씨 갈래와 낯빛
생김새 슬기 모두 모나지 않아,
어떤 마라·다른 가르침도 못 꺾으니
하늘·땅·사람의 이바지 받게 되리.

빨리 깨달음 나무에 이르러
앉아서 마라들 항복 받고,
높이 깨달아 가르침을 펴니
모든 중생 두루 이롭게 하리.

어떤 이가 이 두루 어진 큰 바램
읽고·외워 가지고 여러 사람에 알리면,
그 열매 붇다 만 증명하고 알 수 있으니
반드시 깨달음의 길 얻게 되리라.

사람들이 이 두루 어진 큰 바램 외우면

내가 바른 뿌리(善根)[5] 조금 이야기하니,
한 생각에 모든 것이 다 제대로 되고
중생들의 맑고 깨끗한 큰 바램 이뤄지리.

내가 두루 어진 보디쌑바의 큰 바램 행한
가없고 뛰어난 복을 모두 회향하오니,
나고 죽음의 바다에 빠진 중생들이
빨리 아미따바 붇다 나라 가길 바라네.

풀이

(1) 가타(gāthā, 偈頌): 경 내용 가운데 운문 부분(the metrical part of a sūtra)을 말한다. 한문 경전에서 소리 나는 대로 가타(伽陀)·가타(伽他)·게타(偈陀)·게타(偈他)라고 옮겼고, 뜻으로는 풍송(諷誦)·게송(偈頌)·조송(造頌)·고기송(孤起頌)·부중송게(不重頌偈)·송(頌)·가요(歌謠)라고 옮겼다. 산스크리트 문헌에 보면 특정한 음절 수와 길고 짧음(長短)으로 이루어진 운문이 나오는데, 그 운문을 말한다. 가타의 종류가 많은데, 경전에서 가장 많이 쓴 것은 두 줄 16음절(8음절 두 문장)로 된 것인데, 슬로까(śloka)라고 하며, 통게(通偈)라고도 한다. 다른 하나는 두 줄 22~20음절로 이루어지는데(두 문장으로 이루어진 11~12음절), 뜨리스툽(triṣṭubh, 일종의 리듬)이라고 한다. 그 밖에 음절 수에는 제한이 없으며, 두 줄 8구(4개 단음 7구와 1음절)로 이루어지는 것은 아랴(āryā, 일종의 리듬)라 한다. 한문 번역에서는 운을 맞추기 위해 용어를 줄이기 때문에 내용을 온전히 전하

는 데 어려움이 있었지만 우리말은 운을 맞추기 어렵기 때문에 뜻을 이해하기 쉽게 옮기는 것을 원칙으로 하고 조금씩 운문체를 응용하였다.

(2) 꼬티(koṭi, 俱胝): 인두(印度) 옛날 셈법에서 가장 높은 수(the highest number in the older system of numbers). 인두에서는 우리처럼 만이나 억이라는 단위보다 천만을 가리키는 꼬티(koṭi, ten millions)를 즐겨 쓴다. 따라서 100꼬티면 10억이 된다. 한문 경전에서는 소리 나는 대로 구지(俱胝)·구지(拘胝)·구치(俱致)·구리(拘梨)라고 옮겼고, 뜻으로는 억(億)이라고 옮겼다.

(3) 나쁜 동무(pāpa-mitra, 惡知識): 빠빠(pāpa)는 ① 악한 사람(a wicked man), 비열한 사람(wretch), 악한(villain) ② 죄(sin), 악덕(vice), 범죄(crime), 범죄 행위(guilt)란 뜻이고, 미뜨라(mitra)는 벗(a friend), 동무·함께하는 사람(companion)이란 뜻이므로 악한·나쁜 벗이나 동무(同僚)이다. 한문 경전에서는 악한 벗(惡友)·악한 스승(惡師)·악한 스승과 벗(惡師友)이라고 옮겼는데, 악한 법이나 삿된 법을 이야기해 사람을 마라(魔羅)의 길인 악덕에 빠지게 하는 벗이나 스승을 말한다.

(4) 무간(Avīci 無間地獄): 산-영 사전에는 없고, 산-일 사전에는 아비찌(avici)와 같은 낱말로 물결 없는, 물결 움직임(波動) 없는, 끊임(間斷) 없는이란 뜻이고, 한문 경전에서는 소리 나는 대로 아비

(阿鼻)·아비지(阿鼻旨)·아비지옥(阿鼻地獄)으로, 뜻으로는 끊임없는(無間), 끊임없는 지옥(無間地獄)이라고 옮겼는데, 팔열지옥(八熱地獄) 여덟 번째 지옥이다. 땅속 2만 요자나에 있는데, 이 지옥에 떨어지면 끊임없이 괴로움을 받는다. 5가지 나쁜 죄(五逆罪)를 지으면 죽은 뒤 반드시 이 지옥에 떨어진다.

(5) 바른 뿌리 (kuśala-mūla, Ⓟ kusala-mūla, 善根): 꾸살라(kuśala)는 바른(right), 지당한(proper), 알맞은(suitable), 좋은·착한(good)이란 뜻이고, 물라(mūla)는 뿌리(a root), 기본원리(basis), 토대(foundation), 까닭(cause), 원천(origin), 시작(commencement) 같은 뜻이 있으므로 '바른 뿌리', '바른 토대'라고 옮길 수 있다. 한문 경전에는 착한 뿌리(善根), 착한 바탕(善本)·덕 바탕(德本)이라고 옮겼다. 좋은 법의 근본(根)을 만들었다는 뜻이다. 『중아함경』 권 7, 「7대 구희라경(七大拘絺羅經)」에는 "빅슈여 바름(善)을 알고 바른 뿌리(善根)를 아는 것이 봄(見)을 이루어 바로 봄(正見)을 얻고, 법에서 무너지지 않는 맑음을 얻으며, 바른 법으로 들어간다. 탐함이 없고(無貪), 화냄이 없고(無瞋) 어리석음이 없는(無癡) 3가지가 올바른 뿌리(善根)의 몸통이고, 3가지를 합해서 '3가지 바른 뿌리(三善根)라고 부른다.'라고 했다. 바르지 않은 뿌리(不善根. akuśala-ūla)는 바른 뿌리의 반대로, 탐냄(貪)·화냄(瞋)·어리석음(癡) 따위를 3가지 바르지 못한 뿌리(三不善根), 또는 3가지 독(三毒)이라고 한다. 바른 법(善法)이 바른 열매의 바탕이므로 이 또한 바른 뿌리라고 부른다.

▣ 보정의 꼬리말

※『꽃 꾸민 붇다 경(華嚴經)』에서는 두루 어진(普賢) 보디쌑바의 10가지 바라는 바를 행하여 마지막 '기쁨나라(極樂)' 가는 데 회향하면 그 나라 가서 아미따바 붇다 만나 깨달음을 얻을 수 있다고 했다.『기쁨나라 3경』을 바탕으로 염불하는 불자들은 '나모아미따불'이란 6자에 이미 10가지 바라는 것은 물론 회향하는 마음까지 모두 들어 있고, 또 그 바램은 아미따바 붇다의 48가지 바램이기도 하므로 '염불행'을 으뜸으로 삼는 것이 가장 가깝고 바람직하다. 다시 말해, 아미따바 붇다의 바램이 곧 염불행자의 바램이다.

Ⅳ. 『참법 연꽃 경(妙法蓮華經)』과 아미따바 붇다(3품)

1. 3권 7장 「화성에 비유하는 품(化城譬喩品)」

한문

「諸比丘！我今語汝：『彼佛弟子十六沙彌, 今皆得阿耨多羅三藐三菩提, 於十方國土現在說法, 有無量百千萬億菩薩、聲聞以為眷屬。其二沙彌, 東方作佛, 一名阿閦, 在歡喜國, 二名須彌頂；東南方二佛, 一名師子音, 二名師子相；南方二佛, 一名虛空住, 二名常滅；西南方二佛, 一名帝相, 二名梵相；西方二佛, 一名阿彌陀, 二名度一切世間苦惱；西北方二佛, 一名多摩羅跋栴檀香神通, 二名須彌相；北方二佛, 一名雲自在, 二名雲自在王；東北方佛, 名壞一切世間怖畏, 第十六我釋迦牟尼佛於娑婆國土成阿耨多羅三藐三菩提。』[255)]

옮긴 글

빅슈들이여, 이제 여러분에게 이야기한다. "그 붇다의 제자 사미 16명은 이제 모두 아눋따라싸먁쌈보디(阿耨多羅三藐三菩提)를 얻어 시방의 나라에서 현재 가르치고 있는데, 헤아릴 수 없는 천만 억 보디쌑바(菩薩)와 제자(聲聞)[1)]들이 겨레붙이가 되어 있다.

그 가운데 두 사미는 동녘의 붇다가 되었는데 첫째는 환희국 아

255) 꾸마라지바(鳩摩羅什) 옮김, 『妙法蓮華經』(大正新脩大藏經第 9 册 No. 262), CBETA.

축(阿閦)이라 하고, 둘째는 수미정(須彌頂)이라 부른다. 동남녘 두 붇다는 첫째 사자음(獅子音)이고, 둘째 사자상(獅子相)이라 부르고, 남녘 두 붇다는 첫째 허공주(虛空住), 둘째 상멸(常滅)이라 부르고, 서남녘 두 붇다는 첫째 제상(帝相)이고, 둘째 범상(梵相)이라 부른다. 서녘 두 붇다는 첫째 아미따(阿彌陀), 둘째 도일체세간고뇌(度一切世間苦惱)라고 부른다. 서북녘 두 붇다는 첫째 다마라발전단향신통(多摩羅跋栴檀香神通)이고, 둘째는 수미상(須彌相)이라 부른다, 북녘 두 붇다는 첫째 운자재(雲自在)이고, 둘째 운자재왕(雲自在王)이라 부르고, 동북녘 붇다는 괴일체세간포외(壞一切世間怖畏)라 부르고, 16번째 사꺄무니 붇다가 싸하세계(娑婆國土)[2]에서 아눋따라싸먁쌈보디를 이루었다.

한문 경전에서는 '아미따(阿彌陀)'라고 했는데, 아미따(amita)은 헤아릴 수 없이 많은(無量)이란 뜻이므로 '헤아릴 수 없이 많은 붇다(無量佛)'란 뜻이다. 꾸바라지바는 『아미따경』에서도 아미따바(無量光)와 아미따윳(無量壽)을 묶어서 그 공통분모만 가지고 아미따(阿彌陀)라고 했는데, 여기도 똑같이 옮겼다. 그러나 산스크리트 원문에는 아미따윳(amitāyuś, 無量壽)'이라고 정확하게 나온다.

풀이

(1) 제자(śrāvaka, Ⓟ sāvaka): 스라바까(śrāvaka)는 듣기(hearing), 들음(listening to), 학생(a pupil), 제자(disciple) 같은 뜻이다. 한문 경전에서는 소리로 사라파가(舍羅婆迦)라고 했고, 뜻으로 성문(聲聞,

hearing)과 제자(弟子, disciple)라고 옮겼다. 산-영 사전에는 불교와 자이나교에서는 모두 제자(discipline)라고 옮겼다. 듣는 것을 뜻하는 성문보다는 더 논리적이라고 생각해 제자라고 옮겼다.

(2) 싸하세계(Sahā-lokadhātu, 娑婆國土界): 싸하(Sahā)는 지구(the earth)나 세상을 나누는 이름(name of a division of the world)을 뜻하는데, 로까다뚜(lokadhātu)와 합해 '사람이 사는 세상(the world inhabited by men)'이 된다. 한자는 소리 나는 대로 사바(娑婆)·사하(沙訶)·사하(沙呵)·색하(索訶)라고 했고, 뜻으로는 참고 견딤(堪忍)·참는 나라(忍土)로 옮겼다. 사꺄무니 붇다가 태어난 이 세상을 말한다. 이 땅의 중생은 여러 가지 번뇌를 참고 나가야 하고, 또 성인도 이곳에서 어려움을 참고 교화해야 하므로 이 세상을 '참고 견디는 나라'라고 하였다. 우리가 흔히 '사바세계'라고 하는데, 한자에서 사바(娑婆)와 사하(沙訶·娑呵)가 다 나오지만, 처음 한문으로 옮길 때는 사바(娑婆)를 '사하'라고 읽었을 것이다. 홍법원 사전에는 싸하(Sahā)와 싸바(Sabhā) 두 개의 산스크리트 낱말이 다 나오는데, 불광사전에서는 싸바(Sabhā)는 나오지 않는다. 산스크리트-영어 사전에는 사바세계를 나타내는 낱말로 싸하(Sahā)만 들고 있으며, 싸바(Sabhā)는 모임(assembly), 회합(congregation), 만남(meeting), 회의(council) 같은 뜻만 있고 '참고 견디다'라는 뜻이 없다. 홍법원 사전에는 또 싸바-빠띠(Sabhā-pati)가 '사바세계 주, 곧 범천을 말함'이라고 했는데, 산스크리트-영어사전에는 모임의 우두머리(the president of assembly)라는 뜻만 나와 있고 그런 뜻이 없다. 결과적으로 사바세계는 싸하

세계라고 하는 것이 옳다고 보아, 여기서는 '싸하세계'로 옮겼다.

산스크리트 원문

paścimāyāṃ diśi bhikṣavo 'mitāyuś[256] ca nāma tathāgato 'rhan samyaksaṃbuddhaḥ sarvalokadhātūpadravodvegapratyuttīrṇaś ca nāma tathāgato 'rhan samyaksaṃbuddhaḥ[257]

옮긴 글

서녘 두 사미는 '아미따윳(amitāyus·그지없는 목숨 ·無量壽)'이라고 부르는 따타가따(tathāgata·같은 길을 오가는 분·如來)[1)]·아르한(arhan ·이바지받을 만한 분 阿羅漢)[2)]·싸먁쌈붇다(samyaksaṃbuddha, 바르고 한결같은 깨달음, 正等覺)[3)]와 '세간의 고뇌를 모두 건넘(sarvalokadhātūpadravodvegapratyuttīrṇaś, 度一切世間苦惱)'이라는 따타가따·아르한·싸먁쌈붇다이다.[4)]

풀이

(1) 같은 길을 오가는 분(tathāgata Ⓟ Tathāgata, 如來): 붇다를 달리 이르는 이름 가운데 하나로, 붇다를 통틀어 일컫는 이름으로 쓰인다. 흔히 '여래의 열 가지 이름(如來十號)'이라고 하는데, 이 여래까지 합하면 11가지가 된다.

---

256) 운률을 맞추려고 /a-/를 줄이고 아포스트로피(apostrophe)를 찍어 /'mitāyuś/라고 했다.

257) 오슬로대학 인문학부 The THESAURUS LITERATURAE BUDDHICAE (TLB) https://www2.hf.uio.no/polyglotta/index.php?page=fulltext&view=fulltext&vid=483&mid=813673&level=1&cid=456041

① 따타(tathā)는 그런 식으로(in that manner), ~와 같이(so), 똑같이·마찬가지로(and likewise) 같은 뜻이다. 한문으로는 같다(如), 이처럼(此如), 이같이(如是); 또한(亦), 이 또한(亦爾); ~처럼(似)으로 같이 옮겼다. 불교에서 부르는 '여래(如來)'의 여(如)의 어원이 된다.

② 가따(gata): 간(gone), 멀리 간(gone away), 떠난(departed), 세상을 뜬(departed from the world; 오다(to come), (겹씨 만들 때) ~에서 앞쪽으로 오다(to come forth from (in compound) 같은 뜻으로 '가다'와 '오다'의 뜻이 함께 들어 있는 말이다.

③ 산-영 사전에 따타가따(tathāgata)는 따로 올림말을 만들어 '(이전 붇다들처럼) 같은 길을 오가는 분(he who comes and goes in the same way [as the buddha-s who preceded him]'이라고 했다. 한문 경전에서 소리 나는 대로 다타아가도(多陀阿伽度), 다타아가타(多陀阿伽馱), 다타아가도(多他阿伽度), 달타아다(怛陀誐多), 달살아갈(怛薩誐竭), 뜻으로는 그렇게 오는 분(如來), 그렇게 가는 분(如去), 그렇게 와서 참을 이룬 분(如來至眞), 그렇게 얻은 분(得如者), 참을 얻어 그렇게 이루고 그렇게 오신 분(得眞如成如來者), 붇다(佛), 세존(世尊)이라고 다양하게 옮겼다.

소리로는 '따타가따', 뜻으로는 (옛날 붇다와) '같은 길을 오가는 분'이라고 옮긴다.

(2) 이바지받을 만한 분(arhan·arhat Ⓟ arahant, 아르한, 應供, 阿羅漢): 붇다를 달리 이르는 열 가지 이름 가운데 하나. 온갖 번뇌를

끊어서 인간과 천상의 모든 중생으로부터 이바지를 받을 만한 사람이라는 뜻. arhat는 동사 arh의 현재분사이다. arh는 받을 만한 가치가 있다(to deserve), 가치(merit), ~가치가 있다(to be worthy of), 자격을 갖다(to have a claim to) 같은 뜻을 가지고 있고, 현재분사 arhat는 받을 만한 가치가 있는(deserving), 가치 있는(worthy), 훌륭한(venerable), 존경할 만한(respectable)이란 뜻이다. 자이나교나 불교에서는 이바지(供養)를 받을 만한 자격이 있는 분을 뜻한다. 한문 경전에서는 소리로 아라한(阿羅漢), 아라가(阿羅訶), 나한(羅漢)이라고 옮겼으며, 뜻으로 이바지(供養)해야 할(應供)이라고 옮겼고, 줄여 응(應)이라고 옮겼다. 한문에서 아라한(阿羅漢)으로 옮긴 아르한(arhan)은 arhat의 주격(nominative) 단수이다.

(3) 바르고 빈틈 없이 깨달은 분(samyak-saṃbuddha Ⓟ sammāsambudha, 싸먁-쌈보디, 正等覺者, 三藐三佛陀): 붇다를 달리 이르는 열 가지 이름 가운데 하나이다. 꾸마라지바는 한문으로 옮기면서 앞에 아눋다라(阿耨多羅)를 더해서 '아뇩다라삼막삼보제(阿耨多羅三藐三菩提)'라고 옮겼다. 한국에서 금강경을 읽으면서 '아뇩다라삼먁삼보리'라고 읽고 있어 한문 음으로도 산스크리트로도 바른 소리가 아니지만 친숙한 불교 용어이다. 그래서 아눋다라(阿耨多羅)까지 붙여 전체를 찬찬히 검토하겠다.

① 쌈약(samyak): 쌈양쯔(samyañc)를 겹씨(複合語) 만들 때 쓴다. 쌈양쯔(samyañc)는 ㉠ 함께 가다(going along with) 또는 함께(together), 결합된(combined), 연합된(united), ㉡ 흠 없는

(entire), 모든(whole), 흠잡을 데 없는·모두 갖춘(complete), 온(all) ㉢ 옳은(correct), 빈틈없는(accurate), 올바른(proper), 참된(true), 바른(right) 같은 뜻인데, ㉡㉢의 뜻이 들어맞는다.

② 쌈(saṃ) = 쌈(sam)의 겹씨: 함께(with), 같이(together), 모두(altogether) 같은 뜻으로, 그리스어, 라틴어 con(영어 with)과 같이 움직씨나 움직씨에 붙어 생긴 낱말(派生語) 앞토씨(前置詞)나 앞가지(接頭辭)로 쓰이며, 결합(conjunction), 병합(union), 빈틈 없이 완벽함·완전함(thoroughness), 완전함(completeness)을 나타낸다.

③ 붇다(Buddha): 붇(budh)이란 동사에서 파생되었는데, 붇(budh)은 잠 깨다(to wake), 일어나다(to wake up), 깨닫다(be awake); (기절한 뒤) 의식을 되찾다(to recover consciousness)라는 뜻이다. 한문으로는 깨닫다(覺), 알 수 있다(能知), 알다(了知)라고 옮겼다. Buddha는 이 움직씨 붇(budh)의 과거수동분사로 깨달은(awakened), 깬·눈 뜬(awake)이란 뜻인데, 한문으로 옮길 때 소리 나는 대로 불타(佛陀)라고 했고, 뜻으로 깨달음(覺, 覺悟), 바른 깨달음(正覺), 깨침(解), 깨달은 분(覺者), 여래(如來), 불여래(佛如來), 세존(世尊)이라고 옮겼다. 우리말로는 '깨달음'이라고 옮길 수 있는데 불교에서는 '깨달은 분(覺者)', '눈 밝은', '눈뜬 분'이라고 옮겼다. 여기서는 소리로는 붇다, 뜻으로는 깨달은 분으로 옮긴다.

④ 쌈붇다(saṃbuddha): 한문 경전에서는 붇다(佛), 바른 깨달음(正覺), 한결같은 깨달음(等覺), 두루 깨침(遍知), 두루 깨달음

(遍覺), (세상에 두루 평등하고) 한결같은 깨달음(等正覺), 바르고 두루 미친 깨달음(正遍知) 같은 여러 번역이 있다.

⑤ 싸먁-쌈붇다(samyak-saṃbuddha): 과거수동분사. 소리로는 싸먁쌈붇다, 뜻으로는 '바르고 한결같은 깨달음'이라고 옮길 수 있다. 한문 경전에서는 소리로 삼야삼불(三耶三佛), 삼먁삼불타(三藐三佛陀), 뜻으로 한결같은 깨달음(正等覺), 한결같고 바른 깨달음(正等正覺), 바르고 두루 앎(正遍知), 바른 싸마디(正定), 바르고 두루 깨달음(正遍知覺), 붇다·여래(佛如來)라고 옮겼다.

⑥ 싸먁-쌈보디(samyaksaṃbodhi): 마지막이 붇다(buddha) 대신 보디(bodhi)라는 낱말을 쓴 싸먁쌈보디에 대한 풀이다. 보디(bodhi)는 불교나 자이나교에서 '조금도 틀림없는(完全한) 지식이나 슬기로움(perfect knowledge or wisdom)'이나 붇다나 우두머리(자이나교)가 깨친 깨달음(the illuminated or enlightened intellect of a Buddha or jina)을 말한다. 한문 경전에서는 소리나는 대로 보디(菩提)라고 했다. 그런데 한국에서는 '보디'의 /디/ 소리가 입천장소리되기(口蓋音化)에서 /지/로 바뀌면 여자 성기가 되기 때문에 /지/를 /리/로 바꾸면서 '보리'가 되었다. 그러나 보디(bodhi)는 외래어이기 때문에 입천장소리되기를 적용해서는 안 되고, 그냥 '보디(bodhi, 菩提)'라고 해야 한다.

한문 경전에서는 삼막삼보제(三藐三菩提)라고 옮겼고, 한국에서는 '삼먁삼보리'라고 읽고 있는데 싸먁-쌈보디(samyaksaṃbodhi)로 옮겼고, 뜻으로는 싸먁-쌈붇다(samyak-saṃbuddha)와 같이 '바르고 한결같은 깨달음'으로 옮겼다. 좀 더 정확히 구분한다면 보디(bodhi)를 얻은 결과로 붇다(buddha)가 되는 것이다.

⑦ 아눋따라(anuttara Ⓟ annuttaro, 無上士): 붇다를 달리 이르는 열 가지 이름 가운데 하나이다. 아눋따라(anuttara)는 안(an)+욷다라(uttara)인데, 안(an-, 자음 앞에서는 a-)은 부정(negative, 不), 모자람(privative, 未), 반대(contrary, 非·無)를 나타내는 앞가지(接頭語)이고, 욷다라(uttara)는 위쪽(upper), 더 높은(higher), 위의·보다 높은(superior)이란 뜻이니 '위없는(無上)'이란 뜻이다. 그리고 10가지 붇다 이름으로 쓸 때는 붇다는 정을 가진 존재 가운데서 가장 높아서, '위없는 대사(無上士)'라고 한 것이다.

⑧ 아눋따라-싸먁-쌈보디(anuttara-samyak-saṃbodhi): 따라서 아뇩다라삼먁삼보리(阿耨多羅三藐三菩提)는 소리로는 '아눋따라-싸먁-쌈보디', 뜻으로는 '위없이 바르고 한결같은 깨달음'이라고 옮긴다.

(4) 이처럼 산스크리트 본에는 붇다를 부를 때 따타가따(tathāgata, 여래, 如來)·아르한(arhan, 阿羅漢)·싸먁-쌈붇다(samyaksaṃbuddha, 정등각, 正等覺)이라는 3가지 존칭을 한꺼번에 붙였는데, 초기 경전에는 수없이 많이 나오는 관용구이다. 현장(玄奘)은 여래(如來)·응(應)·정등각(正等覺)으로 옮겨 아르한을 나타내는 응(應=應供)을 그대로 옮겼고, 티베트어 번역본에서도 여래·아르한·정등각자라고 해서 아르한을 여래와 같은 호칭이라고

옮겼다. 일반적으로 대승불교에서는 보디쌑바에 비해 아르한을 낮은 단계로 보지만 『아미따경』을 비롯하여 『참법 연꽃 경(妙法蓮華經)』 같은 초기 대승경전에는 아르한이 여래와 같은 뜻으로 쓰였다는 것을 알 수 있다. 그러나 대승경전 가운데 가장 많이 읽힌 경전의 하나인 꾸마라지바 번역본 『아미따경』과 이 『참법 연꽃 경(妙法蓮華經)』은 모두 붇다(佛)로 통일하여 아르한(應供)을 뺐다는 것을 알 수 있다.

▣ 보정의 꼬리말

여기 나오는 '아미따윳(無量壽) 붇다'는 『무량수경』에서 나오는 법장비구가 출가하여 깨달음을 얻는 과정이 다르다는 것을 알 수 있다.

2. 6권 23장 「약임금 보디쌑바 이야기 품(藥王菩薩本事品)」

한문

宿王華! 若有女人聞 是藥王菩薩本事品, 能受持者, 盡是女身, 後不復受。若如來滅後 後五百歲中, 若有女人聞是經典, 如說修行。於此命終, 即往安樂世界, 阿彌陀佛、大菩薩衆, 圍繞住處, 生蓮華中, 寶座之上, 不復為貪欲所惱, 亦復不為瞋恚愚癡所惱, 亦復不為憍慢嫉妬諸垢所惱, 得菩薩神通、無生法忍。得是忍已, 眼根清淨, 以是清淨眼根, 見七百萬二千億那由他恒河沙等諸佛如來。

옮긴 글

수왕화(宿王華)야, 만일 어떤 여인이 이 「약왕보디쌑바본사품」을 들으면 헤아릴 수 없고 가없는 공덕을 얻을 것이며, 만일 어떤 여인이 이 「약왕보디쌑바본사품」을 듣고 능히 받아 지닐 수 있다면 그 여인의 몸을 마친 뒤 다시 여인의 몸을 받지 않으리라.

만일 여래가 열반한 뒤 500년 동안, 어떤 여인이 이 경전을 듣고 말씀하신 대로 닦으면, 목숨이 끊어지자마자 바로 안락(安樂)세계 가서 아미따불(阿彌陀佛)과 여러 보살이 둘러싸고 있는 연꽃 속 보배자리(寶座) 위에 (태어)날 것이다. 그러면 다시는 탐욕이란 번뇌가 일어나지 않고, 성냄과 어리석음이란 번뇌가 일어나지 않으며, 다시는 교만이나 질투 같은 여러 더러운 번뇌가 일어나지 않아, 보살의 신통과 '나고 죽음을 여읜 경계(無生法忍)'를 얻을 것이다.

'나고 죽음을 여읜 경계(無生法忍)'를 얻고 나면 보는 것이 맑고 깨끗해져, 그 보는 능력으로 7백만 2천억 나유따, 강가강 모래만큼 많은 여러 붇다와 따타가따(如來)를 보게 된다.

3. 7권 25장 「소리 보는 보디쌑바 너른 문 품(觀世音菩薩普門品)」

1) 한문 번역본 보문품 게송 마지막 부분

원문

18-1. smarathā smarathā sa kāṅkṣathā
śuddhasattvaṃ avalokiteśvaram|
maraṇe vyasane upadrave
trāṇu bhoti śaraṇaṃ parāyaṇam||25||

옮김

생각 생각에 의심 말라, 관자재 맑고 거룩하니
죽음과 재난 때 보호받고, 의지할 수 있느니라.

한문 경전

念念勿生疑 觀世音淨聖
於苦惱死厄 能為作依怙.

한문 옮김

생각마다 의심 없애라, 관세음 맑고 거룩하니,
괴로움, 번뇌, 죽을 액운 믿고 맡길 수 있느니라.

원문

18-2. sarvaguṇasya pāramiṃgataḥ

sarvasattvakṛpamaitralocano|

guṇabhūta mahāguṇodadhī

vandanīyo avalokiteśvaraḥ||26||

옮김

모든 공덕 갖추고 모든 중생 자비 마음으로 살피시니

큰 공덕 바다와 같아 관자재께 공경하여 절 올립니다.

한문 경전

具一切功德 慈眼視衆生

福聚海無量 是故應頂禮.

한문 옮김

모든 공덕 갖추고 자비 눈 중생 살펴

바다 같은 복 끝없으니 머리 숙여 절할지니라.

2) 한문 번역본 보문품에서 빠진 부분

19. yo'sau anukampako jage

buddha bheṣyati anāgate'dhvani|

sarva duḥkha bhayaśokanāśakaṃ

praṇamāmī avalokiteśvaram||27||

세상 가엽게 여겨 앞으로 오는 세상에 붇다가 되어
온갖 괴로움·두려움 없애 줄 관자재께 절하옵니다.

20. lokeśvara rājanāyako
bhikṣudharmākaru lokapūjito|
bahukalpa śatāṃścaritva ca
prāptu bodhi virajāṃ anuttarām||28||

온 누리 왕 스승 삼은 법장 빅슈 세상 공경 받으며
오랜 겁 닦고 행하여 맑고 위없는 깨달음 이루시었네.

21. sthita dakṣiṇavāmatastathā
vījayanta amitābhanāyakam|
māyopamatā samādhinā
sarvakṣetre jina gatva pūjiṣu||29||

왼쪽이나 오른쪽에서 아미따바 붇다(導師) 보살피며
곡두싸마디로 모든 나라 붇다께 가서 이바지하네.

22. diśi paścimataḥ sukhākarā
lokadhātu virajā sukhāvatī|
yatra eṣa amitābhanāyakaḥ
saṃprati tiṣṭhati sattvasārathiḥ||30||

서녘에 기쁨나라(極樂)란 맑은나라(淨土) 있어
그곳에 중생 이끄시는 아미따바 붇다 살고 계시네.

23. na ca istriṇa tatra saṃbhavo
nāpi ca maithunadharma sarvaśaḥ|
upapāduka te jinorasāḥ
padmagarbheṣu niṣaṇṇa nirmalāḥ||31||

그 나라 여인이 없어 남녀관계 전혀 없으니
붇다 제자들 맑은 연꽃받침에 스스로 나네

24. so caiva amitābhanāyakaḥ
padmagarbhe viraje manorame|
siṃhāsani saṃniṣaṇṇako
śālarajo va yathā virājate||32||

또 아미따바 붇다(導師) 맑고 멋진 연꽃받침
사자자리에 앉아 살라왕처럼 아름답게 빛나네.

25. so'pi tathā lokanāyako
yasya nāsti tribhavesmi sādṛśaḥ|
yanme puṇya stavitva saṃcitaṃ
kṣipra bhomi yatha tvaṃ narottama||33|| iti||

이처럼 세상을 이끄시는 분 삼계에서 견줄 바 없으니
그 공덕을 기리며, 어서 빨리 위없는 분처럼 되려 합니다. |이와 같다|

보문품에 추가된 7개 게송을 간추리면 다음과 같다.

〈19〉 구절은 소리 보는 보디쌑바 이야기에서
아미따바 붇다 이야기로 넘어가기 위한 연결 구절이다.
〈20〉 구절은 법장비구가 오랜 겁 동안
닦아서 깨달음을 얻어 정토를 세웠다는 구절이다.
〈21〉 구절은 소리 보는 보디쌑바가 아미따붇다를
도와 중생을 구제한다는 관계를 설명한다.
〈22〉 구절은 중생을 구제하는 서녘 기쁨나라(極樂) 정토를 설명한다.
〈23〉 구절은 기쁨나라가 남녀관계로 태어나는 것이 아니라
연꽃에 저절로 난다는 것을 설명한다.
〈24〉 구절은 마지막으로 아미따바 붇다를 기리는 내용이다.
〈25〉 구절은 다시 아미따바 붇다를 기리고
아미따바 붇다처럼 되겠다고 다짐하는 내용이다.

▣ 보정의 꼬리말

『참법 연꽃 경(妙法蓮華經)』을 뿌리(所依) 경전으로 하는 천태종 대덕들이 기쁨나라에 가기 위해 염불한 보기들이 많다. 천태종을 세운 천태 지의(天台智顗)의 사상과 마지막 행적을 보면 당연하다고 할 수 있다. 천태 지자의 학풍은 ① 법화사상을 마루로 하여 5시 8교 교상을 세우고, 적극적으로 방편을 열어 진리의 실(實)이란 교지를 주장하였고, ②『중론』 등을 따라 일심삼관(一心三觀) 설을 주장하여 마음을 관(觀心)하는 것을 고취시켰으며, ③ 또한 깊이 아미따바 붇다를 믿고 반주삼행삼매(般舟三行三昧) 법을 닦았다.

『지자대사 별전』에 따르면 지의는 숨을 거둘 때 서녘을 향하여 누워서, 오로지 아미따바·반야·관세음 같은 이름을 불렀다. 그리고 마지막으로 문수행(聞修行)과 사수행(思修行)을 하기 위해 『법화경』과 『기쁨나라 경(無量壽經)』 두 경의 제목을 부르게 하여, 기쁨나라경(無量壽)를 듣고 나서, "48원으로 정토를 꾸민 보배 연못·보배 나무가 있는 곳에 가서 나는 것은 쉬우나 간 사람이 없다. 죄를 짓고 지옥에 떨어지는 죄인들을 실으려고 옥졸들이 불타는 수레를 끌고 와 다투어 나타나니 능히 참회하는 자는 가서 날 수 있다. 하물며 계정혜 3학을 닦는 사람이랴! 도를 수행하는 힘은 실로 헛된 것이 아니고 범음(梵音) 소리가 사람을 속이는 것이 아니다."라고 찬탄하였다. 그리고 "많은 성중들이 소리 보는 보디쌑바(觀音菩薩)를 모시고 모두 와서 나를 맞이한다."라고 말했다.[258)]

---

258) 望月信亨 저, 이태원 역『중국정토교리사』, 111~122쪽.

우리나라 천태종 대덕들 가운데 기쁨나라에 간 몇 분 소개한다.[259)]

1) 1101년, 말년에 해인사 내려가 염불하여 극락 간 대각국사 의천 (140쪽)
2) 1142년, 서쪽 향해 단정히 앉아 극락 간 묘응(妙應) 대선사 (159쪽)
3) 1174년, 서쪽을 향해 가부좌하고 합장한 채 극락 간 원각국사 (165쪽)
4) 1245년, 법화삼매로 극락에 간 만덕산 백련사 요세 원묘국사 (200쪽)
5) 1245년, 자성미타와 아미따바 염불을 함께 추구한 백련사 4대 천책(天頙) (224쪽)
6) 1248년, 극락에서 상품상생 얻어 세상 제도하러 간 백련사 2대 천인(天因) (216쪽)

이처럼 천태종에서 기쁨나라 간 사람들이 많은 것은 뿌리경전에 법화행자들은 마침내 기쁨나라에 가게 된다고 기록되어 있기 때문이다.

---

259) 서길수, 『극락 간 사람들 (상)』, 맑은나라, 2023.

V. 곁뿌리 1론 『기쁨나라경(無量壽經) 강론과 기쁨나라 가기 바라는 게송(願生偈)』

바스반두(婆藪槃豆) 보디쌀바 지음

원위(元魏) 천축삼장(天竺三藏) 보디루찌(菩提流支) 옮김

1. 게송(偈頌)

한문

世尊我一心 歸命盡十方 無碍光如來 願生安樂國.

我依修多羅 眞實功德相 說願偈總持 與佛敎相應

觀彼世界相 勝過三界道 究竟如虛空 廣大無邊際

正道大慈悲 出世善根生 淨光明滿足 如鏡日月輪

備諸珍寶性 具足妙莊嚴 無垢光焰熾 明淨曜世間

寶性功德草 柔軟左右旋 觸者生勝樂 過迦旃隣陀

寶華千萬種 彌覆池流泉 微風動華葉 交錯光亂轉

宮殿諸樓閣 觀十方無碍 雜樹異光色 寶欄遍圍繞

無量寶交絡 羅網遍虛空 種種鈴發響 宣吐妙法音

雨華衣莊嚴 無量香普薰 佛慧明淨日 除世癡闇冥.

梵聲悟深遠 微妙聞十方 正覺阿彌陀 法王善住持

如來淨華衆 正覺華化生 愛樂佛法味 禪三昧爲食

永離身心腦 受樂常無間 大乘善根界 無等譏嫌名

女人及根缺 二乘種不生 衆生所願樂 一切能滿足
是故願生彼 阿彌陀佛國 無量大寶王 微妙淨華臺
相好光一尋 色像超群生 如來微妙聲 梵響聞十方
同地水火風 虛空無分別 天人不動衆 淸淨智海生
如須彌山王 勝妙無過者 天人丈夫衆 恭敬繞瞻仰
觀佛本願力 遇無空過者 能令速滿足 功德大寶海
安樂國淸淨 常轉無垢輪 化佛菩薩日 如須彌住持
無垢莊嚴光 一念及一時 普照諸佛會 利益諸群生
雨天樂華衣 妙香等供養 讚諸佛功德 無有分別心
何等世界無 佛法功德寶 我願皆往生 示佛法如佛
我作論說偈 願見彌陀佛 普共諸衆生 往生安樂國
無量壽經 修多羅章句 我以偈頌 總說竟

옮긴 글

세존이시여!
저는 한마음으로 시방에서 다 보이는
걸림 없는 빛(無碍光) 여래께 귀명하며
기쁨나라(安樂國)에 가서 나기를 바랍니다.

저는 수뜨라(Sūtra)[1]의
참된 공덕 모습에 따라,
바라는 게송과 다라니[2]를 설하여
붇다의 가르침에 따르고자 합니다.

저 (기쁨나라)세계 모습 관하니
삼계 도를 훨씬 넘었고,
마지막 허공같이
크넓고 끝이 없네.

바른길 큰 사랑과 가여워함은
세속을 넘어선 선근에서 나오니,
맑고 밝은 빛 가득함이
거울에 비친 해와 달 같네.

모든 보배 성품 갖추어
신묘한 장엄 다 갖추니,
때 없는 밝은 불길
밝고 맑게 세간을 비추네.

보배 성품 공덕 풀
부드럽게 좌우로 도니,
닿는 사람 기쁨 솟아
까찔린디[3]를 넘어섰네.

보배 꽃 천만 가지
연못 흐르는 샘 가득 덮으니,
산들바람 꽃잎 흔들면

밝은 빛 어울려 어지러이 도네.

궁전과 누각들
시방 보는 데 걸림 없어,
온갖 나무 다른 빛깔
보배 난간 둘러쌓네.
그지없는 보배들 서로 이어져
비단 그물 허공에 두루 퍼지니,
갖가지 방울 내는 소리로
미묘한 가르침 드러내시네.

꽃비 내려 옷 꾸미고
헤아릴 수 없는 향내 풍기니,
붇다 슬기 밝고 맑은 해처럼
세상 어리석음과 어둠 없애버리네.

맑은소리 깨침을 더하고
미묘함이 시방에 들리니,
바른 깨달음 아미따바 붇다
법의 임금 자리 제대로 지키시네.

여래의 맑은 꽃 무리
바르게 깨쳐 꽃에 절로 나니,

가르침 맛 사랑하고 좋아하여
댜나(禪那)와 싸마디로 끼니를 삼네.

몸과 마음 번뇌 영원히 떠나
받는 즐거움 늘 끊임 없으니,
큰 탈것 선근으로 간 기쁨나라
높낮이 없으니 싫어할 이름 없네.

여인·모자란 사람
두 가지 탈것[4] 씨가 나지 않으니,
중생이 원하고 좋아하는 것
모두 모자람 없어 흐뭇하네.

그러므로 아미따바 나라에
가서 나기를 바라나니,
헤아릴 수 없는 큰 보배의 임금이
미묘하고 맑은 꽃자리에 계시네.

모습에서 나는 빛 1심(尋)[5]
몸 생김은 모든 생명을 뛰어넘으며,
여래의 미묘한 말소리
맑게 울려 시방에서 들리네.

땅·물·불·바람은 같고
허공은 따로따로 가름이 없으니,
하늘사람 움직이지 않은 대중들
맑고 깨끗한 슬기 바다에서 나네.

쑤메루산 임금처럼
뛰어나고 미묘함 견줄 이 없으니,
하늘사람 대장부 무리
공경하여 둘러싸고 우러러보네.

붇다 본원 힘 관하면
헛되이 지나는 자 없으니,
곧바로 모자람 없이 흐뭇하게 하고
공덕은 큰 보배 바다를 이루네.

기쁨나라 맑고 깨끗하여
늘 물들지 않은 가르침 바퀴 굴리니,
붇다와 보디쌑바 바꾼 몸
해처럼 쑤메루산에 머무시듯 하네.

때 묻지 않은 장엄한 빛
한 생각 한 순간에
모든 붇다 모임 널리 비추어
모든 중생 이롭게 하네.

하늘 음악 꽃 꾸민 옷
기묘한 향 비 내려 이바지하고,
모든 붇다 공덕 기리니
따로따로 가르는 마음이 없네.

붇다 공덕 보배 없는
어느 나라든지
내가 가서 태어나
붇다처럼 붇다 가르침 펴기 바라네.

제가 논설 짓고 게송 설하니
아미따바 붇다 뵙고,
널리 모든 중생과 함께
기쁨나라 가서 나기 바라나이다.

기쁨나라경(無量壽經)
쑤뜨라 장과 귀절,
제가 게송으로
모두 설하여 마칩니다.

풀이

(1) 쑤뜨라(Sūtra, 修多羅): 산스크리트에서 "짧은 글이나 격언 조의 규칙, 그리고 그러한 규칙들이 실처럼 얽혀 있는 일이나 작은 책자(a short sentence or aphoristic rule, and any work or manual consisting of strings of such rules hanging together like threads)를 뜻하는데, 불교에서는 경전을 말한다. 영어에서도 수트러(sutra)라는 낱말을 받아들여 그대로 쓰고 있다.

(2) 다라니(dhāraṇī, 陀羅尼) : 본문에 나오는 총지(總持)는 다라니(dhāraṇī)를 뜻으로 옮긴 것이다. 한문 경전에서는 소리로 타린니(陀憐尼)라고도 하고, 뜻으로 '모두 가짐(總持)'·'지닐 수 있음(能持)'·'막을 수 있음(能遮)'이라고 옮겼다. 여기서는 우리에게 더 익숙한 '다라니'라고 옮겼다. 다라니는 헤아릴 수 없이 많은 붇다의 가르침을 잃어버리지(亡失) 않고 모두(總) 굳게 지켜(攝) 잊지 않고(憶) 지니는(持) 염혜력(念慧力)을 말한다. 『대지도론』 권 5와 『불지경론(佛地經論)』 권 5에 따르면, 다라니는 일종의 기억술로, 하나의 가르침에서 모든 가르침을 알아서 지니고, 하나의 글월에서 모든 글월을 알아서 지니고, 하나의 뜻에서 모든 뜻을 알아서 지니는 것으로, 하나의 가르침(法)·하나의 글월(文)·하나의 뜻(義)에서 모든 가르침(一切法)을 생각해 낼 수 있으므로, 헤아릴 수 없이 많은 붇다의 가르침을 잃어버리지 않고 모두 갖게(總持) 되는 것이다. 다라니는 갖가지 좋은 가르침(善法)을 가질 수 있고(能持), 갖가지 나쁜 가르침을 막을 수 있다(能遮). 보디쌑바는 남을 이롭게 하는

것(利他)을 으뜸으로 삼아 다른 사람을 가르쳐 이끌어야 하기 때문에 반드시 다라니를 얻어야 한다. 그래야만 헤아릴 수 없이 많은 붇다의 가르침을 잃어버리지 않게 되어 많은 사람들 속에서 두려워하지 않고 거침없이 설교를 할 수 있다. 보디쌑바가 다라니를 얻는 이야기는 여러 경에 아주 많이 나온다. 후세에 이르러 다라니 형식이 주문(咒)과 같아져, 사람들이 다라니와 주문(咒)을 구별하지 못하고 뒤섞어서 보게 되어 주문도 다라니라고 부르게 되었다. 그러나 잣귀의 길고 짧음을 가지고 따로따로 나눌 수 있으니, 구절이 긴 것은 다라니고, 구절이 짧은 것은 진언(咒)이다.

(3) 까찔린디(kācilindi, 迦旃鄰陀): 새 이름으로 한문 경전에서는 소리로 가전린제새(迦旃鄰提鳥)·가차린지새(迦遮鄰地鳥)로, 뜻으로는 참으로 귀여운새(實可愛鳥)라고 옮겼다. 물새의 한 종류로, 그 새털로 부드러운 옷을 만들 수 있다. 그래서 인두에서는 부드러운 것을 말할 때 이 새를 견주어 말했던 것이다.

(4) 탈것(yāna, 衍那, 乘): 야나(yāna)는 '탈것(乘物)', '실어 나름(運載)'이란 뜻이다. 중생을 저쪽 언덕(깨달음)으로 실어다 주는 것으로 붇다의 가르침을 말한다. 한문 경전에서는 큰 탈것(大乘)·작은 탈것(小乘)·한 가지 탈것(一乘)·두 가지 탈것(二乘)·세 가지 탈것(三乘)·다섯 가지 탈것(五乘)이란 용어들이 있다. 참된 가르침을 바른 탈 것(正乘), 참된 가르침에 이르도록 이끌기 위해 거짓으로 세운 방편을 방편 탈것(方便乘)이라 한다. 중생에게 죽음의 바다를 건너

살게 하는 방법에 두 가지가 있는데, 이것을 두 가지 탈것(二乘)이라고 한다.

1. 큰 탈것(mahā-yāna, 大乘)과 작은 탈것(hīnayāna, 小乘)이다. 붇다가 살았을 때 말씀하신 가르침을 크게 둘로 나누어 크고 작은 2개 탈것으로 나눈다. 붇다가 제자(聲聞)와 연줄로 깨달은 분(緣覺)은 작은 탈것(小乘)이고, 붇다가 보디쌑바에게 가르쳐 붇다가 되게 하는 것은 큰 탈것(大乘)이다.(북으로 전한 『대반열반경』, 『섭대승론』)
2. 작은 탈 것(小乘)에도 두 가지가 있다. ① 붇다의 가르침을 직접 받고 4가지 거룩한 진리에 따라 깨달은 분을 '제자 탈것(聲聞乘)'이라 부른다. ② 붇다의 가르침을 직접 듣지 않고 홀로 12인연법을 관하여 깨달음을 얻은 분은 연줄로 깨달은 분 탈것(緣覺乘)이라 한다.(북으로 전한 『대반열반경』, 『대보적경』, 『화엄 5가지 가르침의 장(華嚴五敎章)』)
3. 한 가지 탈것(一乘)과 세 가지 탈것(三乘)은 『화엄 5가지 가르침의 장(華嚴五敎章)』에 나오는데, ① 법화(法華) 이전의 제자(聲聞)·연줄로 깨달은 분(緣覺)·보디쌑바(菩薩)라는 3가지 탈것은 각각 도를 깨닫는 법이 다른데 이것이 세 가지 탈것(三乘)이다. ② 법화 모임(法華會)에서 3가지 탈것이 한 가지 탈것으로 돌아가는데 이것이 한 가지 탈것(一乘)이다. 여기에 나오는 두 가지 탈것(二乘)은 '제자 탈것(聲聞乘)'과 '연줄로 깨달은 분 탈것(緣覺乘)'을 말한다.

(5) 1심(一尋): 옛날 길이를 재는 단위로 두 팔을 펴는 길이가 1심인데, 7자나 6자이다. 7자라고도 한다. 붇다 '몸(相好)에서 나는 빛 1심' 가운데 1심은 경론이나 종파에 따라 설명이 다르다. 그런데 아미따바 붇다의 팔로 잰 1심, 곧 둥근 빛의 지름은 60만 억 나유타 강가강 모래 수처럼 많은 요자나라고 한다. 사람의 머리로 헤아릴 수 없는 단위이므로 그지없고, 가없는 빛이라고 옮길 수 있다.

2. 강론

한문

論曰

此願偈明何義 示現觀彼安樂世界 見阿彌陀佛如來 願生彼國

云何觀 云何生信心 若善男子善女人 修五念門 行成就 畢竟得生安樂國土 見阿彌陀佛.

何等五念門 一者禮拜門 二者讚嘆門 三者作願門 四者觀察門 五者廻向門

云何禮拜 身業禮拜 阿彌陀如來 應正遍知 爲生彼國意故.

云何讚嘆 口業讚嘆 稱彼如來名 如彼如來光明智相 如彼名義 欲如實修行相應故.

云何作願 心常作願 一心專念畢竟往生安樂國土 欲如實修行奢摩他故.

云何觀察 智慧觀察 正念觀彼 欲如實修行毗婆奢那故. 彼觀察有

三種 何等三種 一者觀察彼國土莊嚴功德 二者觀察阿彌陀佛莊嚴功德 三者觀察諸菩薩莊嚴功德

云何廻向 不捨一切苦惱衆生 心常作願 廻向爲首得成就大悲心故.[260]

옮긴 글

논하여 말한다.

이 (기쁨나라 가기) 바라는 게송(願偈)은 어떤 뜻을 밝히려는 것인가? 저 기쁨나라(安樂世界)를 관(觀)하여 아미따바 붇다를 뵙고, 그 나라에 나고자 하는 바램을 나타내고자 함이다.

어떻게 관하고, 어떻게 믿는 마음을 낼 것인가?

만약 선남자 선여인이 5가지 새기는 문(五念門)을 닦아 이루면, 마침내 기쁨나라(安樂國土)에 나서 아미따바 붇다를 뵐 것이다.

1) 5가지 새기는 문(五念門)

어떤 것이 5가지 새기는 문인가?

첫째, 절하여 예를 표하는 문(禮拜門)이요, 둘째, 찬탄하는 문(讚嘆門)이요, 셋째, 바램을 짓는 문(作願門)이요, 넷째, 관찰하는 문(觀察門)이요, 다섯째, 회향하는 문(廻向門)이다.

---

260) 【宋】【元】【明】 장경에는 "괴로워하는 중생을 버리지 않고 저 기쁨나라(安樂國土)에 함께 나길 바라는 것으로, 자기 마음에 가진 공덕과 선근을 방편으로 삼길 바라며, 회향하여 중생을 굳게 지켜 모든 세간을 버리지 않길 바라기 때문이다. "(同願生彼安樂國土 願心所有功德善根以巧方便 作願回向攝取眾生 不捨一切世間故)"라고 더 구체적으로 표현하였다.

(1) 절하며 예를 표하는 문(禮拜門)

무엇을 절하며 예를 표한다고 하는가?

몸으로 짓는 업(身業)을 풀며 아미따바 여래·아르한(應供)·바로 깨달은 분(正遍知)에게 절하며 예를 표하는 것은 그 나라에 나고자 하기 때문이다.

(2) 찬탄하는 문(讚歎門)

무엇을 찬탄이라고 하는가?

입으로 짓는 업(口業)을 밝히며 그 여래의 이름을 불러 찬탄하는 것은 그 여래의 빛나는 슬기처럼, 그 붇다 이름이 갖는 뜻[1]처럼, 제대로 닦음을 따르고자 하기 때문이다.

(3) 바램을 짓는 문(作願門)

무엇을 바램을 짓는 것이라고 하는가?

마음에 늘 '한마음으로 오로지 염(念)하여 끝내 기쁨나라(安樂國土) 가서 나겠다'는 바램을 짓는 것으로, 사마타(śamatha, 奢摩他)[2]를 제대로 닦고자 하기 때문이다.

(4) 관찰하는 문(觀察門)

무엇을 관찰이라 하는가?

슬기로 관찰(觀察)하고, 바른 념(正念)으로 관(觀)하는 것은 비빠샤나(vipaśyanā, 毗婆奢那)[3]를 제대로 닦고자 하기 때문이다.

관찰하는 것은 3가지가 있으니, 무엇이 3가지인가?

첫째, 그 (기쁨)나라의 장엄과 공덕을 관찰하는 것이고, 둘째, 아미따바 붇다의 장엄과 공덕을 관찰하는 것이고, 셋째, 여러 보디쌑바의 장엄과 공덕을 관찰하는 것이다.

(5) 회향하는 문(迴向門)

무엇을 회향이라고 하는가?

괴로워하는 모든 중생을 버리지 않는 것이니, 마음에 늘 '회향을 먼저 얻어 크게 가여워하는 마음(大悲心)'을 이루길 바라기 때문이다.

풀이

(1) 그지없는 빛(無量光)과 그지없는 목숨(無量壽)이라는 두 가지 뜻을 말한다.

(2) 사마타(śamatha, 奢摩他): 고요함(quiet), 평온(tranquillity), 욕망 없음(absence of passion) 같은 뜻이다. 한문 경전에서는 소리로 사마타(奢摩他), 사마타(舍摩他), 뜻으로 멈춤(止), 고요한 멈춤(寂止), 고요한 꺼짐(寂滅), 가지런한 고요(等靜), 사라짐(消滅), 정한 마음(定心), 선정(禪定), 고요한 정을 지킴(攝寂定)이라고 옮겼다. 6가지 기본 요소(六根)로 짓는 나쁜 업을 멈추고(止) 모든 흩어짐과 번뇌를 없애(消滅)는 것, 곧 어지러운 생각(想念)을 떠나 마음을 고요하게 지키는 것을 말한다.

(3) 비빠샤나(vipaśyanā, 毘鉢舍那): 머리말 해설을 볼 것.

2) 장엄한 붇다나라의 공덕 관찰하기

한문

云何觀察彼佛國土功德莊嚴?

彼佛國土功德莊嚴者, 成就不可思議力故。如彼摩尼如意寶性, 相似相對法故。

觀察彼佛國土莊嚴功德成就者 有十七種應知 何等十七

(1) 莊嚴淸淨功德成就者, 偈言觀彼世界相 勝過三界道故.

(2) 莊嚴量功德成就者, 偈言究竟如虛空 廣大無邊際故.

(3) 莊嚴性功德成就者, 偈言正道大慈悲 出世善根生故.

(4) 莊嚴形相功德成就者, 偈言淨光明滿足 如鏡日月輪故.

(5) 莊嚴種種事功德成就者, 偈言備諸珍寶性 具足妙莊嚴故.

(6) 莊嚴妙色功德成就者, 偈言無垢光焰熾 明淨曜世間故

(7) 莊嚴觸功德成就者, 偈言寶性功德草 柔軟左右旋 觸者生勝樂迦旃鄰陀故.

(8) 莊嚴三種功德成就者, 有三種事應知 何等三種 一者水 二者地三者虛空.

(8-1) 莊嚴水功德成就者, 偈言寶華千萬種 彌覆池流泉 微風動華葉交錯光亂轉故.

(8-2) 莊嚴地功德成就者, 偈言宮殿諸樓閣 觀十方無碍 雜樹異光色寶欄遍圍繞故.

(8-3) 莊嚴虛空功德成就者, 偈言無量寶交絡 羅網遍虛空 種種鈴發響 宣吐妙法音故.

(9) 莊嚴雨功德成就者, 偈言雨華衣莊嚴 無量香普薰故.

(10) 莊嚴光明功德成就者, 偈言佛慧明淨日 除世癡闇冥故.

(11) 莊嚴妙聲功德成就者, 偈言梵聲悟深遠 微妙聞十方故.

(12) 莊嚴主功德成就者, 偈言正覺阿彌陀 法王善住持故.

(13) 莊嚴眷屬功德成就者, 偈言如來淨華衆 正覺華化生故.

(14) 莊嚴受用功德成就者, 偈言愛樂佛法味 禪三昧爲食故.

(15) 莊嚴無諸難功德成就者, 偈言永離身心腦 受樂常無間故.

(16) 莊嚴大義門功德成就者, 偈言大乘善根界 無等譏嫌名 女人及根缺 二乘種不生故.

(17) 莊嚴一切所求滿足功德成就者, 偈言衆生所願樂 一切能滿足故. 略說彼阿彌陀佛國土 十七種莊嚴功德成就 示現如來自身利益大功德力成就 利益他功德成就故. 彼無量壽佛國土莊嚴 第一義諦妙境界相 十六句及一句 次第說應知.

옮긴 글

장엄한 '붇다나라 공덕'을 관찰한다는 것은 무엇을 말하는가?

그 장엄한 붇다나라 공덕은 불가사의한 힘을 이루어, 마니여의주 보배 성품처럼 서로 비슷하고 서로 마주 대하기 때문이다.

그 장엄한 붇다나라 공덕을 관찰하는 것은 17가지가 있음을 알아야 한다.

17가지는 어떤 것들인가?

(1) 장엄한 '맑고 깨끗한 공덕'을 이루었다는 것은, 게송에서 "저

세계(기쁨나라) 모습 관하니 삼계 도를 훨씬 넘었고"라고 한 것이다.

(2) 장엄한 '길이 공덕'을 이루었다는 것은, 게송에서 "마지막 허공같이 크넓고 끝이 없네"라고 한 것이다.

(3) 장엄한 '성품 공덕'을 이루었다는 것은, 게송에서 "바른길 큰 사랑과 가여워함은 세속을 넘어선 선근에서 나오니"라고 한 것이다.

(4) 장엄한 '모습 공덕'을 이루었다는 것은, 게송에서 "맑고 밝은 빛 가득함이 거울에 비친 해와 달 같네"라고 한 것이다.

(5) 장엄한 '갖가지 일 공덕'을 이루었다는 것은, 게송에서 "모든 보배 성품 갖추어 신묘한 장엄 다 갖추니"라고 한 것이다.

(6) 장엄한 '묘한 빛 공덕'을 이루었다는 것은, 게송에서 "때 없는 밝은 불길 밝고 맑게 세간을 비추네"라고 한 것이다.

(7) 장엄한 '닿는 공덕'을 이루었다는 것은, 게송에서 "보배 성품 공덕 풀 부드럽게 좌우로 도니, 닿는 사람 기쁨 솟아 까찔린디를 넘어섰네"라고 한 것이다.

(8) 장엄한 '3가지 공덕'을 이루었다는 것은, 3가지가 있다고 알아야 한다. 어떤 것이 3가지인가? 첫째 물, 둘째 땅, 셋째 허공이다.

(8-1) 장엄한 '물 공덕'을 이루었다는 것은, 게송에서 "보배 꽃 천만 가지 연못 흐르는 샘 가득 덮으니, 산들바람 꽃잎 흔들면 밝은 빛 어울려 어지러이 도네"라고 한 것이다.

(8-2) 장엄한 '땅 공덕'을 이루었다는 것은, 게송에서 "궁전과 누

각들 시방 보는 데 걸림 없어, 온갖 나무 다른 빛깔 보배 난간 둘러쌓네"라고 한 것이다.

(8-3) 장엄한 '허공 공덕'을 이루었다는 것은, 게송에서 "그지없는 보배들 서로 이어져 비단 그물 허공에 두루 퍼지니, 갖가지 방울 내는 소리로 미묘한 가르침 드러내시네"라고 한 것이다.

(9) 장엄한 '비 공덕'을 이루었다는 것은, 게송에서 "꽃비 내려 옷 꾸미고 헤아릴 수 없는 향내 풍기니"라고 한 것이다.

(10) 장엄한 '밝은 빛 공덕'을 이루었다는 것은, 게송에서 "붇다 슬기 밝고 맑은 해처럼 세상 어리석음과 어둠 없애버리네"라고 한 것이다.

(11) 장엄한 '미묘 소리 공덕'을 이루었다는 것은, 게송에서 "맑은 소리 깨침을 더하고 미묘함이 시방에 들리니"라고 한 것이다.

(12) 장엄한 '붇다 공덕'을 이루었다는 것은, 게송에서 "바른 깨달음 아미따바 붇다 법의 임금 자리 제대로 지키시네"라고 한 것이다.

(13) 장엄한 '딸린 식구 공덕'을 이루었다는 것은, 게송에서 "여래의 맑은 꽃 무리 바르게 깨쳐 꽃에 절로 나니"라고 한 것이다.

(14) 장엄한 '받아씀 공덕'을 이루었다는 것은, 게송에서 "가르침 맛 사랑하고 좋아하여 댜나(禪那)와 싸마디로 끼니를 삼네"라고 한 것이다.

(15) 장엄한 '온갖 어려움 없는 공덕'을 이루었다는 것은, 게송에서 "몸과 마음 번뇌 영원히 떠나 받는 즐거움 늘 끊임 없으니"라고 한 것이다.

(16) 장엄한 '큰 뜻 공덕'을 이루었다는 것은, 게송에서 "대승 선근으로 간 기쁨나라(극락) 높낮이 없으니 싫어할 이름 없네"라고 한 것이다.

(17) 장엄한 '구하는 것 모두 채워주는 공덕'을 이루었다는 것은, 게송에서 "중생이 원하고 좋아하는 것 모두 모자람 없어 흐뭇하네"라고 한 것이다.

저 아미따바 붇다 나라가 이룬 17가지 장엄한 공덕을 줄여서 말하면, 여래 스스로를 이롭게 하는 '큰 공덕의 힘'을 이룬 것과 남을 이롭게 하는 공덕을 이룬 것을 보여준 것이다. 저 그지없는 목숨 붇다(無量壽佛) 나라의 장엄인 첫 진리(第一義諦)의 신묘한 경계 16구와 1구를 차례로 설하였다는 것을 알아야 한다.

3) 장엄한 붇다의 공덕 관찰

한문

云何觀佛莊嚴功德成就 觀佛莊嚴功德成就者 有八種相應知 何等八種.

(1) 何者莊嚴座功德成就 偈言無量大寶王 微妙淨華臺故.

(2) 何者莊嚴身業功德成就, 偈言相好光一尋 色像超群生故.

(3) 何者莊嚴口業功德成就, 偈言如來微妙聲 梵響聞十方故.

(4) 何者莊嚴心業功德成就, 偈言同地水火風 虛空無分別故, 無分別者 無分別心故.

⑸ 何者莊嚴大衆功德成就, 偈言天人不動衆 清淨智海生故.

⑹ 何者莊嚴上首功德成就, 偈言如須彌山王 勝妙無過者故.

⑺ 何者莊嚴主功德成就, 偈言天人丈夫衆 恭敬繞瞻仰故.

⑻ 何者莊嚴不虛作住持功德成就, 偈言觀佛本願力 遇無空過者 能令速滿足 功德大寶海故.

卽見彼佛未證淨心菩薩 畢竟得證平等法身 與上地諸菩薩 畢竟同得寂滅平等故.

略說八句 示現如來自利利他功德莊嚴 次第成就應知.

옮긴 글

장엄한 '붇다의 공덕을 이룬 것'을 관찰한다는 것은 무엇을 말하는가?

장엄한 '붇다의 공덕'을 이룬 것은 8가지가 있음을 알아야 한다.

8가지란 어떤 것인가?

⑴ 어떤 것이 장엄한 '자리 공덕'을 이룬 것인가?

게송에 "헤아릴 수 없는 큰 보배의 임금이 미묘하고 맑은 꽃자리에 계시네"라고 한 것이다.

⑵ 어떤 것이 장엄한 '몸으로 지은 공덕'을 이룬 것인가?

게송에 "모습에서 나는 빛 1심(尋)이고 몸 생김은 모든 생명을 뛰어넘으며"라고 한 것이다.

⑶ 어떤 것이 장엄한 '입으로 지은 공덕'을 이룬 것인가?

게송에 "여래의 미묘한 말소리 맑게 울려 시방에서 들리네"라고 한 것이다.

⑷ 어떤 것이 장엄한 '마음으로 짓는 공덕'을 이룬 것인가?

게송에 "땅·물·불·바람은 같고 허공은 따로따로 가름이 없으니"라고 한 것이다. 따로따로 가름이 없다는 것은 따로따로 가르는 마음이 없다는 것이기 때문이다.

⑸ 어떤 것이 장엄한 '대중 공덕'을 이룬 것인가?

게송에서 "하늘사람 움직이지 않은 대중들 맑고 깨끗한 슬기 바다에서 나네"라고 한 것이다.

⑹ 어떤 것이 장엄한 '으뜸 제자 공덕'을 이룬 것인가?

게송에서 "쑤메루산 임금처럼 뛰어나고 미묘함 견줄 이 없으니"라고 한 것이다.

⑺ 어떤 것이 장엄한 '붇다 공덕'을 이룬 것인가?

게송에서 "하늘사람 대장부 무리 공경하여 둘러싸고 우러러보네"라고 한 것이다.

⑻ 어떤 것이 장엄한 '헛되지 않게 머무는 공덕'을 이룬 것인가?

게송에서 "붇다 본원 힘 관하면 헛되이 지나는 자 없으니, 곧바로 모자람 없이 흐뭇하게 하고 공덕은 큰 보배 바다를 이루네"라고 한 것이다. 바로 그 붇다 뵈면 아직 맑은 마음 얻지 못한 보디쌑바는 마침내 평등한 법신을 얻게 되고, 높은 경지(上之)에 있던 여러 보디쌑바들은 마침내 나고 죽음이 사라진 고요(寂滅)와 모든 것이 평등하다는(諸法平等) 깨달음을 얻기 때문이다.

위에서 본 8구절을 줄여서 말하면, 여래가 장엄한 '스스로를 이롭게 하고 남을 이롭게 하는 공덕'을 차례로 이룬 것을 나타내는 것이라는 것을 알아야 한다.

4) 장엄한 보디쌀바의 공덕 관찰

한문

云何觀察菩薩功德成就 觀察菩薩功德成就者, 觀彼菩薩有四種 正修行功德成就應知.

何者爲四.

一者 於一佛土身不動搖而 遍十方種種應化 如實修行常作佛事, 偈言安樂國清淨 常轉無垢輪 化佛菩薩日 如須彌住持故, 開諸衆生於泥花故.

二者 彼應化身 一切時不前不後 一心一念放大光明 悉能遍至十方世界 教化衆生 種種方便修行 所作滅除一切衆生苦故. 偈言無垢莊嚴光 一念及一時 普照諸佛會 利益諸群生故.

三者 彼於一切世界無餘 照諸佛會大衆 無餘廣大無量 恭養恭敬讚嘆 諸佛如來功德 偈言雨天樂華衣 妙香等恭養 讚諸佛功德 無有分別心故.

四者 彼於十方一切世界 無三寶處住持 莊嚴佛法僧 寶功德大海 遍令解如實修行,

偈言何等世界無 佛法功德寶 我願皆往生 示佛法如佛故.

옮긴 글

장엄한 '보디쌑바가 공덕을 이룬 것'을 관찰한다는 것은 무엇을 말하는 것인가?

'보디쌑바가 공덕을 이룬 것'을 관찰한다는 것은 그 보디쌑바가 가진 '4가지 바르게 닦아 공덕을 이룬 것'을 관찰한다는 것을 알아야 한다.

어떤 것이 4가지인가?

(1) 한 붇다나라에서 몸을 움직이지 않고도 시방에 다니며 갖가지 가르침을 펴고, 아울러 닦으며, 늘 붇다 일을 한다. 게송에서 "기쁨나라(安樂國) 맑고 깨끗하여 늘 물들지 않은 법륜 굴리니, 몸 바꾼 붇다와 보디쌑바 해처럼 쑤메루산에 머무시듯 하네"라고 한 것이다. 모든 중생들을 진흙에서 꽃이 피도록 하기 때문이다.

(2) 저 몸 바꾼 붇다(應化身)[1]는 앞이나 뒤가 아니라 모든 순간, 한 마음 한 생각에 크고 밝은 빛을 놓아 온 시방세계에 이르러 중생을 가르쳐 이끄시며, 갖가지 방편[2]을 닦아 모든 중생의 괴로움을 없애 주시기 때문에, 게송에서 "때 묻지 않은 장엄한 빛 한 생각 한 순간에 모든 붇다 모임 널리 비추어 모든 중생 이롭게 하네"라고 한 것이다.

(3) 저 온 누리 모든 붇다 모임에 모인 무리를 남김없이 비추니 헤

아릴 수 없는 대중이 하나도 빠짐없이 여러 붇다·여래의 공덕을 받들어 이바지하고 경배하고 찬탄하므로, 게송에서 "하늘 음악 꽃 꾸민 옷 기묘한 향 비 내려 이바지하고, 모든 붇다 공덕 기리니 따로따로 가르는 마음이 없네"라고 한 것이다.

(4) 저 시방 모든 세계에서 3가지 보물이 없는 곳에 머물면서 붇다·가르침·쌍가와 보배 같은 공덕의 큰 바다를 장엄하고, 두루 깨닫게 하고, 똑같이 닦도록 하므로, 게송에서 "붇다 공덕 보배 없는 어느 나라든지 내가 가서 태어나 붇다처럼 붇다 가르침 펴기 바라네"라고 한 것이다.

풀이

(1) 저 몸 바꾼 붇다(응화신): 홍화신(응화신)은 붇다의 3가지 몸(三身) 가운데 실제 몸을 받은 사꺄무니 붇다를 말한다. 붇다 까야(buddha-kāya, 佛身)에서 까야(kāya)는 몸(the body)이란 뜻이다. 붇다의 몸에 대해서는 붇다가 살아계실 적부터 이야기되어 입적한 지 얼마 뒤부터, 붇다 몸은 원만하고 맑고 깨끗하여 32가지 생김새(相)와 80가지 좋은 점(好)이 있다고 하였다. 부파불교시대에 이르러 분별론자와 대중부가 붇다의 몸은 '새는 틈이 없다(無漏)'는 설을 주장하여 목숨과 위력이 끝이 없다는 법신(dharma-kāya)론이 나타난다. 법신이란 맨눈으로 볼 수 없는, 근본원리의 붇다이다. 이렇게 해서 법신과 살아 있는 몸(生身)이라는 두 몸(二身) 이야기가 생겨난다. 1세기 앞뒤로 큰 탈것(大乘) 불교가 일

어나면서 참된 이치의 몸을 법신(法身)이라 하고, 살았을 때 몸을 응신(nirmāṇa-kāya, 應身)이라 하고, 그 두 몸 사이에 따로 보신(saṃbhoga-kāya, 報身)이란 개념이 생겨나 '세 몸 설(三身說)'이 이루어졌다.

① 법신(法身)은 법 붇다(法佛)·법 몸 붇다(法身佛)·법 성품 몸(法性身)·자성 몸(自性身)·그대로 붇다(如如佛)·그대로 몸(如如身)·참붇다(實佛)·첫 몸(第一身)·참몸(眞身)이라는 여러 이름을 가지고 있다. 눈으로 볼 수 없는 원리를 뜻하는 붇다로 바이로짜나(Vairocana) 붇다가 대표적이다.

② 보신(報身)의 쌈보가(saṃbhoga)는 즐거움(Enjoyment), 기쁨(pleasure, delight)이란 뜻인데, 한문 경전에서는 기쁨이란 보답(열매)를 받은 붇다(受樂報佛), 법의 기쁨을 받은 붇다(受法樂佛), 보답받은 몸(報身)은 보답받은 붇다(報佛)·보답받은 몸 붇다(報身佛)·받아 쓰는 붇다(受用身)·녹봉 받은 몸(食身)·받은 몸(應身)·둘째 몸(第二身)처럼 여러 가지로 옮겨졌다. 진리를 깨닫고 난 뒤 보디쌑바 때 지은 공덕의 결과로 이루어진 몸이다. 다시 말해, 아미따바 붇다처럼 보디쌑바 때 세운 48가지 바램을 수행을 통해 이룩한 결과 그 보답으로 기쁨을 받은(受樂) 몸을 보신(報身)이라고 한다.

③ 응신(應身)의 니르마나(nirmāṇa)는 탈바꿈·변화(transformation)라는 뜻으로, 몸바꿈·바뀐 몸(變身)이라고 옮길 수 있다. 한문 경전에서는 받은 붇다(應佛)·몸 받은 붇다(應身佛)·몸 받은 여래(應身如來)·바뀌 받은 몸(應化身)·바뀌

받은 법신(應化法身)이라고 옮겼는데, 모두 붇다의 살아 있는 몸, 곧 사꺄무니(釋迦牟尼) 붇다를 뜻한다.

(2) 방편(upāya, 方便): 목적에 이르기 위한 수단(that by which one reaches one's aim), 수단·방법(a means), 방편(expedient), 길(way), 전략(stratagem), 술책(craft), 책략(artifice) 같은 뜻이다. 「불교 경전」에서 음으로 구파야(漚波耶)라고 옮겼고, 뜻으로 방편(方便), 방편과 계략(方計), 교묘한 방편(巧便), 임시(權), 임시방편(權方便)이라고 옮겼다.

5) 두 가지 맑고 깨끗한 나라- '받아들이는 나라'와 '중생 사는 나라'

한문

又向說觀察莊嚴佛土功德成就 莊嚴佛功德成就 莊嚴菩薩功德成就, 次三種成就 願心莊嚴 應知. 略說入一法句故. 一法句者 謂淸淨句 淸淨句者 謂眞實智慧 無爲法身故. 此淸淨句 有二種應知 何等有二種 一者 器世間淸淨, 二者 衆生世間淸淨. 器世間淸淨 如向說十七種莊嚴佛土功德成就 是名器世間淸淨 衆生世間淸淨 如向說八種莊嚴佛功德成就 四種莊嚴菩薩功德成就. 是名衆生世間淸淨 如是一法句 攝二種淸淨 應知.

옮긴 글

또, 앞에서 '장엄한 〈붇다나라〉 공덕 이룸', '장엄한 〈붇다〉 공덕 이룸', '장엄한 〈보디쌑바〉 공덕 이룸'을 관찰한다고 했는데, 3

가지 이룬다는 것은 곧[1] '바라는 마음(願心)'으로 이룬 장엄임을 알아야 한다.

줄여서 말하면, 하나의 가르치는 글귀로 들어가기 때문이다. 하나의 가르치는 글귀는 맑고 깨끗한 글귀를 말하는 것이고, 맑고 깨끗한 글귀는 참된 지혜이고 변하지 않는 법신이기 때문이다.

이 맑고 깨끗한 글귀는 두 가지가 있음을 알아야 한다. 두 가지란 어떤 것인가?

첫째, 받아들이는 나라(器世間)[2]가 맑고 깨끗한 것이고, 둘째, 중생 사는 나라(衆生世間)가 맑고 깨끗한 것이다.

'받아들이는 나라가 맑고 깨끗하다(器世間淸淨)'는 것은 앞에서 본 17가지 '장엄한 붇다나라 공덕 이룬 것'을 말하는 것으로, 이것을 '받아들이는 나라의 맑고 깨끗함(器世間淸淨)'이라 부른다.

'중생 사는 나라가 맑고 깨끗하다(衆生世間淸淨)'는 것은 앞에서 본 4가지 '장엄한 보디쌑바 공덕 이룬 것'을 말하는 것으로, 이것을 '중생 사는 나라의 맑고 깨끗함(衆生世間淸淨)'이라 부른다.

이처럼 한 가르침 글귀가 2가지 맑고 깨끗함을 간직한다는 것을 알아야 한다.

풀이

(1) 여기 나온 '차(次)'는 '다음에 나오는'이란 뜻이 아니고, 앞에서 나온 3가지는 '곧(即)'이라고 해서 앞의 3가지를 가리킨다. 차(次)는 곧(即), 바로(就) 같은 뜻으로 새길 수 있다.

(2) 받아들이는 나라(bhājana-loka, 器世間): 보디루찌는 기세간(器世間)이라고 옮겼는데, 가장 이해가 가지 않은 불교 용어 가운데 하나이다.

『불광사전』에 "3가지 세간 가운데 하나로 기세계(器世界)·기계(器界)·기(器)라고도 하는데, 모든 중생이 살고 있는 나라를 말한다. 정보와 의보 가운데 바로 의보이다. 곧, 중생세간이나 유정(有情)세간을 가리키는 국토세간(國土世間)과 주처세간(住處世間)과 같은 뜻이다. 이 국토세계는 그릇과 같은 모습이고 중생을 받아들일 수 있고, 변하고 부서질 수 있어 기세간(器世間)이라고 한다."라고 되어 있다. 다시 정보와 의보를 찾아보면, 업에 따라 태어날 때 내가 어떻게 태어나는가 하는 과보가 정보(正報)이고, 어떤 주변 환경에 태어나느냐가 의보(依報)이니 '기세간'이 '의보'라는 것은 이해할 수 있다. 그러나 아직도 그 뜻을 우리말로 옮길 만큼 머리에 뚜렷하게 들어오지 않는다. 산스크리트 원문과 낱말에 대한 분석이 더 필요했다.

기세간(器世間)은 기(그릇)+세간(世間)으로 우리말로 옮겨보면 '그릇 세간'이 된다. 국토세간에서 국토가 그릇과 같아 그릇이라고 했다니 일단 '그릇 세간'이라고 옮겨 본다. 그런데 이 『무량수경 경론』을 보면 아미따바 붇다가 세운 기쁨나라(극락)를 기세간(器世間)이라 하고, 이에 대하여 중생이 사는 곳을 중생세간(衆生世間)이라고 해서 다시 뚜렷한 뜻풀이가 흔들린다.

우선 이런 붇다나라(佛國土)는 세간(世間)이란 낱말이 꼭 들어맞지 않는다. 우리말 사전에 '세간'은 일반 '세상'이고, '세상'은 "① 사람들이 살고 있는 지구 위, ② 인류 사회나 온 나라"라는 뜻으로, 사람이 사는 현 세상이나 현 세간에 한정된다. 반면에 '세계(世界)'는 "① 지구상의 모든 나라, ② 우주 또는 천체"라고 해서 기세간이나 중생세간 모두에 들어맞는다. 한문 세계(世界)는 우리말 '나라'이다. 우리말 사전에서 '나라'는 ① 나라의 땅(國土)이라는 뜻, ② 세상·세계라는 뜻에서 꿈나라, 별나라, 하늘나라 같은 보기를 들어 넓게 쓰이기 때문이다.

기세간(器世間)의 산스크리트 원문 바자나-로까(bhājana-loka)에서 로까(loka)를 보디루찌(菩提流支)는 '세간'이라고 옮겼는데, 앞에서 보았듯이 우리말에는 들어맞지 않는다. 로까(loka)는 세계(world)·우주(universe)·하늘(heaven)을 뜻하기 때문에 '하늘·땅·공중'을 아우르는 '세계'라고 옮기는 것이 가장 알맞고, 우리말로는 '나라'가 딱 들어맞는다. 보디루찌는 바자나(bhājana)를 '그릇(器)'이라고 옮겨 그릇 세간(器世間)이라고 옮겼는데, 내용을 보면 중생이 사는 이 세계가 아닌 붇다나라 기쁨나라(극락)를 이야기하는 것이다. 그런데 『불광사전』에는 기세간을 윤회하는 사람이 다음 삶에서 받는 세계도 함께 설명하는 낱말로 소개되어 있다. '기세간': '중생세간'이란 구분이 어렵다. 바자나(bhājana)는 그릇(receptacle, 器)이라는 뜻 말고 '받아들일 수 있는·받아들임(a recipient, 受用)'이라는 뜻이 있다. 실제로 『성유식론(成唯識論)』에서는 3가지 붇다나라를 법성토(法性土)·수용토(受用土)·변화토(變化土)라고 옮겨 '그릇'이 아닌 '받아들일 수 있는·받아들임(受用)'이란 개념을 쓰고 있다.

그러므로 '기세간(器世間)'은 중생을 기쁨나라로 '받아들이는 나라', '중생세간'은 '중생이 사는 나라' 또는 '중생 나라'라고 옮겼다.

6) 보디쌑바의 교묘한 방편 회향

한문

如是菩薩 奢摩他 毗婆舍那 廣略修行 成就柔軟心. 如實知廣略諸法 如是成就巧方便廻向.

何者菩薩巧方便廻向. 菩薩巧方便廻向者 爲說禮拜等五種修行 所集一切功德善根 不求自身住持之樂 欲拔一切衆生苦. 作願攝取一切衆生 共同生彼安樂佛國. 是名菩薩巧方便廻向成就.

옮긴 글

이처럼 보디쌑바는 사마타(śamatha)와 비빠샤나(vipaśyanā)로 넓은 것을 줄여서 닦아 유연심(柔軟心)[1]을 이뤘다. 이처럼 모든 법도 똑같이 넓은 것을 줄여 교묘한 방편(巧方便) 회향을 이룬다.

보디쌑바의 교묘한 방편이란 어떤 것인가?

보디쌑바가 교묘한 방편을 회향한다는 것은, 절하여 예를 표하는(禮拜) 것 같은 5가지 수행(五念門)을 통해 얻은 모든 공덕과 선근을 자신이 누릴 즐거움을 구하지 않고, 모든 중생의 괴로움을 뽑아버리려 하는 것을 말한다. 모든 중생을 거두어들여 편안하고 즐거운 붇다나라에 함께 태어나는 것, 이것을 보디쌑바의 교묘한 방편 회향을 이룬다고 부른다.

풀이

(1) 사마타와 비빠샤나를 고르게 닦는 것을 가리킨다. 들뜨거나 가라앉지 않고 모든 법의 실상처럼 마음에서 깨달아 본성을 따르고 거슬리지 않기 때문에 유연(柔然)이라 한다. 담란이 쓴 『왕생론 주(往生論註)』에 "유연한 마음(柔軟心)이란 넓은 것을 줄여, 사마타와 비빠샤나를 순서대로 수행하여 둘이 아닌 마음(不二心)을 이룬 것을 말한다. 비유하면, '물에서 그림자를 얻어 맑고 고요함을 서로 보태 이루는 것'과 같은 것이다.

7) 보디쌑바의 보디 마음(菩提心)

한문

菩薩如是善知廻向成就 卽能遠離三種菩提門相違法 何等三種. 一者 依智慧門, 不求自樂 遠離我心貪着自身故. 二者 依慈悲門, 拔一切衆生苦 遠離無安衆生心故. 三者 依方便門, 憐愍一切衆生心 遠離供養恭敬自身心故. 是名遠離三種菩提門相違法.

菩薩遠離如是三種 菩提門相違法 得三種隨順菩提門法滿足故. 何等三種. 一者 無染淸淨心, 以不爲自身求諸樂故 二者 安淸淨心 以拔一切衆生苦故. 三者 樂淸淨心 以令一切衆生得大菩提故, 以攝取衆生生彼國土故. 是名三種隨順菩提門法滿足 應知.

向說 智慧慈悲方便, 三種門攝取般若 般若攝取方便 應知. 向說 遠離我心貪着自身 遠離無安衆生心 遠離供養恭敬自身心 此三種法 遠離障菩提心 應知.

向說 無染淸淨心 安淸淨心 樂淸淨心 此三種心 略一處成就妙樂勝眞心 應知.

옮긴글

보디[1]살바가 이처럼 어떻게 회향을 이루는지 잘 알면 3가지 깨닫는 문(菩提門)과 서로 어긋나는 법을 멀리 떠날 수 있다.

3가지란 무엇인가?

첫째, 슬기문(智慧門)을 바탕으로 스스로의 즐거움을 찾지 않고, 내 마음이 자신에게 집착하는 것을 멀리 떠나기 때문이다.

둘째, 자비문(慈悲門)을 바탕으로 모든 중생의 괴로움을 뽑고, 중생을 편하게 안 하려는 마음을 멀리 떠나기 때문이다.

셋째, 방편문(方便門)을 바탕으로 모든 중생을 가여워하는 마음으로, 자신에게만 이바지하고 공경하는 마음을 멀리 떠나기 때문이다.

이것을 3가지 '보디문(菩提門)과 서로 어긋나는 법을 멀리 떠나는 것'이라 부른다.

보디쌑바가 이처럼 3가지 깨닫는 문(菩提門)에서 어긋나는 법을 멀리 떠나면, 3가지 바라는 깨닫는 문을 얻어 마음이 흐뭇해지기 때문이다.

어떤 것이 3가지인가?

첫째, 때 묻지 않은 맑고 깨끗한 마음인데, 자신을 위하여 갖가지 즐거움을 찾지 않기 때문이다.

둘째, 편안한 맑고 깨끗한 마음인데, 모든 중생의 괴로움을 뽑아주기 때문이다.

셋째, 즐겁고 맑고 깨끗한 마음인데, 모든 중생이 큰 깨달음을 얻게 하기 때문이고, 중생을 거두어들여 그 나라에 나게 하기 때문이다.

이것을 '3가지 깨닫는 문에 따르는 법에 만족하는 것'이라 부른다.

앞에서 말한 슬기·자비·방편 같은 3가지 문은 쁘랒냐(prajñā, 般若)[2)]를 받아들이고, 쁘랒냐는 방편을 받아들인다는 것을 알아야 한다.

앞에서 말한 내가 자신에게 탐착하는 마음을 멀리 떠나고, 중생을 편안하게 하지 않으려는 마음을 멀리 떠나고, 자기에게만 이바지하고 공경함을 떠나는, 이 3가지 법이 보디마음(깨닫겠다는 마음, 菩提心)을 가로막는 것을 멀리 떠나는 것임을 알아야 한다.

앞에서 말한 때 묻지 않은 맑고 깨끗한 마음, 편안한 맑고 깨끗한 마음, 즐거운 맑고 깨끗한 마음, 이 세 가지 마음을 하나로 간추리면 신묘한 즐거움과 뛰어난 참마음을 이루었다는 것임을 알아야 한다.

풀이

(1) 보디(bodhi)는 더할 나위 없는 앎이나 슬기로움(perfect knowledge or wisdom)이란 뜻인데, 불교 경전에서 소리로 보디(菩提)라고 옮겼고, 뜻으로 깨달음(覺)·슬기(智)·앎(知)·도(道)라고 옮겼다. 세간의 번뇌를 끊고 니르바나 지혜를 이룬 것을 말한다. 보디(菩提)를 '보리'라고 읽는 것은 틀린 것이다. 조선 후기까지 보디(菩提)라고 읽었는데, '보디'가 입천장소리되기(口蓋音化)가 되면 여자 성기가 되기 때문에 '보리'라고 했다. 그러나 외래어는 입천장소리되기를 적용하면 안 되므로 본디 소리 대로 '보디(bodhi)'라고 해야 한다. 산스크리트 사전에는 '보리'라는 낱말이 없다. 보디마음(菩提心)은 우리말로 '깨닫겠다는 마음'이라고 옮길 수 있다.

(2) 쁘랒냐(prajñā, 般若): 슬기로움(wisdom), 지성(intelligence), 앎(knowledge), 식별력(discrimination), 판단력(judgement) 같은 뜻인데, 한문 경전에서 소리로는 반야(般若)라 하고, 뜻으로 슬기(慧), 미묘한 슬기(妙慧), 뛰어난 슬기(勝慧), 깨달은 슬기(覺慧), 슬기(智), 지혜(智慧)라고 옮겼다. 보디쌑바가 닦는 6가지 빠라미따(pāramitā, 波羅密多) 가운데 마지막 단계이다.

8) 정토로 들어가는 문과 나오는 문

한문

如是菩薩 智慧心 方便心 無碍心 勝眞心 能生淸淨佛國土 應知.

是名菩薩摩訶薩 隨順五種法門 所作隨意自在成就 如向所說 身業口業 意業 智業 方便智業 隨順法門故 復有五種法門 漸次成就五種功德 應知. 何者五門. 一者近門 二者大會衆門 三者擇門 四者屋門 五者園林遊戲地門 此五種門 初四種門成就入功德 第五門成就出功德.

入第一門者 以禮拜阿彌陀佛 爲生彼國土, 故得生安樂世界. 是名入第一門.

入第二門者 以讚嘆阿彌陀佛 隨順名義 稱如來名 依如來光明智相修行, 故得入大會衆數. 是名入第二門.

入第三門者 以一心專念 作願生彼國 修奢摩他 寂靜三昧行, 故得入蓮華藏世界. 是名入第三門.

入第四門者 以專念觀察彼妙莊嚴 修毗婆舍那, 故得到彼處 受用種種法味樂, 是名入第四門.

出第五門者 以大慈悲 觀察一切苦惱衆生, 示應化身 廻入生死園煩惱林中. 遊戲神通至敎化地, 以本願力廻向故. 是名出第五門.

菩薩入四種門 自利行成就 應知. 菩薩出第五門 廻向 利益他行成就 應知.

菩薩如是修五念門行 自利利他, 速得成就 阿耨多羅三藐三菩提故.

無量壽修多羅 優婆提舍 願生偈 略解義竟

옮긴 글

이처럼 보디쌑바의 슬기마음(智慧心), 방편마음(方便心), 막힘 없는 마음(無碍心), 뛰어난 참마음(勝眞心)이 맑고 깨끗한 붇다나라에 가서 나게 한다는 것을 알아야 한다. 이것을 큰 보디쌑바[1]가 5가지 법문에 따라 하고자 하는 것을 마음대로 하게 된 것이다. 하고자 하는 것을 마음대로 하게 된 것은 몸으로 짓는 업(身業)·입으로 짓는 업(口業)·뜻으로 짓는 업(意業), 슬기로 짓는 업(智業), 방편 슬기로 짓는 업(方便智業) 같은 법문을 순서대로 따르기 때문이다.

또, 5가지 법문은 차츰 5가지 공덕을 이룬다는 것을 알아야 한다. 5가지 문은 어떤 것인가?

첫째, 가까이 가는 문(近門), 둘째, 모임의 무리가 되는 문(大會衆門), 셋째, 골라 뽑는 문(擇門), 넷째, 집 문(屋門), 다섯째, 동산에서 노니는 문(園林遊戲之門)이다. 이 5가지 문 가운데 앞의 4가지는 공덕으로 들어가는 것을 이룬 문이고, 다섯째 문은 공덕에서 나오는 것을 이룬 것이다.

첫째 문으로 들어간다는 것은, 그 나라에 태어나기 위해 아미따바 붇다께 절하고 예를 올리는 것으로 그 기쁨나라(安樂世界)에 나게 되므로, 이것을 첫째 문으로 들어간다고 한다.

둘째 문으로 들어간다는 것은, 아미따바 붇다를 찬탄하되 이름과 그 뜻에 따라 여래의 이름을 부르고, 여래의 밝게 비치는 슬기(光明智相)에 따라 닦아서 큰 모임의 무리에 들어가므로, 이것을 둘째 문으로 들어간다고 한다.

셋째 문으로 들어간다는 것은, 한마음으로 오로지 그 나라에 나겠다는 바램을 세워 사마타(śamatha)를 닦아 고요한 싸마타를

행하여, 연꽃나라에 들어갈 수 있으므로, 이것을 셋째 문으로 들어간다고 한다.

네 번째 문으로 들어간다는 것은, 오로지 저 묘한 장엄을 관찰하며 비빠샤나(vipaśyanā)를 닦아서, 그곳에 이르러 갖가지 가르침을 맛보는 즐거움을 얻을 수 있으므로, 이것을 넷째 문으로 들어간다고 한다.

다섯째 문에서 나온다는 것은, 큰 사랑과 가여워함(慈悲)으로 괴로워하는 모든 중생을 관찰하여, 바뀐 몸(應化身)으로 죽음 동산(生死園) 번뇌 숲으로 들어가 신통 속에 노니며 가르쳐 이끄는 경지에 이르고, 깨닫기 전 세웠던 바램을 나누어 주므로(廻向), 다섯째 문에서 나온다고 한다.

보디쌑바가 4가지 문으로 들어가는 것은 스스로를 이롭게 함(自利行)을 이루었다고 알아야 하고, 보디쌑바가 다섯째 문을 나온다는 것은 얻은 것을 돌려주어 남을 이롭게 함(利他行)을 이루었다고 알아야 한다.

보디쌑바가 이처럼 5가지 문을 닦아 스스로를 이롭게 하고 남을 이롭게 하는 것은 아눋따라싸먁쌈보디(阿耨多羅三藐三菩提)를 빨리 이룰 수 있기 때문이다.

『기쁨나라경(無量壽經) 강설과 (기쁨나라) 나길 바라는 게송』 간추린 뜻풀이가 끝났다.

풀이

(1) 보디쌑바 마하쌑바(bodhisattva-mahāsattva, 菩提薩埵 摩訶薩埵): 보디쌑바는 깨달음을 찾는 사람이고 거기에 또 큰 사람을 붙여서 보디쌑바를 높여 부르는 말이다. 한문 경전에서 보디쌑바(bodhisattva)는 소리로 보디살타(菩提薩埵)라고 옮기고 줄여서 보살(菩薩)이라고 쓰며, 뜻으로 열린 분(開士)·큰 분(大士)이라고 옮겼다. 마하쌑바(mahāsattva)는 큰 분, 위대한 분이라는 뜻이다. 한문 경전에서는 소리로 마하살타(摩訶薩埵), 줄여서 마하살(摩訶薩), 뜻으로 큰 분(大士) 큰 보디쌑바(大菩薩)라고 옮겼다. '큰 보디쌑바'라고 옮긴다.